国家自然科学基金"基于低碳出行的大城市'日常生活单元'交通与土地利用模式优化"（51678259）
湖北省自然科学基金"存量视角下湖北省域大中城市空间结构与低碳交通系统整合优化策略"（2017CFB665）
中央高校基本科研业务费专项资金项目（2016YXMS060）

以人为本的城市客运交通与土地使用模式规划研究

郭　亮　著

中国建筑工业出版社

图书在版编目（CIP）数据

以人为本的城市客运交通与土地使用模式规划研究/
郭亮著. —北京：中国建筑工业出版社，2018.12
ISBN 978-7-112-22885-0

Ⅰ．①以…　Ⅱ．①郭…　Ⅲ．①城市运输-旅客运
输-交通运输规划-研究-中国②城市土地-土地规划-研究-
中国　Ⅳ.①U491.1②F299.23

中国版本图书馆 CIP 数据核字（2018）第 245787 号

城市客运交通与土地使用模式的关联机制一直都是城市交通研究的核心主题，其互动规律受到出行者行为活动特征的影响。所谓优化城市空间结构布局，完善交通系统配置，其目的都是基于提高城市空间体系运行效率，满足人们出行的根本需求。本书基于"以人为本"城市交通的内涵，从宏观的城市交通结构与空间布局发展、中观的城市交通系统与功能街区建设、微观的城市交通设施与用地环境控制出发，对城市规划和交通规划整合的相关程序和方法提出改进建议，以保障"以人为本"城市交通的实现。

本书可作为城乡规划、建筑学、风景园林、交通规划等专业的教材，也可作为从事城乡规划、城市交通规划设计与管理的专业技术人员和管理人员学习和实践工作的参考。

责任编辑：吴宇江　朱晓瑜
责任设计：李志立
责任校对：芦欣甜

以人为本的城市客运交通与土地使用模式规划研究
郭　亮　著
*
中国建筑工业出版社出版、发行（北京海淀三里河路 9 号）
各地新华书店、建筑书店经销
霸州市顺浩图文科技发展有限公司制版
北京建筑工业印刷厂印刷
*
开本：787×1092 毫米　1/16　印张：14　字数：312 千字
2018 年 12 月第一版　　2018 年 12 月第一次印刷
定价：**55.00** 元
ISBN 978-7-112-22885-0
（32980）

版权所有　翻印必究
如有印装质量问题，可寄本社退换
（邮政编码　100037）

城市最好的运作方式是关心人、陶冶人。

——刘易斯·芒福德《城市发展史：起源、演变和前景》

前　　言

　　2016 年中央城市工作会议召开以来，我国城市发展模式正在经历着由快速扩张型向存量更新型的转变过程。城市空间的扩张逐渐趋缓，但快速机动化的过程仍在持续。从当前普遍存在的交通拥堵现象可以发现，私人机动化的发展仍在加速，导致城市的交通发展面临困境：一方面私人机动化的快速发展造成了严重的资源环境负担，日益严重的交通拥堵加剧了交通资源分配的不公，在人车对立中交通事故不断发生，且交通环境也使人备感冷漠……由此也促使我们来思考城市交通服务的本源——"以人为本"。

　　城市客运交通与土地使用模式是城市交通研究的核心内容，大多数情况下，交通工程师都把关注点放在交通模型的分析上，以车辆通行最大化为判断标准。本书的观点则强调要突出"人"作为出行主体的地位，要结合作为整体、群体和个体的人的行为活动规律特征，在城市交通与土地使用模式发展的不同层面体现对人的关怀。这也体现了城市交通由"以车为本"向"以人为本"思想的转变。

　　本书从"以人为本"思想的哲学意义出发，分析了"以人为本"思想的发展及其对城市和交通规划理论实践的影响，揭示了西方发达国家城市交通的发展经历了一个"人→车→人"的转变过程。以此为依托，分析了"以人为本"城市交通的内涵，即：在城市交通的环境影响方面，要保障可持续发展和绿色环保的要求；在交通设施规划和运行上，要强调效率和公平性；在交通设施环境的塑造上，要强调安全、便捷，保证交通设施使用上的舒适度，并体现富有特色且令人愉悦的交通设施空间。接下来，本书从"以人为本"交通的三个层面入手，在宏观层面的城市交通结构与空间布局发展上提出了以"基本用地单元"为基础、面向常规公交导向的空间布局模式，在中观层面的城市交通系统与功能街区建设上提出了"基本用地单元"与交通设施协调发展模式，在微观层面的城市交通设施与用地环境控制上提出了满足效率基础上的"基本用地单元"分区环境控制措施，并对与之相对应的城市规划和交通规划整合的相关程序和方法提出进一步改进建议，反映了"以人为本"思想在城市交通领域的系统化。

　　传统的城市交通规划基本是以量化分析为主，以机动车的通行顺畅为目标。在我国城镇化发展已经进入存量更新、提升品质的阶段，充分考虑人的出行需求，增加市民的出行满意度，构建和谐的社会生活空间环境，是我们当前面临的主要任务。加快推进"以人为本"的城市交通与土地使用模式协调发展，是提升我国城镇化水平质量、服务市民需求的重要手段。基于以上目的，本书的出版将为促进相关专业人员的观念转变、提升城市交通与空间品质、推动我国"以人为本"的城市交通发展提供助力。

由于时间总显仓促，且本人也是基于城乡规划背景来分析交通与城市空间及用地发展，难免会存在一些疏漏之处，在此敬请各位读者不吝指正！

目　　录

第 1 章 绪 论

1.1 研究的缘起

城市是伴随着人类的经济社会活动形成的，它产生的目的也是为人类活动服务的，交通的产生也是如此。伴随着城市的不断扩张，人们的出行方式也逐步在由以步行、马车为主的非机动方式向以电车、铁路以及汽车为主的机动化方式转化。机动化的快速发展、私人小汽车的逐步进入家庭，对我国大部分城市原有的空间结构和土地使用方式产生了较大影响，如空间范围的扩张、用地功能的区划使各项活动分离并导致出行距离增加，在对交通工具发展缺乏引导的情况下，给城市带来了严重的交通拥堵问题，其最终的结果是人们出行时耗的延长，并对人们的出行造成不便。

城市土地使用模式是产生交通问题的根源，由于长期以来我国城市规划中土地使用模式与交通支撑系统的脱节，城市交通建设一直以"道路建设"为代表。在这一背景下，我国相当一部分城市的土地开发均依靠城市主要道路，形成了"一层皮"的独特现象，造成了严重的土地资源浪费。这种依赖主要交通干道、对交通方式未加限制的粗放型用地发展模式对城市交通问题的产生有着不可推卸的责任。主要表现在以下几个方面：

1.1.1 交通拥堵问题

目前，城市交通拥堵已成为诸多大中城市的难题。机动车拥有水平高的地区，道路交通量明显超过城市道路的容量。部分城市中心区交通拥堵时间蔓延到整个工作时间，车辆运行速度已经降低到与步行相当，乘车出行时间大大增加，已经影响到居民的生活和城市正常经济生活的运行。

以日常的通勤出行来说，摆脱了传统的以工作单位为基础的生活方式，工作与居住空间的日益分离使得交通出行空间距离增加，由此也导致了人们出行时间的增加。而出行时间的增加必然以牺牲个人的其他生活、休闲时间为代价，并导致其生活质量的降低。虽然理论上可以通过搬迁到工作地点附近居住的方式来减少通勤时间，但在大城市或特大城市，由于房价较高的因素，居住在工作地点附近必须付出更高的经济成本。而对难以支付高额经济成本的人们来说，更换工作或者继续忍受长距离的通勤出行是无可奈何之举。

当然，就一般的生活出行而言，由于服务设施配套程度的不同，会表现出另外一些不同的特征。如通常在老城区的居民，由于生活服务设施的相对完善，其出行距离较短、出行次数更为频繁；生活在城市新区的居民而言，由于基础服务设施配套的不完善，其出行距离会较长，相应的出行时间会较长。为了避免时间的损失，生活在城市新区居民的生活出行次数会有所下降，这也是应对这种交通不便的无奈之举。

以北京为例，北京社科院发布的"2007 年北京社会发展报告"中关于北京城市居民生活质量的调查显示，北京市民 2006 年自由支配时间减少，工作时间增加，出行时间增加。从工作日通勤时间来看，2006 年北京城四区居民工作日每天上下班路途时间为 1h 21min，比 5 年前增加了 32min；① 北京市统计局发布的"2009 北京市居民时间利用情况调查报告"显示，北京市民平均每天工作时间 7h 35min，可自由支配时间仅 3h 29min，与工作相关的平均交通时间达到每天 83min；与通勤时间相对应，2017 年发布的《2017 北京市交通发展年度报告》则指出，北京市的平均拥堵时间由 2014 年的 1h 5min 增加到 2016 年的 2h 55min，反映了城市交通拥堵问题的加剧；高德地图联合未来交通与城市计算联合实验室、清华大学-戴姆勒可持续交通研究中心、阿里云等单位发布《2018 Q2 中国主要城市交通分析报告》② 中进一步指出，在高德地图交通大数据监测的 361 个城市中，2018 年二季度有 15％的城市通勤高峰受拥堵威胁，59％城市通勤高峰处于缓行，仅有 26％的城市通勤不受拥堵威胁。同比来看，有 32％的城市出现下降，有 30％的城市拥堵同比基本持平，38％的城市拥堵同比出现上涨。大量城市交通拥堵问题加剧的现实表明，当前大城市交通拥堵已经成为常态，且日益影响到居民的日常生活。

1.1.2 交通公平性的问题

城市发展过程中的社会分化问题表现得日益明显。自 20 世纪 90 年代以来，随着收入分配的差距不断扩大，我国社会结构也经历着巨大的分化过程。特别是近些年，高收入户的收入增长大大超过了低收入户的收入增长，2002 年一季度的统计表明，20％的高收入者的收入占总收入的 46.2％，20％的低收入者的收入占总收入的 6％，高低收入差距为 7.66 倍。③ 这种趋势反映在城市居民中更明显。最新的调查统计显示，10％的富裕家庭占城市居民全部财产的 45％，最低收入 10％的家庭其财产总额占全部居民财产的 1.4％。这种不断扩大的收入差距反映了不同阶层人们掌控社会资源的能力差异，并逐步形成了社会资源分配的失衡，而社会资源分配的失衡在居住区域的选择上强烈地表现出阶层分异的

---

① 代小琳，姜葳，赵阳有. 调查报告显示：北京居民生活满意度下降了 6％〔EB/OL〕. 中国经济网，2007-01-30. http：//www. ce. cn/xwzx/gnsz/gdxw/200701/30/t20070130 _ 10253735. shtml。

② 2018 Q2 中国主要城市交通分析报告〔EB/OL〕. http：//tech. cnr. cn/techgd/20180720/t20180720 _ 524307341. shtml。

③ 佚名. 财政部报告称中国贫富分化加剧〔EB/OL〕. http：//www. china. org. cn/chinese/jingji/347322. htm。

特点，反映在交通领域更为明显。

马克·韦尔的研究说明，机动性的发展使得富裕家庭获得更大的选择居住地的可能性，而穷困家庭或者由于负担不起越来越高的交通费用和受到就业的限制，不得不仍旧聚居在环境质量日益下降的某些高密度街区，或者因为买不起近郊的房产而选择在远郊落户，高交通成本使他们逐渐放弃中心城市所提供的各项公共服务……城市机动性的提高使得社会分化的空间尺度明显扩大（卓健，2005a）。

由于道路上机动交通和非机动交通的矛盾在迅速增加，一些城市出于交通分流和降低交通事故率的目的已经将自行车专用道改成机动车道，但由于我国自行车拥有量较高，这种将如此稀有的资源——城市空间提供给小汽车的再分配，带来对社会公平性的关注（Cervero et al. 1993）。共享单车风靡之前的一些年，很多城市为了道路扩容，就把一些城市主干路上的非机动车道改造成机动车道，但是在这些改造路段的附近又没有给非机动车预留其他通道，由此造成了局部非机动车出行的障碍。与此相类似，即使是运行效率极高的轨道交通，在高峰时期也会由于客流量过大而造成拥堵过度。与那些拥有小汽车的人群相比，这种以牺牲人们的安全交往空间为代价的高效率，实际上也反映了人们在交通资源拥有上的不平等。

1.1.3　交通安全问题

机动车的快速增长在不断蚕食着非机动方式出行者的出行空间，日益加剧的人、车对抗急剧地恶化着人们的出行环境，在相关设施不太完善的情况下，快速而不受约束的自由度更易导致大量交通事故的发生，由此所引发的交通安全问题已成为城市交通发展面临的主要问题。世界卫生组织和世界银行推出的《世界预防道路交通伤害报告》中称，2002年中国一共有 25 万人死于道路交通事故，死亡率为 19（即每 10 万人中有 19 人死亡），中国交通意外死亡数字居全球之冠；国家安全监管总局、交通运输部 2017 年 12 月 19 日发布的最新研究报告显示，虽然近年来我国道路交通事故降幅明显，但依然呈高发状态，2016 年我国道路交通事故年死亡人数仍高居世界第二位，共接报道路交通事故 864.3 万起，同比增加 65.9 万起，上升 16.5%。其中，涉及人员伤亡的道路交通事故 212846 起，造成 63093 人死亡、226430 人受伤，直接财产损失 12.1 亿元。道路交通事故万车死亡率为 2.14，同比上升 2.9%。难怪有人认为："中国的道路是世界上最危险的。"[1]。尤其是行动缓慢的老人和活动能力强的儿童，在面对混杂且缺乏安全感的道路时更是会因难以作出准确及时的判断而遭遇危险。

以广州为例，随着市内大量道路的新建扩建，道路越来越宽，车速也越来越快，但由于工期、拆迁、资金等问题，行人过街设施往往不能同步完工，这些情况造成行人过街难的

---

[1]　王石川. 中国交通事故死亡率全球第一 [EB/OL]. http://www.doc88.com/p-8816244730503.html.

问题日益突出。如广州大道南作为海珠区主干道之一，于 1998 年 12 月建成竣工，由广州大桥收费站至洛溪桥，全长 5.8km，双向 10 车道，车行道宽近 40m。其中从客村立交到洛溪大桥 5km 长的道路，一处行人立交都未设，给两侧的 10 万居民出行带来了很大的不便。而且，为提高道路通行能力，减少交通事故，广州市十几年前就开始陆续对市区道路实施封闭或半封闭管理。应该看到，实施这种封闭或半封闭管理之后，通行能力和车速是有了较大提高，但由于配套设施的不完善，客观上也对行人过马路带来了不便，出现了行人违章乱穿越、乱翻护栏等行为，由此所引发的交通事故率也居高不下（徐士炜等，2001），如图 1-1 所示。上述情况在很多城市道路交通设施建设中都存在。一方面，在微观步行环境中，缺乏对行人活动特征及规律的认知，使微观环境难以满足行人的活动需求，而加剧了行人与机动车的矛盾；另一方面，反映在城市社区中，由于私人小汽车的大量增加，很多城市社区由于缺乏停车场地或停车配套不足，使大量新增私人小汽车靠路边停靠，既挤占了道路资源和社区公共空间，又带来交通安全问题，并迫使人们放弃了街道的活动。

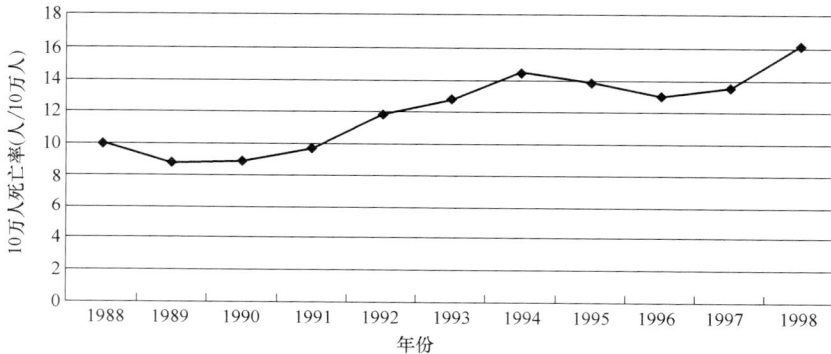

图 1-1　广州市市区行人过失交通事故死亡情况

1.2　研究的背景

1.2.1　快速城镇化发展

我国自改革开放以来经历了快速城镇化发展进程。1978 年我国的城镇化率只有 17.9%，生活在城镇的人口约为 1.7 亿；到 2003 年，我国设市城市有 660 个，城市人口 5.2 亿，城市化水平已由 1993 年的 28% 提高到 2003 年的 40.5%；[1]"十一五"规划对城

---

　　① 国家统计局. 中国城市化率已达 40.5% ［EB/OL］2004-10-30. http：//news. xinhuanet. com/newscenter/ 2004-10/30/content/2004-10/30/content _ 2157326. htm。

镇化发展提出了更高的要求；① 实际到 2014 年，我国城镇人口占总人口比重已达到
54.77%，有将近 7.5 亿人生活在城镇，已超过"十一五"规划的预期；《国家新型城镇化
规划（2014～2020 年）》进一步指出，城镇化是现代化的必由之路，2020 年我国常住人口
城镇化率将达到 60%左右。②

城市用地的快速扩张导致工作和居住地点不均衡、空间布局不匹配增加，大量城市居
民开始迁往郊区居住。新型交通工具的发展，改变了人们出行的时空观念，使人们 1 小时
内的活动半径可达 40～60km，既刺激了城市用地的扩张，也使人们的平均出行距离迅速
增加。2015 年北京人口分布数据显示，全市有超过一半常住人口聚集在五环以外。三环
至六环间，聚集了 1228.4 万人的常住人口，占全市的 57.1%；四环至六环间聚集了 941
万人的常住人口，占全市的 43.8%；五环以外有 1098 万人的常住人口，占全市的
51.1%。③ 人口的增加带来了对城市用地的大量需求，尤其是住宅类用地已经成为主要的
"用地大户"。从北京市近些年来土地的供应分布情况可以看出，其土地供应一直以远郊区
为重点，显示了城市向外围扩张的趋势，如表 1-1、表 1-2 所示。

2005～2007 年北京市土地供应情况　　　　　　　　　　表 1-1

年份	土地供应总量(hm²)	住宅供地		
		总量(hm²)	城八区所占比重(%)	远郊区所占比重(%)
2005	6500	1750	40	60
2006	6500	1900	40	60
2007	6300	1600	30	70

数据来源：表中的数值根据 2005～2007 年《北京市年度土地供应计划》整理。

2010 年 1 月～2018 年 2 月北京市住宅用地成交结构特征　　　　表 1-2

环线	成交宗数	建设用地面积(万 m²)	比例(%)
二环以内	1	2.07	0.05
二、三环之间	8	26.96	0.69
三、四环之间	17	99.21	2.55
四、五环之间	26	200.9	5.17
五、六环之间	230	1845.54	47.49
六环以外	176	1711.53	44.04
合　计	458	3886.2	100.00

数据来源：未来五年北京土地供应计划 [EB/OL]. http://news.fang.com/open/28115750.html.

---

① 在《中共中央关于制定国民经济和社会发展第十一个五年规划的建议》中，中央提出了"促进城镇化健康发
展"的思路。预计到 2010 年，城市人口将达到 6.3 亿人，城市化比重 45%；到 2020 年将达到 54%，城市人口将首次
超过农村人口。在城市化发展的浪潮中，以大城市为主体的城市化特征进一步增强，城市规模日益扩大，人口将进一
步向以特大城市为核心的都市圈或城市群集中。

② 2014 公报解读：新型城镇化——经济社会发展的强大引擎 [EB/OL]. http://www.stats.gov.cn/tjsj/sjjd/
201503/t20150309_691333.html.

③ 2015 年北京人口分布数据分析 [EB/OL]. http://www.chinabgao.com/freereport/66606.html.

在扩张过程中，由于交通设施不配套，给相关发展地区人们的出行造成了很多不便，对市内工作通勤形成巨大压力，这种"潮汐式"通勤现象在大城市极为普遍。马清裕等人（2006）的研究表明，北京20世纪90年代以来在郊区新建的大型居住区功能十分单一，就业岗位很少，公共服务设施不配套，上班、上学、看病、游乐都要进城，成为非常典型的"睡城"，如天通苑、望京、方庄、回龙观等社区，见表1-3。

北京市郊区几个居住区的就业与通勤情况　　　　　　　　　　　表 1-3

居住区	就业比重（%）		出行时耗（min）	
	就近	外地	<1h	>1h
天通苑	3.8	96.2	25.3	74.7
望京	12.9	87.1	33.3	66.7
方庄	12.0	88.0	42.4	57.6
回龙观	6.5	93.5	38.9	61.1

数据来源：根据马清裕的调查整理而成。

最近的大数据分析显示，北京市工作日平均通勤出行半径为9.3km，上班族通勤时间压力居北上广深四城之首，超过1h的通勤时间已经成为北京居民城内出行的常态。见图1-2。

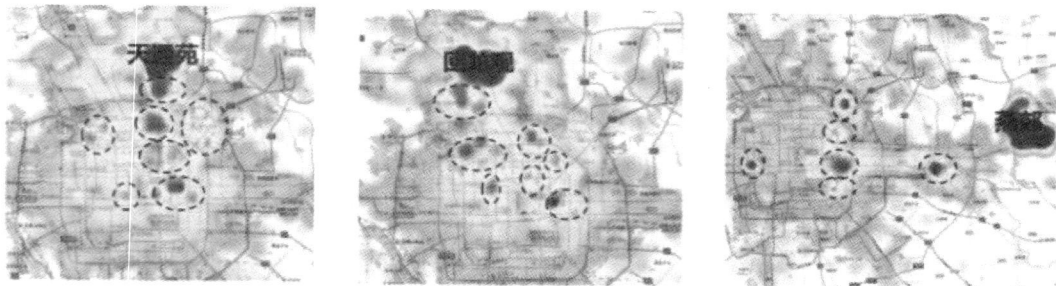

图 1-2　北京市居住型社区工作商圈分布示意图

数据来源：https://zhuanlan.zhihu.com/p/28839650

显然，较长的出行时耗给人们的生活带来了很大影响，出行距离和时耗的增加使人们更加怀念过去的"大院式"布局。[1] 虽然"大院式"的布局模式无法面对快速机动化的冲击，但是其"工宿平衡"的发展模式仍然很值得学界思考。

1.2.2　快速机动化发展

城市化的快速发展促进了城市交通的机动化发展。大量城市居民出行调查数据显示，

---

[1]　这种布局模式的优点是居住、工作在一起，可以走路上下班，在机动化发展水平较低的时代是我国城市建设发展的主要模式。随着"住房市场化"的改革，这种格局被打破。

步行、自行车和公交一直是我国城市居民的三种主要出行方式，一般占居民出行总量的 80% 以上。王炜等（2003）指出，自 20 世纪 90 年代以后，伴随着城市规模的扩大和居民收入水平、生活水平的提高，各城市出现了不同程度的出行机动化趋势，尤其在经济发达地区，个体机动化的快速发展占用了宝贵的土地资源、消耗了大量的不可再生能源，并产生大量的交通污染，这些都对城市交通和我们生存的环境造成了更大压力。

伴随着国家汽车产业政策[①]的制定，我国私人机动车拥有量也有了快速增加（表 1-4）。截至 2017 年年末全国民用汽车保有量 21743 万辆（包括三轮汽车和低速货车 820 万辆），比上年末增长 11.8%，其中私人汽车保有量 18695 万辆，增长 12.9%。民用轿车保有量 12185 万辆，增长 12.0%，其中私人轿车 11416 万辆，增长 12.5%。[②]

中国汽车拥有量的推移　　　　　　　　　　表 1-4

年份		1985	1990	1995	1998	1999	2000	2005	2006	2008	2010	2012	2014	2016	2017
民用汽车保有量（万辆）		321.12	551.36	1040.0	1319.30	1452.94	1608.91	3160	4985	6467	9086	12089	15447	19440	21743
私人汽车拥有量（万辆）		28.49	81.62	249.96	423.65	533.88	625.33	1852	2925	4173	6539	9309	12584	16559	18695
每千人辆数（辆）	民用	3.03	4.8	8.6	10.6	11.5	12.7	24.17	37.9	48.7	67.8	89.3	112.9	140.6	156.4
	私人	0.3	0.7	2.1	3.4	4.2	4.9	14.16	22.3	31.4	48.8	68.7	92	119.8	134.5

数据来源：中国统计出版社历年《中国统计年鉴》。

同样，对大城市来说，其机动车拥有量增长更为迅猛。仍以北京为例，2002 年底北京市已拥有 189.9 万辆机动车，比上一年增加约 20 万辆；到 2007 年 5 月下旬，有资料表明北京的机动车拥有量突破 300 万辆，达到户均 0.68 辆的高水平；[③] 而截至 2017 年年末，北京市机动车保有量 590.9 万辆，比上年末增加 19.2 万辆。民用汽车 563.8 万辆，增加 15.4 万辆。其中，私人汽车 467.2 万辆，增加 14.4 万辆（图 1-3）。私人机动化的快速发展对公共交通、步行和自行车的发展形成了挑战。据调查，北京市 2016 年路网早高峰平均速度为 27.8km/h，其中主干道平均速度为 23.3km/h。晚高峰期间，路网平均速度为 24.6km/h，其中主干道平均速度为 20.6km/h。[④] 早晚高峰道路畅通程度提升并不明显，拥堵现象依然值得关注。上述问题的存在说明，虽然北京市近些年城区道路网基础设施建设取得飞速进展，但仍然无法适应机动车保有量的快速增长。

在机动车快速增长的背景下，虽然城市公交系统（包括轨道交通）建设取得了长足的发展，其轨道＋公交方式所占的通勤出行率达到了 49.3%（2016 年数据），但基于出行效率的考虑（表 1-5），小汽车方式的通勤出行率仍占到了 32.3%，比 2015 年上升 0.4%。

---

① 1994 年，我国制定了汽车产业政策，调整了汽车产业的方向，其核心是实现两个战略重点转移，即近期从生产载重汽车为主转变为生产小汽车为主，中远期从生产公用小汽车为主转变为生产家用小汽车为主。
② 中华人民共和国 2017 年国民经济和社会发展统计公报 [R]. 2017.
③ 北京市机动车数量即将突破 300 万辆 [N/OL]. 北京日报，2007-05-25。
④ 北京交通发展研究院. 2017 年北京交通发展年报 [R]. 2017.

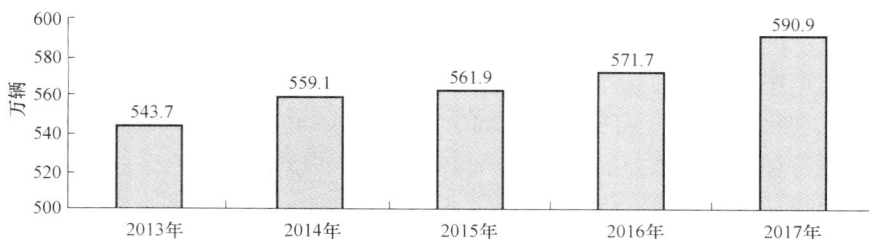

图 1-3　北京市 2013～2017 年机动车保有量

数据来源：北京市 2017 年国民经济和社会发展统计公报

2016 年北京市各方式平均出行距离、出行时耗与行程速度　　　　表 1-5

方式	平均出行距离（km）	平均出行时耗（min）		平均行程速度（km/h）	
	全日	早高峰	晚高峰	早高峰	晚高峰
公交汽（电）车	11.2	66.2	67.3	9.8	8.8
轨道交通	17.9	73.7	75.3	15.2	14.0
出租车	9.4	43.5	46.2	11.3	10.1
小汽车	14.2	40.7	47.2	15.9	15.0
自行车	3.4	22.6	24.7	9.1	9.0
步行	1.0	11.8	12.0	5.4	5.3

注：1. 表中交通方式为一次出行所采用的主要交通方式。其中包括出行两端采用自行车或步行等交通方式的时间。

2. 早高峰 7：00—8：00，晚高峰 17：00—18：00。

数据来源：北京交通发展研究院。

在此之前的相关调查也反映了北京市公交服务水平相对较低这一特点。[①]　如 2003 年的调查显示：

（1）公交运行速度慢，平均运行速度仅为 10.2km/h；平均利用公交出行时间为 58min，其中包括两头步行到站时间 16min，等车时间 6min，换乘时间 6min，车上时间 30min。与其他交通工具相比，公交由于速度慢而缺少优势。图 1-4 显示了西单大街公交、自行车和小汽车的运行速度比较。

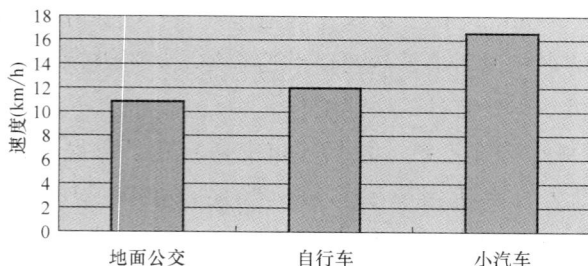

图 1-4　北京西单大街各交通方式运营速度比较（2003 年）

（2）换乘不方便。在换乘点内部平均换乘距离达到 355m 以上，其中 500m 以上距离的换乘达到 30％。

2005 年由北京市交委组织的第三次综合交通调查数据显示，北京市民乘公共电、汽车出行较小汽车出行平均距离要少 5.5km，但所需的时间耗费却超出 25.3min。[①] 而人们乘坐地铁的距离与小汽车相当，但时耗增加 36.3min。这说明，公共交通的竞争力显著低于小汽车。显然，公交并没有担当起促进城市有序扩张的职能，但是这并不意味着就可以放弃公交的主导地位，从公交与城市用地协调发展的经典案例中，我们可以学习到相当多的经验和教训，这些都为我们创造适合人们出行需求的交通环境提供了参照。

1.3 研究的意义

目前，国外对城市土地使用与客运交通模式之间关系的研究和实践已有很好的基础，相对而言，国内学界在这些研究的理论和方法上更多地处于引进和学习阶段，虽然在一些实践中对相关的理论有所借鉴（比如公交导向的城市发展），但是总体来看应用的范围并不广泛。究其原因，既有规划建设体制上的不匹配，更重要的是如何从规划方法、交通组织上对两者进行整合。

我国地少人多，不同地区城市受经济条件、地形条件、城市规模等因素的影响而显示了较大的差异，虽然目前针对轨道交通站点的综合开发已经有所触及，但是对大多数中小城市来说，常规公交如何协调用地发展则是一个需要长期面临的课题。

此外，传统的规划编制方法中，尤为注重道路网络体系的规划。总体规划阶段，在确定了主要的道路网络后，随之而来的就是进行用地布局。在此过程中，由于忽略了土地使用和交通设施的互动与协调，忽视了人们的日常出行对城市空间及用地布局的影响，这一总体规划的蓝图在看似满足了机动车出行需求的同时，为日后出现的交通问题埋下了一颗"定时炸弹"；在详细规划阶段，由于传统的土地建设与开发模式的制约，直接导致了城市支路系统的缺乏及系统性不强。在这一层次，虽然有着针对具体项目的交通影响分析，但这无异于"亡羊补牢"，此种"合成谬误"所形成的交通问题必然对交通设施造成更大的压力。

长期以来，我国城市交通规划的编制并未上升成为一个制度性的要求。大多数城市都是编制总体规划以指导城市的建设发展，交通规划只是作为总体规划中的一个专项来进行。而且，在未充分考虑"人"的出行需求的情况下，几乎大多数城市的总体规划都以道路建设为重点。这种公交与城市相脱节的发展模式必然会导致城市用地布局、居民出行需求与交通设施供应的不匹配。其结果是耗费巨额资金建设起来的道路空间被私人小汽车大量占据[②]，而广大真正依靠步行、自行车和公共交通出行的人们，在道路空间的争夺中处

---

① 北京城市交通综合调查：公交车吸引力远逊小汽车 ［EB/OL］. http：//www.bjtrc.org.cn/show.asp? id=78&intType=3。
② 据统计，目前我国城市中小汽车出行的比例一般低于 20%，却往往占据了超过 70% 的道路资源。

于劣势地位。这种资源分配的倒挂也反映了目前规划和决策理念中"以车为本"的错误思路，妨碍了每个个体占有相同社会资源的社会公平性原则。因此，需要打破旧有的道路交通资源分配状况，在充分保证地面公共交通系统道路路权的前提下重新进行道路资源分配，以充分体现社会公平的原则。

汤姆逊（J. Michael Tomson）在其著作《城市布局与交通规划》中指出："好的交通规划不只停留在设计一些道路和交通设施来运送预测的客货量，这样做是不够的；好的交通规划也要帮助用地布局形式和整个交通系统设计的结合，以使人们在交通上用最短的时间，花最少的钱，能非常方便地参加他们想参加的活动或获得他们想要的东西。"这就是本书的主要意义所在。

1.4　研究内容及组织框架

借助以上对当前城市交通领域的问题和规划方法的初步认识，本书希望从城市交通系统的"以人为本"角度出发展开研究，为以人为本的城市客运交通与土地使用模式规划建设提供可以参照的模式和范本。本书首先要对城市客运交通的几个概念展开讨论，以此明确城市客运交通以人为本的概念和内涵；在此基础上，从城市交通结构与空间布局、交通系统与功能街区、交通设施与用地环境等三个层面探讨满足人们出行需求的城市用地与交通设施建设的方法；并对城市规划和交通规划的相关程序和方法提出进一步改进的建议。

本书研究的主要内容如下：

第 1 章为绪论，主要探讨研究的缘起、研究的意义、研究框架及方法。

第 2 章讨论了城市交通"以人为本"的相关概念和内涵，针对城市交通与土地使用模式在宏观、中观、微观等层面的理论研究和实践，提出了本书的研究框架和方向。

第 3 章研究了城市空间结构的相关特征对交通模式的影响，接着分析了不同城市空间结构与交通系统模式的适应性机制，在公交导向发展相关理论研究的基础上，结合四个典型城市的相关特征对比，提出了基于"基本用地单元"的、面向常规公交的城市空间结构发展模式。

第 4 章研究了城市功能街区特征与交通系统的相互影响，在相关理论研究的基础上，结合四个典型城市重要地区功能街区与交通设施布局等特征的对比，提出了基于"基本用地单元"的功能街区规划模式，并对几种现状发展模式的改善提出了建议。

第 5 章研究了城市用地交通环境要素和影响，针对当前的交通设施环境规划理论、方法和问题，在整合公交站点、用地与步行过街设施的基础上，提出了基于"基本用地单元"结构的分区交通环境控制对策。

第 6 章总结了前三章的研究成果，以此为基础，对现行城市规划和交通规划的编制技术和方法进行了反思，并从制度和政策两方面提出了以人为本的城市客运交通结构与土地使用模式规划的实施保障。

第 7 章对本书的主要成果进行了总结，并指出了需要进一步研究的方向。

本书研究框架见图 1-5。

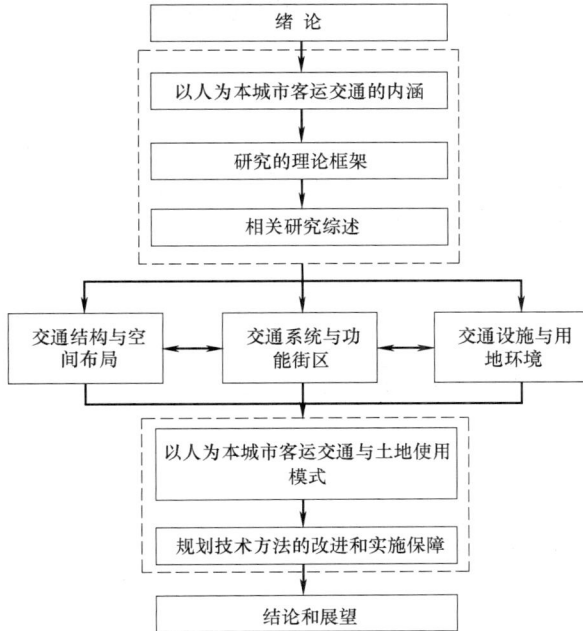

图 1-5　本书研究框架

1.5　研究方法

本书涉及了城市规划学、城市交通学、城市经济学、城市社会学、城市环境学以及行为学、心理学等诸多学科的知识，研究采取的方法主要包括系统分析、矛盾分析法、层次分析和比较分析法、定性分析与定量结合法以及实证分析和案例分析法等综合研究方法。

第 2 章　相关研究与理论框架

　　城市是因人的需求而产生的，人是城市生活的主体。在日常生活中，人们因上班、上学、购物、娱乐等活动的需求而形成了对城市交通的需求。因此，研究城市交通的"以人为本"，首先要正确地理解"以人为本"的科学内涵，了解人的交通需求、种类和强度，这些是交通需求的本源。

2.1　相关概念和研究框架的界定

2.1.1　人的需求与出行目的

1. 人的需求

　　人的需求是人类社会历史发展的原始动力，没有人类的需求便没有人类的发展。人本主义心理学家马斯洛（Maslow）从个体人的角度出发，将人的需求从低到高分成五个层次，即生理需求、安全需求、感情和归宿需求、社会需求和自我实现需求。马斯洛认为：人们一般按照以上所述从第一层次到第五层次的需求"阶梯"，从低级到高级追求各项需求的满足（图 2-1）。

从上述五个层次可以看出，逾是低层次的需求和维持个体生存的关系就愈密切，因而也是最基本的需求。而逾是高层次的需求和个体生存的关系就愈不密切，但是却同人的认识发展密切相

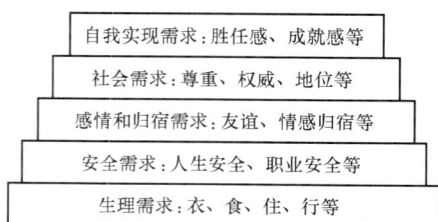

图 2-1　马斯洛的需要层次理论

关（金经元，1993）。需要指出的是，人本主义心理学家在研究个体心理时忽视了社会因素对个体心理的影响。

　　而马克思认为人是个体性、群体性和类性的统一，他把人的活动作为研究人的出发点，认为人的活动是由人的需要产生、并通过实践来实现的。从内容上讲，人的需要包括三个方面：物质需求、社会需求和精神需求。

　　（1）作为个体性存在物，人在满足吃、喝、住、穿等物质需要之后，还需要从事文

化、科学、艺术、宗教、哲学等活动，这就是人的精神需要，是由人的本质所决定的。"植物、动物、石头、空气、光等，一方面作为自然科学的对象，一方面作为艺术的对象，都是人的意识的一部分，是人的精神的无机界，是人必须事先进行加工以便享用和消化的精神食粮。"总体来看，精神需要是与人的精神生活相联系的需要，表现为人们对真、善、美的追求（廖小琴，2004）。

（2）作为群体性存在物，人与动物的区别之一就在于人与人之间存在着复杂的相互关系，并以此组成了社会的基础。作为社会群体的存在，人们在社会群体内部和不同的社会群体之间发生着一系列的社会交往性活动，这些活动是社会的需要。社会需要是与人的社会生活相联系的，它以创造一个有利于人的生存、发展的社会环境为目的，处理人与人之间的经济关系、政治关系和思想关系是其主要表现形式（沈建国，1992）。

（3）作为类的存在，人类需要从自然界摄取所需的物质生活资料以满足其生存发展需求，而面向自然界的物质生产实践活动是人类满足其基本需求的主要形式。长期以来，人类一直自封为"万物之灵"，认为自己是这个世界上乃至宇宙中最为尊贵者，忽视了自己是自然的一部分，人为地割裂自己与自然的关系，人类与其他物类的关系长期处于不良的状态。特别是进入工业社会以来，人类无限制地扩张自己的占有欲、好胜心、好奇心和报复心，毫无道理地把自己的利益置于其他物类的利益之上，结果造成生态失衡，并威胁到人类自身的生存与发展（唐雄山，1998）。

综上所述，作为一个完整的统一体，人在同自身、社会和自然界三者的关系中表现出精神需求、社会需求和物质需求的统一。人作为个体、社会和类的存在物，要满足其各种需求，相应的就必须进行各种方式的活动，从这一意义上来看，人的需求决定了其活动的方式与内容，并对周边环境产生着深刻的影响。因此，对"以人为本"的理解，也应该从"人"不同的需求层面加以展开。

2. 人的出行目的

交通需求是因出行目的而产生的。就出行目的而言，常见的出行目的有上班、上学、购物、生活出行、文体娱乐休闲、业务、回程等。就业是生活保障的基础，因此个体需求首先表现为就业的需求，反映在交通行为上就主要表现为上下班、上下学的通勤出行。从我国各个城市的出行目的分布来看（表 2-1），回程的比例基本上接近 50%。其次重要的出行目的是上班、上学，两者之和约占 30%～40%。因上班、上学而引起的通勤出行（含相应的回程出行）的比例在 80% 左右，且有明显的高峰现象，反映了通勤出行的重要性（徐循初，2007）。

我国各城市的出行目的分布　　　　　　　　　　　　表 2-1

城市	调查年份	上班	上学	购物	生活出行	文体娱乐休闲	业务	回程	其他
温州	1999	26.1	10.1	4.9	7.8	2.6	5.8	42.7	—

续表

城市	调查年份	上班	上学	购物	生活出行	文体娱乐休闲	业务	回程	其他
肇庆	2000	21.6	8.7	7.4	7.7	2.9	3.1	46.9	1.7
苏州	2000	23.5	10.0	10.9		3.5	1.7	46.4	4.0
邯郸	2001	23.5	8.5	7.3	5.7	4.6	1.6	48.8	—
南宁	2001	22.8	11.6	6.5	6.5	2.4	5.0	45.2	—
北京	2002	18.3	6.4	8.3	5.4	7.6	2.8	48.0	3.3
南昌	2002	25.6	1.8	7.5	6.6	8.5	1.3	48.7	—
宁波	2002	24.2	7.9	11.1	1.9	3.8	1.0	48.5	1.6
眉山	2004	20.9	6.0	6.6	7.3	8.1	3.4	41.8	5.9
遵义	2004	20.4	9.6	7.2	4.9	5.5	1.1	48.2	3.1
北京	2004	26.3	8.2	—	16.2	—	2.4	46.9	—
莆田	2009	19.79	9.89	8.37	7.32	2.57	0.96	47.20	3.90
新沂	2009	21.15	14.17	7.56	2.05	2.66	1.67	45.07	5.13
厦门	2009	23.0	11.0	—	14.0	—	1.0	44.0	—
通化	2010	24.22	12.14	4.54	7.40	6.28	1.69	41.52	6.75
广州	2011	26.5	4.1	—	18.9	—	1.9	42.9	—
乌鲁木齐	2011	22.8	8.4	—	15.7	—	1.7	47	—
南阳	2014	48.26	21.59	10.21	11.01	3.30	3.30	—	1.01

资料来源：徐循初. 城市道路与交通规划（下）[M]. 北京：中国建筑工业出版社，2007（3）.

刘洪，文杰，朱权，等. 中小城市居民出行关键特征探讨 [J]. 森林工程，2015，31（1）：135-138.

费毅博，纪宁. 发达地区城市居民出行特征对比研究 [J]. 中国水运（下半月），2015，15（10）：111-113.

目的反映了需求。不同的出行目的和过程对交通的需求就不一致。如满足上下班、上下学为主的通勤交通强调"高机动性""效率和公平"，以促使不同阶层都能获取均等的机会；对不同的目的来说，要完成到达目的地的出行，还必须强调不同区域的"可达性"；而无论处在何种环境中，"安全"都是出行的首选。探讨这些需求的含义与相互影响构成了城市交通"以人为本"的重要内涵。

2.1.2 相关概念的解释

对"以人为本"的哲学内涵、机动性与可达性、效率与公平、交通环境与安全的讨论有助于认识城市客运交通以人为本的内涵。

1. "以人为本"的哲学内涵

以人为本就是把满足人的全面需求和促进人的全面发展作为最高准则和根本目标，围绕人的全面发展，促进经济社会的全面发展。

　　人的全面发展，体现在人自身精神生活的丰富发展、人与社会关系的和谐发展，以及人与自然的关系三个方面（廖小琴，2004）。即，不仅要满足人的物质生活需求，还要满足人在社会生活、精神生活等各方面的需求，使人的体力和智力上的各种潜能得到充分的展示（王建文，2004）。因此，"以人为本"的内涵可以从下面三个方面展开理解（王智勇，2005）：

　　（1）作为个体的人，首先是指生活于现实社会的个人，只有首先实现现实的个人的自由发展，才能实现人的彻底解放，才能实现"一切人的自由发展"。因此，以人为本的科学发展观，必须把促进现实的个人的全面发展作为经济社会发展的根本目的，这一点体现了基于个体人的物质精神活动的要求。

　　（2）作为群体的人，强调人民群众是历史的主体，是历史的创造者。在我国，人民群众是国家的主人，它既是社会主义市场经济的主体，改革和发展的主体，也是实现自身利益的根本力量。因此，以人为本就是要以人民群众的利益为出发点和归宿，这一点体现了基于群体人的社会经济活动的要求。

　　（3）作为人类整体，强调以全人类的利益为根本出发点，避免人类社会的发展对自然环境和资源无止境的掠夺和开发。把发展的出发点建立在以人为本的基点上，以人类的整体利益为出发点，坚持可持续发展的方向，适度地开发自然资源，实现人与自然的真正和谐相处。

　　综上所述，"以人为本"就是以实现人的全面发展为目标，在个体人的发展上，强调人的自由发展是一切发展的基础，尤其是要通过人的物质和内在精神生活的发展丰富人的生命和生活质量；在作为社会人的群体发展上，强调从人民群众的根本利益出发，不断满足人民群众日益增长的物质文化需要，促进人与社会的和谐发展；在作为整体人类的发展上，强调保持人与自然的和谐共处。正因为如此，党的十九大报告中强调必须坚持以人民为中心的发展思想，不断促进人的全面发展、全体人民共同富裕。这一理念实际上已经包含了对人的不同层面需求的满足。

　　随着交通工具经历着从步行→马车→自行车→公共汽车→小汽车→轨道交通的发展，城市交通所关注的对象也经历了由人→车→人的转变。在长期的历史发展中，"以人为本"思想极大的影响了城市和交通的发展，并催生了大量城市规划和交通规划的理论与实践，与此同时，交通规划的方法和手段也在发生着深刻的变化①。

---

　　①　早期的西方城市发展受当时不太发达的社会生产力的影响，城市的规模基本上都不大，布局基本上以集中式封闭布局形态为主。城市以神权（教堂及其广场）和政权（宫廷、市政厅及其广场）为中心，局限在城墙内发展。同时，由于交通工具发展缓慢，主要以步行和马车为主，因此道路的设计也主要以满足步行、马车通行为主，尤其是城市的主要道路更是以马车的宽度为标准尺度，以满足马车通行。就城市道路形态来说，主要以自由式为主。很多历史遗留下来的传统街区均显示了良好而宜人的街巷尺度。因此，可以这样说，西方社会早期人本思想的发展历程，对不同时期城市交通的影响主要体现在满足基本的步行、马车的通行需求，此外，在道路与两侧建筑的关系以及广场的布局上都强调了不同时期的艺术和审美要求，这些都为后来人本主义城市规划思想的发展奠定了基础。

2. 机动性与可达性

1）机动性

20 世纪 50 年代以来，随着城市拥堵的加剧，人们往往立足于提高城市路网运输能力来解决城市交通问题。在这种背景下，城市"机动性（Mobility）"的概念应运而生（王辑宪，2004）。20 世纪 60 年代，欧洲学者将 20 年代出现在美国的"机动性"（Mobility）概念引入广义的城市规划研究，从而在城市交通规划研究中建立了综合的动态的观点，改变了传统城市规划中城市交通规划从属于城市空间规划的状况（卓健，2005b）。

目前，针对机动性的研究主要存在以下一些观点（Orfeuil，2005）：

（1）机动性能力取决于出行范围、日常出行距离以及货币和时间成本指标；

（2）人们在稳定的时间预算内总是尽量使出行范围最大化；

（3）已经采用小汽车的交通方式很难逆转。

此外，Lomasld 的研究表明，交流领域的持续扩张，可以促进经济、社会和人类发展，并为个人选择生活方式提供手段（图 2-2）；Ehrenberg 的观点则要复杂得多。他所说的机动性是指社会地位的可变性，但却为质疑 Lomasld 乐观的观点，以及机动性、贫困、不平等、社会排斥之间的关系建立了良好基础。

潘海啸（2005）指出，机动性体现了"人们克服空间距离因素约束，实现自由的移动能力"，已经成为当今城市中人类的一项"根本权利"。张明等人（2005）则认为，机动性既可用于衡量城市或局部地区交通服务与运行状况，也可用于衡量交通基础设施的数量和居民交通出行潜力。

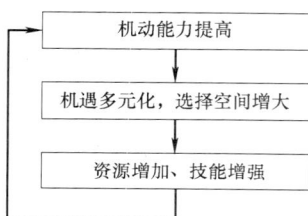

图 2-2　机动能力发展的良性循环

2）可达性

可达性（Accessibility）一般是指在使用各种交通方式的条件下，城市中某一地点的用地或设施所体现出来的一种经济属性。对于城市土地的可达性经济属性，土地经济学从早期的各种区位论开始，就明确了可达性对于城市土地的经济效益和用途的重要作用。因此，可达性又可分为就业机会可达性、劳动力人口可达性、零售服务可达性等不同概念（张明 等，2005）。

从 20 世纪 90 年代开始，随着新城市主义的城市交通规划理念抬头，塞维诺（Cervero，1997）开始提出可达性（Accessibility）的概念，此后，肯沃思（J. Kenworthy）、纽曼（Newman）等人 1997 年提倡的紧凑城市（Compact City）的设想以及与之配合的公交导向发展（TOD）等概念，在对"小汽车主导型城市"的种种问题进行深刻反省的同时，对可达性也进行了有益的探讨。

新城市主义的一些重要代表人物如卡尔索普（Calthorpe，1993）、凯兹（Katz，1994）等，都充分认识了私人汽车为主、提高机动性为中心的发展对社区建设带来的毁灭性破坏，提到了城市特别是市区可达性提高和公共交通导向发展的重要。他们认为可达性不仅是对交通条件的评价，更涉及城市社区的建设。一方面提高可达性是街区人气旺盛、社区价值回归的前提；另一方面，不同社会群体在可达性上的差别可以导致社会排他现象的恶化（Ross，1999）。这是城市规划学者重新在新的层次肯定可达性概念的重要：它反映一个城市社区的社会包容程度，是城市可持续发展中社会公平进步的可衡量指标之一。

可达性的概念发展至今已具有四种主要用法和定义：

（1）城市中一个地点到城市所有主要活动分布的总体可达程度，往往以时间来衡量，并且可以比较不同交通方式的差异。

（2）城市中某一地点到某个距离内的某类活动地点的总体可达程度。

（3）某一特定活动到城市其他地点的总体可达程度。

（4）在涉及某特定类型的人比如残疾人的交通时，可达程度特指为方便他们而设计或提供的专用设施的水平。

3）机动性与可达性的关系

通过对机动性和可达性的分析，可以发现，前者反映的是城市交通系统的运行效率以及人们获取机动性的能力，而后者往往反映了居民出行的方便程度。这两者之间呈负相关的关系。最新的国际城市可达性比较研究指出，北美、澳洲的城市有较高的机动性，但可达性则是西欧及亚洲城市领先（Ross，1999），这也直接反映了城市活动密度、公共交通工具的使用以及非机动车和步行比例高的重要性（王辑宽，2004），见图 2-3。

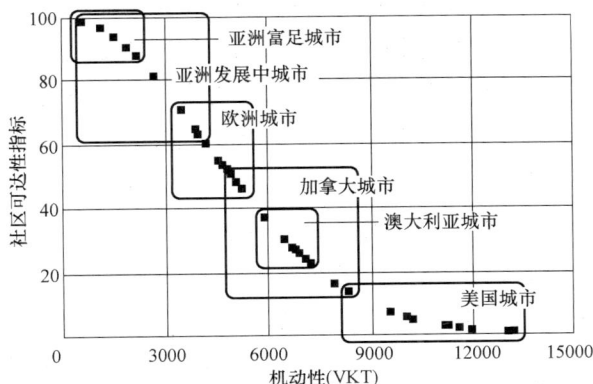

图 2-3　46 个城市可达性与机动性反比关系的比较

来源：Ross W. Personal Mobility or Community Accessibility：a Planning Choice With Social，Environmeutal and Economic Comsequences [D]. Insitute of Sustainable Technology and Policy，Murdoch University，Perth，Ausbralia，1999：155

4）对概念的理解与应用

目前在对机动性与可达性的理解上仍然存在着观念上的误区。如认为机动性就代表了城市交通运行的效率，但是忽略了人们获取机动性的能力；认为只要城市道路能够服务到的地方，就满足了可达性的要求。实际上，即使在城市快速交通能够到达的地区，如果衔接道路缺乏也会造成可达性的缺失，而在一些公共交通经过的地区，换乘不便同样会造成可达性缺失。

这说明，城市交通系统要满足人们的出行需求，既要强调交通系统的效率，也要强调人们获取机动性的能力，更要强调不同群体在城市不同区域的交通可达性。

3. 效率与公平

效率与公平实际上反映了城市交通服务的对象和质量。在人们日益注重可持续发展和绿色交通的背景下，交通系统的效率与公平也与其对环境造成的影响紧密地结合在一起。

（1）效率：通常指的是单位时间、单位断面交通工具所输送的人和物。由于人们出行的时间相对固定，随着城市的扩张，必须采用速度更快的交通工具，否则人们就只有忍受出行时间的增加。

让-皮埃尔·奥佛耶的研究成果证实近年来个人为出行支付的费用呈下降趋势。机动性成本的大幅降低直接导致城市用地的迅速扩张，尽管就业岗位仍旧相对集中，但居住用地进一步分散，交通速度提高，而居住密度却降低了。因此，在城市地区试图通过提高交通速度来节约时间成本的设想是不切实际的。因为速度提升将直接引发城市进一步扩张，出行距离的延长将逐步抵消速度赢得的时间（卓健，2005b）。这一点和扎哈维（Zahavi）[1]假设相符合，许多城市的交通调查都证实交通速度的提高直接引起了人们平均出行距离的增加，而居民的平均出行时间却基本维持不变。换句话说城市居民对交通时间的支出有心理接受值，不同城市之间不同但同一城市的心理阈值是基本稳定的。

（2）公平：城市交通系统应该是一个人人都有能力使用的系统，应该是具有多种交通方式，人人根据自己目的能够方便使用而且交通费用低廉的系统。同时，在交通投资上也要强调向弱势群体倾斜，为人们的发展创造较为均等的条件。

世界银行在 2000 年 8 月发表的一份报告《城市交通发展研究》中指出：目前贫富之间的差距非常明显，占世界人口 20％的贫困人口仅拥有全球收入的 1.1％，而另外 20％最富有的人则占有几乎 86％的全球收入。而且这种趋势还在扩大。在 1960 年到 1994 年期间，全球最富的 20％人口与最贫困的 20％人口在收入上的比值已由 30∶1 扩大到 78∶1。这种收入上的不公平也反映在交通政策的制定上。

这种认识上的偏差源于很多城市的交通政策的制定者认为城市交通的目标是为"车"而非为"人"制定的。任何一类人群基本需求的满足都应该接近其基本服务与市场。由于发展中国家交通设施的供应往往强调机动化交通以为高收入阶层服务，严重的交通拥堵导致了对依赖于机动化交通模式的城市交通的高比例投资，而不是对经常为穷人所使用的诸如步行、非机动车和公共交通等交通方式给予足够关注。

---

[1] "扎哈维（Zahavi）假设"认为居民往往会把通过提高交通速度而赢得的时间重新投入到交通出行活动中。

这些教训让人们认识到必须采取以下措施：

① 发展一个穷人可支付得起的公共交通系统。低收入人群经常使用巴士，因此提升巴士系统的实用性是比昂贵的轨道交通更经济有效的方法。然而，由于不适当的结构调整导致了在这些国家巴士服务有时效率极差。反常的巴士服务在亚洲城市是值得的，因为这导致了竞争、效率和可支撑的财政。然而，这种关照是必须的，因为商业化和私有化将导致高消费，反过来会影响对穷人服务的可提供性。在这个案例里，针对合适的对象而制定的补助和激励机制将使穷人融入整个交通系统中。通过提供采用不同的巴士优先手段也可改善巴士服务的可靠度和舒适度。

② 改善非机动交通设施降低非机动交通方式的服务障碍。步行和使用非机动车是穷人很普遍的交通方式。然而，由于缺乏对行人和机动车安全的考虑，在与机动车的冲突中步行和骑自行车的人员伤亡率很高。由于低收入人群明显的易受交通事故的伤害，改善步行和自行车交通设施将提供一个安全的交通方式，同时也提高他们的机动性。

③ 使穷人能够方便地参与交通规划。现在的交通规划往往是"精英规划"，掌握着大量财富的少数人在选择私人机动化的交通工具的同时，也在对政府的投资决策产生着巨大的影响。而对于大多数的低收入者来说，由于缺少话语权，难以参与交通规划的制定，其在社会生活中也在被逐渐的边缘化。

4. 交通环境与安全

城市交通环境作为连接人们日常出行起点与终点的过程空间，是由各种交通设施组合在一起，通过合理组合而成的紧密相连和功能互补的有形空间。通过它可以合理安排各种交通流在空间和时间资源上的分配，以网络运行高效为原则均衡分布交通流向及时空分布，并合理分配各种交通方式对有形空间的占用。从广义上讲，它指交通工具、交通设施及交通信息的整合，从狭义上讲，它指微观而具体的交通设施及其周边环境设计。

现代城市中的道路交通环境，往往多注重交通功能的优化，将城市道路交通环境作为工程实体而非城市公共空间来看待，较少考虑人的生理和心理需求，使城市中的道路交通空间成为"面貌丑陋、冷冰冰和缺乏生活情趣的堆砌体"（柳权，1999）。从解决人们交通需求的角度出发，交通环境设计的目标要求提供一个安全、便捷、舒适的交通环境，体现交通环境的人文关怀。

2.1.3　城市交通以人为本的内涵

上述对机动性与可达性、效率与公平、环境与安全的讨论反映了城市交通在不同层次上对人们出行需求的满足，主要体现在以下三个方面：

（1）城市交通应体现对机动性与效率的关注，通过建设快速、低成本的交通，在可以容忍的时间范围内使人们能够尽可能地延伸自己可以到达的空间范围，并获取更多的生存和发展机会。

（2）在城市的不同区域应体现分区域的交通可达性，以使每个区域都可公平地享有发展的权利。

（3）在微观交通环境上应强调交通的安全、便捷和舒适性，以增加交通环境的活力。

这实际上形成了城市交通"以人为本"的主要内涵。

如果说人们出行的目的是产生交通需求的本源，那么城市土地的使用方式则是交通问题产生的根源，城市土地使用方式的优劣对人们的出行行为有着直接的促进或阻碍作用。因此，从城市交通与土地使用模式协调发展的层面展开研究有助于从根本上解决交通问题，实现城市交通的"以人为本"。

2.1.4　研究的理论框架

城市土地使用模式可分为三个层次，即城市空间布局、城市功能街区和城市用地环境。

（1）城市空间结构反映了不同街区（或功能区域）之间的空间组合关系，在不同功能街区之间的交往行为会形成对交通结构的需求，当交通结构可以满足这种需求时，就会对城市空间布局的发展起到促进作用，反之则会起到阻碍作用，并导致一系列的交通问题。尤其对以人为本的城市交通而言，强调面向绿色出行、公交主导的交通方式结构，以低成本、低消耗、大众化的交通方式解决城市的交通问题，更是体现了城市交通为市民服务的根本初衷。从一定程度上来看，这显示了城市交通整体的机动性和效率。

（2）城市功能街区反映了不同用地之间的组合关系，当用地之间混合度高，就会在街区产生活力，并减少一定的远距离出行。但是，当城市街区形成对其他街区的依赖并对周边交通设施形成较大压力时，就需要其周边交通设施能够方便地集散并提供较高的可达性，否则城市街区将面临被"边缘化"的危险，这显示了城市分区域的交通可达性与公平。

（3）城市用地环境则反映了用地与周边交通环境的关系，当城市用地与交通设施能够形成良好衔接，将大大提高微观交通效率、节省交通资源与空间，并给交通环境措施的实施留下余地。

因此，通过对上述关系的描述，可以形成城市交通"以人为本"需求——城市客运交通——土地使用模式之间的相关性，如图 2-4 所示。

随着城市的发展和机动能力的增强，单靠个体交通显然已经不能满足人们对机动能力的需求。当城市由于中心区地价、房价的攀升而迫使低收入者向城市外围迁移，但中心区的就业岗位又对低收入者有着强烈吸引力之时，如何保障低收入者获得良好的机动性就成为衡量城市交通公平性的重要标准。显然，公共交通在这个方面可以发挥更大的作用。因

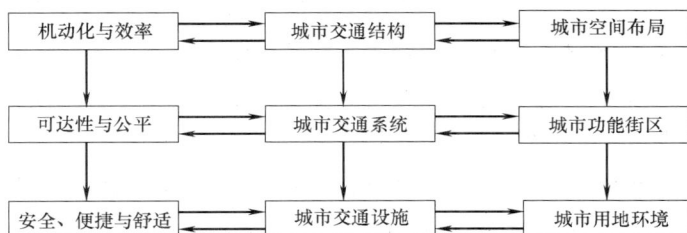

图 2-4　以人为本城市客运交通与土地使用模式的对应关系

此，强调城市交通与土地使用模式的以人为本，其主要侧重点在于以城市公共交通发展为主导，对城市交通结构与空间布局、城市交通系统与功能街区和城市交通设施与用地环境的探讨将都围绕着公共交通展开。

2.2　相关理论研究的评述

按照上述结构，可以从城市宏观层面、中观层面和微观层面展开对相关理论的讨论。

2.2.1　城市宏观层面的研究和实践

开始于 18 世纪中叶的工业革命促进了资本主义城市的快速发展，这种以经济高速增长为核心目标，通过技术发展来主导生活的发展模式对城市人文精神的建树构成了极大的威胁与挑战，同时也带来了大量难以解决的"城市病"，如城市环境恶劣、社会矛盾趋于尖锐等一系列问题。由此也促使人们展开了对这种过分依赖技术为主的发展模式的反思。

1. 主要的规划理论

1) 早期伟大的思想家们提出了一系列理论与概念，用思考或实践去憧憬他们心目中理想的国家与城市形态。英国人文主义者莫尔提出"乌托邦"概念，其后的圣西门、傅立叶、欧文又不断完善其设想，欧文甚至建立"新协和村"进行实践。空想社会主义者的理论与实践对近代人本主义规划思想的发展产生了深远的影响。在随后的人本主义思想发展过程中，涌现出了西方近现代三大"人本主义"规划思想家：霍华德、格迪斯及芒福德。[①] 他们把城市规划、建设和社会改革联系起来，针对工业革命以来的一系列城市问题

---

　　① 霍华德明确提出了"关心人民利益"的指导思想。格迪斯强调人的社会性和从区域角度来研究城市规划。针对城市发展中技术的发展逐渐掩盖了人性光辉的这一现象，芒福德认为，城市最好的经济模式是关心人和陶冶人，为城市始终坚持正确的发展方向确立了标准——以人为本。

（包括改善城市的拥堵和卫生状况），把关心人和陶冶人作为城市规划与建设的指导思想。他们认为：城市尤其是大城市，是一切罪恶问题的根源，是反人道的和不人道的，因此必须加以控制和消灭。他们的思想与所有理论的基本出发点是"出自人性对大自然的热爱"，目标是实现"公平""城市协调和均衡发展"（信丽平等，2006）。

2）为解决工业化以来大城市发展所带来的问题，现代城市规划思想家提出了三种主要的城市发展理论，不同的理论倾向显示了不同的交通发展战略倾向。①以赖特（F. L. Wright）为代表，主张分散化的理论认为机动化是城市发展的必然，是提高城市效率的方式之一。但是在当时的技术条件下，片面地强调低密度、私人机动化的发展给城市带来了低密度的蔓延式发展和严重的环境问题。②以勒·柯布西耶（Le Corbusier）为典型代表，集中化理论则提倡建立高效的公共交通体系是节约能源、合理利用城市空间的重要途径，其理论影响了后来由卡尔索尔普·彼得（Peter Calthorpe）、安德雷斯·杜安伊与伊丽莎白·普拉特（DPZ 夫妇）等所提倡的"新城市主义"。③以伊里尔·沙里宁（Eliel Saarinen）为代表的折中主义则更强调交通与土地利用开发两者之间的有机性，提倡交通与土地利用一体化（周素红等，2005b）。作为结果，折中主义的发展模式极大的影响了战后的新城建设，并催生了 20 世纪 90 年代后出现的"紧凑城市"理论的发展（萨夫迪，2001）。

3）从 20 世纪 60 年代开始，随着工业的发展和人口的增长，人类对自然干预的深度和强度不断加强，资源日趋短缺，生态危机严重，环境急剧恶化，引起了国际社会的高度关注。由此，人们提出了可持续发展的思想（Brown，1987），并对其后的城市规划思想产生了重要影响。

4）鉴于第二次世界大战后的美国城市郊区"蔓延"化趋势导致了城市土地使用与交通规划和管理脱节以及由此所引发的低密度、缺乏场所感、过度依赖小汽车、交通拥堵和环境污染的现实，人们提出了"精明增长"土地管理和发展引导措施，强调通过发展"宜居性"城镇来解决"蔓延"所带来的问题。具体地说，精明增长追求实现以下六个目标：

（1）邻里可居性。实现邻里居住的高质量，即邻里社区应该安全、方便、有吸引力、但房价和消费并不昂贵。

（2）城市可达性高，机动交通量少。强调不同功能土地使用的混合，集中式发展并提供多种交通方式以减少拥堵，减少污染，节约能源。

（3）城镇和郊区的共同繁荣。通过对已建成区的引导开发，在交通、学校、图书馆及其他公共服务设施上的投资使现有居民受益。

（4）利益共享。收入和种族的分化会在带来一部分社区繁荣的同时也会导致另一部分社区的衰落，因此"精明增长"所强调的是所有居民共同受益。

（5）低费用，低税率。"精明增长"有助于从两个方面减少交通开支。①充分利用现有的基础设施可以使有关税率维持在较低水准。②便利的多种交通服务可以减少人们对汽车的依赖性，从而使用于交通方面的开支相应减少。

（6）维护开敞空间的开敞性。强调对已建成区的开发，可以尽量减少对自然的破坏，将森林、农场、湿地和野生动植物等人们所喜爱的景观传给下一代。

实现"精明增长"目标的一个重要途径就是政府实施特定的政策对土地开发与利用进行管理和调控。在这一方面，美国马里兰州走在了前列，1997 年马里兰州通过了精明增长法案。

5）自 20 世纪 80 年代中后期以来，城市体型环境的规划与设计（Physical Planning and Design）日渐成为美国城市规划设计领域的热点。这期间出现了很多规划设计概念、思潮及实践，如"新传统式发展"（Neo-traditional Development）、"传统式邻里设计"（Traditional Neighborhood Design）、"以公交为核心的土地开发"（Transit-Oriented Development）、"步行小区"（Pedestrian Pocket）、"内填式开发"（Infill-Development）、"就业-居住平衡"（Job-Housing Balance）和"交通宁静"（Traffic Calming）等。"新城市主义"和"精明增长"是这些设计概念与实践的总称。前者主要指出建筑师和环境规划设计师提出的，在社区、邻里或街道等各尺度层面上再造体型环境的规划设计措施；后者则是泛指那些在区域尺度层面上管理控制城市与郊区的体型发展模式的政策法规和财政经济措施。

6）在上述宏观背景下，欧洲共同体委员会 1990 年于布鲁塞尔发表《城市环境绿皮书》（Green Paper on the Urban Environment），首次公开提出回归"紧凑城市"的城市形态，其最基本的事实依据就是许多欧洲历史城镇保持了紧凑而高密度的形态并被普遍认为是居住和工作的理想环境。同时指出，今后所有的城市开发都应当在现有的城市边界以内，城市的土地利用应当是综合的，高密度的城市内将形成紧凑的、革新的、文化丰富的城市社会环境。此后，肯沃思（J. Kenworthy）、纽曼（P. Newman）等人 1997 年开始提倡紧凑城市（Compact City）的设想以及与之配合的公交导向发展（TOD）。而理查德·罗杰斯等（2002）提出的"紧凑城市"理念以及迈克·詹尼斯等（2004）提出的"紧缩城市"都对基于可持续城市与交通系统的协调发展模式从宏观与微观等方面作了探讨。

虽然对"紧凑城市"有着正反两方面的讨论，但随着研究的深入，人们也意识到"紧凑城市"并非是提倡不顾城市大小的盲目集中发展，而近年来"分散化的集中"则成为紧凑城市理念的热点和重要组成部分（韩笋生等，2004），如图 2-5 所示。

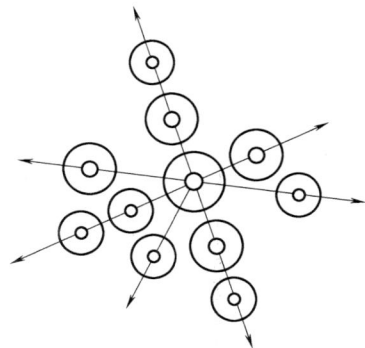

图 2-5 "分散化的集中"示意图

来源：韩笋生，秦波. 借鉴"紧凑城市"理念，实现我国城市的可持续发展. 国外城市规划，2004（6）

2. 城市交通与土地使用模式的实践

城市土地使用模式是交通问题产生的根源。不同的土地使用模式会催生主导交通工具的发展，同样，主导交通工具的发展也会引导城市土地使用模式的进一步优化。这种土地使用模式与交通发展相对平衡的动态关系形成了城市交通发展战略的基础。基于不同的城市发展理论基础、不同时期的交通发展政策导向，主要形成了三种不同类型的交通发展模式（Mikecaln，2005），包括：

（1）第一类是依赖小汽车成长发展的城市（Automobile Dependence）。发达国家如美国，已经是积重难返，欲罢不能。发展中国家如泰国，虽然人均小汽车拥有水平与发达国家相比还相差不少，但对小汽车拥有和使用不加任何限制，大大超出路网及环境的承受能力，已经成为让人难以容忍的交通"沼泽地"!

（2）第二类城市主要依赖公共交通，抑制小汽车增长和使用，以此来支持城市高密度发展，如新加坡和中国香港地区。

（3）第三类是小汽车与发达的轨道交通同步协调发展的城市，如英国伦敦、法国巴黎、日本东京和大阪等，小汽车拥有率不低于北美城市，但是使用率很低，主要靠地铁来通勤。

1）充分发展小汽车模式

追根溯源，此模式的理论基础源于赖特提出的"广亩城市"设想。他强调以方便的汽车交通连接各居住区，从而将城市分散发展的思想发挥到了极致，并成为美国在 20 世纪 60 年代以后出现的普遍郊区化的指针（孙施文，2007）。此种发展模式主要以洛杉矶、底特律、丹佛、盐湖城、旧金山等为代表。

从 19 世纪 80 年代到 20 世纪末，美国城市的发展经历了三个阶段：19 世纪 80 年代至 20 世纪 20 年代的城市扩张阶段（Expanding City），这是一个从马车时代向电车时代转变的阶段；20 世纪 20～60 年代的城市郊区化阶段（Suburban City），随着郊区逐渐建起了购物中心和娱乐设施，逆中心化趋势开始出现。20 世纪 60 年代至 21 世纪初的区域城市发展阶段（Regional City），20 世纪的最后 30 年间，电力轨道交通又在美国的一些城市重新兴盛起来。标志着美国城市交通发展经历了从马车时代—电车时代—小汽车时代—公共交通兴起—多模式共存的发展阶段（牛慧恩，2002）。

与此同时，美国 20 世纪的交通运输政策发展大致经历了从 20 世纪 30 年代以来的以支持就业为主要目的的交通建设时期，至 20 世纪 50～80 年代的以支持国防与经济发展为主要目标、以国家州际高速公路为核心的交通基础设施建设时期，进而转向 20 世纪 90 年代以支持人的全面发展、社会的可持续发展为目标的综合交通系统建设的过程。这一政策发展历程反映了美国由私人机动化过度发展向综合交通系统的协调发展的转变（李晔，2005）。

以洛杉矶为例，其多中心、分散型的城市空间结构决定了私人汽车必然成为主要交通工具（陈雪明，2004），由此也形成了依赖于小汽车的生活方式。而私人机动化也对城市环境产生着负面的影响，其中最主要的负面影响是交通拥堵和空气污染。

此后，为了改善洛杉矶地区的交通，根据 1995 年洛杉矶 20 年长期交通规划，未来 20 年内将花费 150 亿美元在地铁和其他铁路工程建设上。该地铁系统的一个最主要特征是以市中心为起点，向郊区方向呈放射型展开。但是由于洛杉矶是一个多中心、分散型的城市，市中心就业人口占全区域就业人口比例不到 6％，郊区到郊区的出行日益增多，而地铁主要服务于郊区到市区的出行，这种出行方向的不一致以及低密度土地使用决定了地铁是一种错误的交通工具。此外，地铁建设费用极高，平均每公里建设费用高达 1.8 亿美元，平均每吸引一个新乘客所需的费用超过 20 美元，这就使得地铁成为一种极不经济的投资。由于市场化的运营管理和区域性公交系统缺乏整合等因素的共同作用，洛杉矶的公交系统已逐步"沦落"为不得已而为之的出行工具选择。今天的洛杉矶以高度依赖小汽车、城市沿着高速公路无限向周边郊区低密度蔓延以及交通拥堵而出名（图 2-6）（黄伟等，2012）。

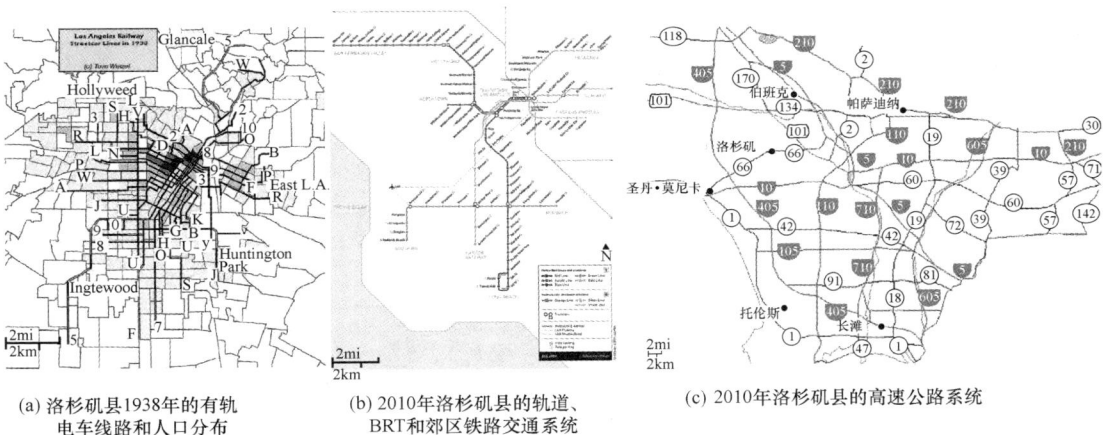

(a) 洛杉矶县1938年的有轨　　　　(b) 2010年洛杉矶县的轨道、　　　　(c) 2010年洛杉矶县的高速公路系统
　　电车线路和人口分布　　　　　　　　BRT和郊区铁路交通系统

图 2-6 　洛杉矶县交通系统发展示意图

2）大力发展公交、抑制小汽车发展模式

此种发展模式的理论基础来自于勒·柯布西耶的集中化城市发展模式。这种模式强调土地利用沿公交结点相对集中，对私人小汽车的发展进行适当限制，以避免无限制的蔓延发展所带来的负面影响。其代表城市有亚洲、欧洲一些高密度开发的城市，包括新加坡、中国香港地区、库里蒂巴、马里兰等。

以新加坡为例，1971 年新加坡的概念规划提出了通过大容量快速交通系统连接市中心与卫星新城的设想（图 2-7）。这个环状规划为新加坡长期的城市发展与人口增长奠定了坚实的基础。新一轮概念规划的重点是建设一个具有国际水准的城市中心，并形成 4 个地区中心，完善快速交通体系，在交通节点和地区中心周围发展由科学园区和商务园区构成的高科技走廊，提升居住环境品质，提供更多的低层和多层住宅，并将更多的绿地和水

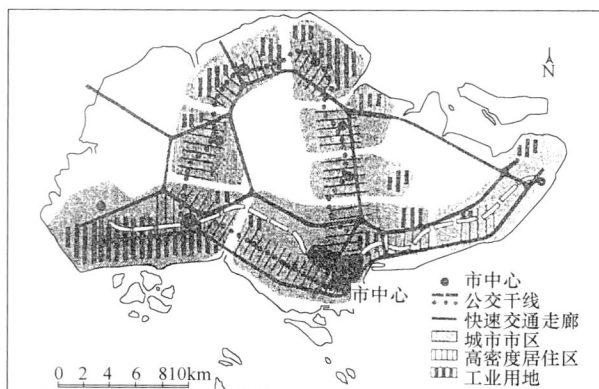

图 2-7 新加坡的概念规划（1971 年）

来源：唐子来. 新加坡的城市规划体系［J］. 城市规划，2000（1）

源融入城市空间体系，很好地处理了城市与自然的结合。1991 年的城市发展战略规划进一步将"花园城市"提升为"城市花园"的发展目标（图 2-8）。由于采取了以大容量快速交通带动卫星新城开发建设的城市规划策略，以及一系列控制小汽车发展的政策，促进了公共交通的发展，很好地解决了城市交通问题（图 2-9）。

图 2-8 新加坡花园城市规划（1971 年）　　**图 2-9 新加坡公共交通服务和公共住房组团**

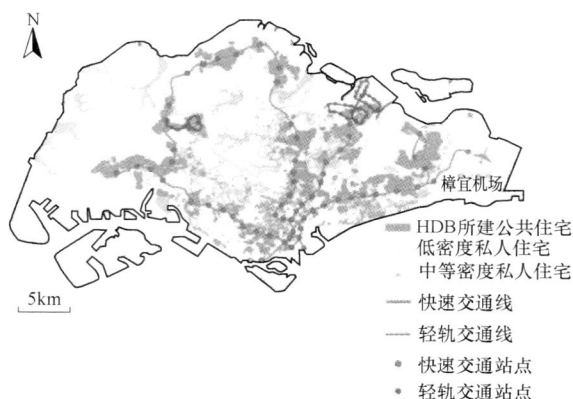

资料来源：朱介鸣. 城市发展战略规划的发展机制——政府推动城市发

展的新加坡经验［J］. 城市规划学刊，2012（4）：22-27

表 2-2 是新加坡各种交通工具的市场分担率，从中可看出地铁的市场占有率在不断提高，而巴士的市场占有率在不断下降。但巴士仍然是很重要的交通工具，并为轨道交通提供很好的支线服务。在很多新市镇，车站都在旅客 5min 的步行范围内。在轨道交通客流中，有 1/3 是通过巴士到地铁车站的，其余基本上是步行。由于轨道交通系统的充足客流（每日的客运量地铁超过 100 万人次，轻轨超过 4 万人次），以及地铁总公司的专业化与多元化经营，使新加坡的地铁与中国香港地区、东京等城市一并成为世界上少数能够盈利的

地铁系统（郑捷奋等，2003）。

新加坡各种交通方式负担率（单位：%）　　　　　　　　　表 2-2

类型	汽车	巴士	地铁	地铁＋巴士	摩托车	步行	其他
1980 年	13.6	51.2	0.0	0.0	5.4	17.3	12.5
1990 年	16.1	36.3	5.0	5.4	4.9	12.8	19.5
1995 年	20.2	29.2	6.8	7.7	4.9	12.8	18.4

资料来源：郑捷奋，刘洪玉. 新加坡城市交通与土地的综合发展模式 [J]. 铁道运输与经济，2003（11）.

　　新加坡轨道交通引领作用的充分发挥与其多模式的搭接式公交体系是分不开的，其最重要的特征和优势便是公交系统的一体化和网络化，即轨道交通与巴士、出租车等共同组成的公交系统（图 2-10）（李道勇等，2013）。需要指出的是，这种成就的取得均离不开新加坡严格的交通政策，使新加坡政府在发展经济的同时，成功地解决了城市的交通、住房和环境等问题（王媛媛等，2005）。

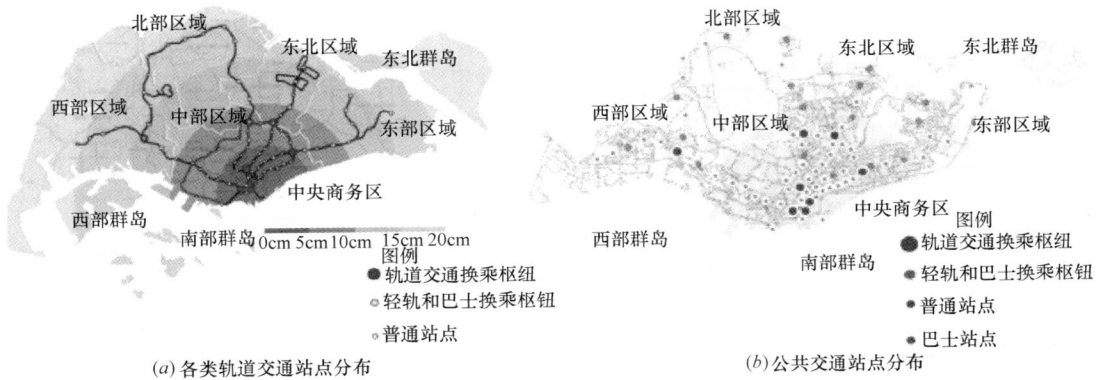

(a) 各类轨道交通站点分布　　　　(b) 公共交通站点分布

图 2-10　新加坡各类轨道交通和公共交通站点分布图（2008 年）

3）公交与小汽车协调发展模式

　　公交与小汽车协调发展模式的理论基础来源于伊里尔·沙里宁的有机疏散理论，其理论发展催生了 20 世纪 90 年代后出现的以强调"分散化的集中"发展为主的"紧凑城市"理论。"分散化的集中"在保留紧凑城市所倡导的高密度、高强度特点的前提下，跳出单中心结构，为特大城市和人口已经非常稠密的城市提供了切实可行的空间规划途径，欧洲许多大城市（如伦敦、巴黎、哥本哈根等）的发展都以此种模式为主。

　　以伦敦为例，在其城市发展过程中，交通工具的发展起到了重要作用。图 2-11 是 1945 年大伦敦规划的方案。伦敦城市的发展与不同时期的城市交通发展重点和政策引导密切相关。

　　早在 1830 年伦敦就有了铁路，1863 年开始建设地铁。2000 年伦敦市做的早高峰出行调查显示，进入中心区客流量的 80% 为以地铁为主的轨道交通和地面公交所承担，其余 12% 为私人小汽车，3% 为摩托车和自行车，1% 为出租汽车（曼克非，2002）。整个伦敦

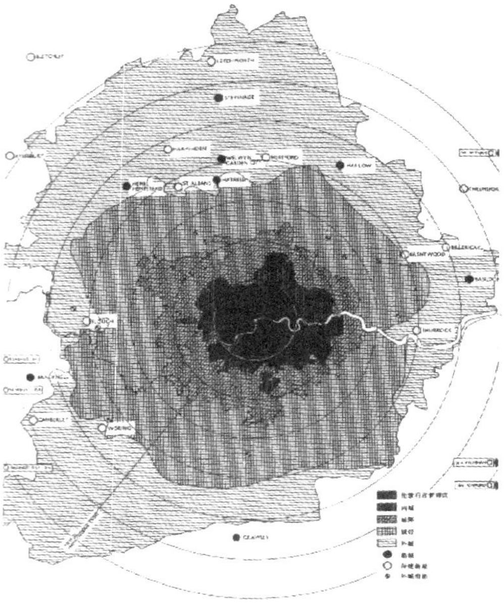

图 2-11　大伦敦规划最终方案（1945 年）

来源：孙施文.现代城市规划理论［M］.

北京：中国建筑工业出版社，2007

城市圈拥有近 300km 的市郊铁路，承担了每日早高峰时期 35％以上的通勤客运量，并有效地引导了大伦敦的区域整合发展。此外，伦敦拥有 280km 长的公交专线，至 2006 年公交每日客流已超过 500 万人次（邬万江等，2006），也成为交通结构的重要组成。在发展公交的同时，英国在第二次世界大战结束以后对道路交通的发展也经历了一个反复认知的过程。从开始制定全国高速公路发展计划，到后来的采取交通设施建设和抑制交通需求两种方法相结合，以及后期的以交通需求管理为主并更加关注环境问题的影响。尤其是在面临小汽车的冲击时，通过对进出中心区交通的收费管制，[①] 有效地保障了地铁和公交的主导地位，表明英国交通发展政策在逐渐成熟。

尽管伦敦是世界上第一个建设地铁的城市，且公共交通相当发达，但是伦敦全市小汽车拥有量却很高。主要是因为伦敦大都市广阔的郊区为小汽车增长提供了空间。在伦敦有近 63％的家庭拥有小汽车（图 2-12）（王波等，2012）。这主要得益于在伦敦不同区域对小汽车使用和停放上的控制政策，从而大大减少了进入中心区的小汽车交通。

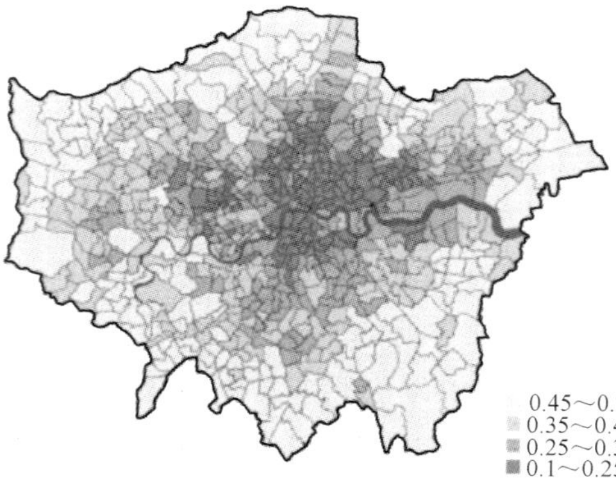

0.45～0.7
0.35～0.45
0.25～0.35
0.1～0.25

图 2-12　伦敦人均小汽车拥有率分布

① 2003 年 2 月 17 日，伦敦在中心区划出特定区域，在固定时间段对其出入车辆实行交通收费管制，收费金额为 5 英镑/（天·车）。至 2005 年，中心区交通量减少了 15％，交通意外和空气污染也相应减少。

2004 年的《伦敦规划》提出将伦敦分为五个次区域，即东伦敦、西伦敦、南伦敦、北伦敦、中伦敦。在 2008 年规划中加强和兼顾伦敦各次区域之间的联系与发展，通过加大对交通基础设施的投资，通过战略规划来支持连接伦敦东、西部地铁——十字铁路的修建，进一步协调城市各功能区的合理布局、缩短交通行程、鼓励发展公共交通、自行车和步行交通系统，减少交通流量以达到均衡发展的目标（何丹等，2010）。

显然，上述三种模式并不能概括当前所有城市的交通发展策略，由于城市本身的复杂性以及交通的复杂性，会促使具有不同地形条件、规模、空间结构布局甚至出行意愿的城市采取不同的交通发展策略，甚至在同一城市，由于条件的差别，也会采取不同的交通发展策略。但是无论如何，限制私人机动化的迅速发展膨胀、促进公共交通的大力发展，是从根本上改善交通拥堵、提高交通效率的重要途径。

总体来看，不论是分散化、集中化、折中主义，乃至后来的"紧缩城市"，其所提倡的交通发展战略思想都有着鲜明的时代特征和借鉴意义。

（1）以充分发展小汽车为主的分散主义强调以充分汽车化为基础的郊区化的发展使人们回归自然，然而不可否认的是，过度的私人机动化发展也造成了严重的交通拥堵。洛杉矶的事实说明，分散的郊区化发展本身是为了追求田园化的生活方式和居住环境，其最初的目标是从满足人的需求出发，以私人机动化的发展来实现社会公平，并提高城市效率。但是，过度分散的私人机动化发展导致了对城市中心的离散，尤其是在私人机动化发展带来严重的交通拥堵和污染时，很难通过其他方式对业已形成的交通模式和习惯产生影响。以此为结果，实际上促进了交通的低效率和更大程度的不公平。

（2）以发展公交抑制小汽车为主的集中主义提倡建立高效的公共交通体系以节约能源、合理利用城市空间，通过相对集中的 TOD 模式发展提高人口密度、增进城市活力。需要明确的是，虽然公共交通的发展被鼓励，但高强度的开发给城市交通带来了巨大的压力，并提示高强度的土地开发也应该有一个"度"。

（3）以公交与小汽车协调发展的折中主义强调交通与土地利用开发两者之间的有机性，提倡交通与土地利用一体化。通过利用公共交通、发展相对独立的功能组团以缓解交通压力，这一点在实践中也表现了较好的适应性，并对战后的新城建设产生了重大影响。尤其是后来的"紧缩城市"则更多地体现为上述理论优势的集合，通过公共交通的优先，保持高密度、功能混合的发展，以"分散化的集中"重现城市中心的活力。

显然，后两类交通模式对塑造适于人们生活与出行的交通体系无疑具有更好的示范作用。在以公交为基础的城市发展理论中，由 DPZ 夫妇提出的"传统邻里开发"（TND）对小城市（镇）的发展有着较好的借鉴意义，而卡尔索尔普·彼得（Peter Calthorpe）所倡导的以 TOD 为基础的新城市主义的发展模式以及以轨道交通为基础的"步行城市（Carfree City）"等则对大城市的发展有着更好的借鉴作用。由于国情的不同，我国城市交通发展战略显示了与前述三类发展模式不一样的特点，这就需要对我国城市交通与土地使用模式的发展采取更为有效的策略。

2.2.2 城市中观层面的研究和实践

城市中观层面的研究主要以城市街区和交通系统的相关性研究居多。对于"城市街区"，没有一个统一的定义，一般意义的街区可以理解为以城市道路（或自然边界）所围合的，具有一定的生活空间尺度，满足城市生产生活功能的，相对独立的空间组织单元。"城市街区"是城市的重要组成单元，其用地构成、交通配置（如道路网、停车位等设施）通常在街区层面可以反映出较完整的布局和使用效果，更容易建立起街区用地、交通设施、街区范围内居民的出行方式构成之间的动态关系，对绿色出行有着直接的导向作用。因此，与"城市街区"相关的研究主要集中在"街区"出行交通方式及行为特征分析，"街区"相关空间要素与绿色出行的关系，以及交通管理对绿色出行的影响等方面。

1. 出行方式及行为特征

鉴于绿色低碳出行选择对城市可持续发展的促进作用，较多的学者选择从出行行为特征及其变化规律入手把握出行的基本规律。毛海虓（2005）从中国城市的规模、形态、经济水平和自然环境4个方面考察其与居民出行之间的关系、影响机理、变化规律和函数方程；张文尝等（2007）分析了城市居民出行的基本特征及动态变化，并结合重点因素进行了考察分析；常超凡（2007）对短距离出行的潜在规律进行了揭示及预测；郭寒英（2010）研究了出行行为的内在机理，并挖掘出行行为模式和过程。也有从出行者心理层面展开对出行方式选择的分析（李林波等，2003；汪娟等，2010）。

在出行行为选择的影响机制上，学界也有较多的探讨。金宝辉（2004）重点分析出行特征和交通运输服务，应用效用和决策理论分析建立出行选择过程的机理及变化规律；杨晨等（2007）分析个体因素对自行车出行选择的影响权重和作用机理；黄树森等（2008）结合北京居民出行方式的选择，对其影响因素进行分析，并提出现实的优化建议；陈星光等（2009）对交通出行方式的博弈和演化过程进行了分析，建立了单总体出行方式演化博弈模型；王光荣（2011）从理论角度对城市居民非低碳出行方式的根源进行了分析；张飞飞等（2012）通过对南京居民出行的调查，探究影响居民交通选择的关键因素；鲜于建川等（2012）则通过研究主要家庭成员活动—出行选择之间的相互影响，对活动和出行需求在家庭成员之间的分配进行了解释和分析。

考察居民出行对城市交通碳排放[①]的影响也是促进绿色出行中很常见的研究方向。赵敏等（2009）通过对上海不同产业部门碳排放量的分析，发现以交通运输为代表的第三产业与碳排放之间的相互关系；石磊等（2009）通过对北京各类交通分担率和人均出行距离

---

① 对碳排放量的观测计算是对低碳交通的定量研究方式之一，其与绿色交通的内在实现形式是一致的。

等数据的调查，对不同类型交通方式的碳排放量进行估算；马静等（2011）通过微观层面对北京居民日常生活出行的交通碳排放的计算，挖掘居住空间、个体行为以及交通碳排放之间的关系。

虽然以上针对出行行为的特征和影响机制的分析并非都专门针对绿色出行行为展开，但通过对出行现状特征、影响因素和基本规律的把握，仍可以对出行行为与绿色交通的相关性带来启示。

2. 用地空间要素与绿色出行

20 世纪 90 年代以来，国外关于城市用地空间要素对绿色出行影响的研究成果陆续出现，主要包括两大方面，一是较为系统地研究了影响碳排放的城市用地空间要素及其作用机制，二是据此提出了利于绿色发展的城市用地空间模式与调控策略。

影响碳排放的城市用地空间要素是多方面的，城市规模、密度、功能混合程度、街区尺度等因素都会直接或间接对城市碳排放产生影响。关于密度对城市碳排放的影响并无定论，多数观点认为密度与城市碳排放之间存在关联，且呈负相关关系（Frank et al.，1995；Litman，2005；Holden et al.，2005；Newman et al.，2006；Norman et al.，2006；Vande Weghe et al.，2007；Glaeser et al.，2008；Lin et al.，2009）。也有一些学者认为这种影响微乎其微（Sharpe，1982；Brownstone et al.，2009）；土地混合使用也被认为会对出行方式产生重要影响（Frank et al.，1994；Cervero，1996；Kockelman，1997；Robert，2007）；城市规模与街区尺度也会对碳排放会产生重要影响。Liu 等（2011）的研究则表明，在所有的建成环境变量中，街区网格设计与可达性相比密度以及其他因素更为重要。

近年来，随着可持续发展理念的兴起，国内学者围绕城市空间结构和形态对交通出行的影响展开了一系列研究（潘海啸等，2008；孙斌栋等，2008；郑思齐等，2010；李海峰，2006），尤其是潘海啸（2010）通过对交通政策、土地使用控制及轨道交通建设的分析，对低碳城市空间结构发展提出了一些规划策略。同时，在社区（街区）特征对居民出行的影响方面也有了初步的研究（潘海啸等，2002；王玮，2010；廖昌启，2010）。当然，更多的学者从土地利用对出行方式的影响上来研究其相关性（任晋锋等，2011；陈燕萍等，2011）。

3. 交通管理与绿色出行

交通管理组织对绿色出行有着重要影响。很多学者认为，除了提高就业和居住密度以外，必须采取综合的调控手段，包括增加私人拥有小汽车的成本、提高公共交通吸引力、加强土地（空间）规划的综合调控能力以及实施最严格的燃油及排放标准等（Banister D，2008；Souche S，2010；Dulal et al.，2011）。

国内学者在此方面也展开了一些有益的探讨。秦焕美等（2008）、葛昱等（2010）研究了停车消费者对停车收费价格的敏感性，以及出行方式选择与停车收费价格变化的相关影响；李春燕等（2008）定量分析了限行措施对居民出行特征的影响；李涵（2012）验证了 BRT 的推行和相关政策的制定对居民出行行为的影响。

2.2.3　城市微观层面的研究和实践

为解决机动化给行人交通带来的冲击，国外自 20 世纪早期以来就陆续提出了邻里居住单位、雷德伯恩人车分流系统、行人优先区、居住环境区、分区交通系统、庭园式道路以及商业步行街以及街道共享等理论，这些都为以人为本的道路（包括步行和自行车）系统建设提供了有益的参考。

1. 改善步行环境的相关研究

（1）19 世纪末期的奥姆施塔德（Fredrich Law Olmsted）和沃克斯（Calvert Vaux）在设计纽约中央公园时首次提出"交通分流"的概念，通过设置独立于机动车道的步行道路网络来创造人车平面分流的交通模式（马强，2004）。其后，针对机动化发展的趋势及其对旧城的影响，亨纳德于 20 世纪初提出了巴黎道路网改建方案。① 他提出两个重要观点：即过境交通不穿越市中心区、改善市中心区与城市边缘区和郊区公路的联系。在此基础上，他还提出了两项提高交叉口交通流量的方法：即建设"街道立体交通枢纽"、建设环岛式交叉口和地下人行通道（孙施文，2007）。这应该是较早提出的针对提高城市交叉口效率的方法。

（2）为消除汽车交通对居住区的影响，1929 年美国社会学家 C. 佩里提出的邻里单位规划理论，提出在居住区内排除过境交通，在居住区外设置干线道路的方法。

（3）随着汽车交通的普及，出现了人车竞争的问题，在要求幽静的居住区内，由于不必要的过境交通的进入，造成了交通的混乱与环境的恶化。在这种背景下，美国规划师 H. 莱特和建筑师 C. S. 斯坦于 1928 年正式提出雷德伯恩（RADBURN）人车分流系统，建立了由汽车交通与行人完全分离和尽端路组成的道路体系，由此确立了后来在北美的郊区建设中广泛应用的"雷德伯恩（RADBURN）原则"（孙施文，2007）。

（4）为保护特定区域免受机动车的干扰、保护行人和骑车者的安全，1942 年屈普（H. A. Tripp）结合战后伦敦的重建，提出了城市主、次干道与支路分开，干道以交通功能为主，支路以生活和商业等功能为主的思想。他建议通过交通道路的分级，采取更严格的交通控制措施，并由此提出了"功能街区（Precinct）"的概念，即以次干路为界限界定不同形

---

① 传统城市规划理论只是在对现有城市问题批判的基础上提出兴建的城市方案，但并未提出如何对原有城市进行改建。在 19 世纪中叶奥斯曼对巴黎改建的基础上，亨纳德敏锐地认识到了汽车交通的重要性，并于 20 世纪初提出要对城市道路网进行全面改建。

式的商业区、居住区、工作区和历史建筑保护区等区域。这种方法也称"扩大街坊"。

（5）为彻底解决人车分流问题，德国规划师希尔伯塞莫（Ludwig Hiberseimer）提出在不同平面把人行交通和车行交通分开的"立体交通"方案。建筑的底层为商业和企事业使用，与地面车行交通道路相联系，而建筑的上层为居住房屋，用架空的人行道互相连接，形成了双层城市的模式。

（6）在提出"立体交通"规划方案的同时，希尔伯塞莫还提出在平面上采用树枝状的道路系统将不同速度要求的车行交通及人行交通分开。另一位德国规划师莱肖（Reichow）进一步发展了树枝状道路系统的理论，并规划了一个城镇的完整的道路系统方案。他把机动交通和步行交通分为两个系统，尽量不相互平面交叉，不同路段的道路宽度随交通量的大小而不同，如同树枝有不同的粗细一样。城镇内的机动交通与市级快速交通也适当分开，尽可能减少交叉口，以提高整个道路系统的通行能力，增加交通的安全（文国玮，2001）。

（7）为保护行人安全，在交通集中的市中心一定的区域划作"行人优先区"，在这里排除汽车交通，改建成适合行人活动的优先区，以恢复其原有的吸引力，在其周围设置停车场，为汽车交通通行进行局部的道路改良，能起到保证进入市中心的作用。

（8）考虑到在市中心对形成商业街的道路禁止或限制汽车通行，并在一定区域逐步执行行人优先的措施往往给被限制的地区周围往往带来交通拥堵等不良影响，使进入功能下降，经济功能不能发挥。为此，需要将整个城市交通管制变为高效率管理的综合交通管制，随着电子技术的迅速发展及电子计算机的应用，这种"分区交通系统"的方法已可在相当广泛的范围内进行。

（9）在城市中心区，为了减少对机动交通的排斥，同时也要保障行人安全、促进步行交通与商业设施实现良好衔接，在北美出现了以立体分离作为步行街区发展的主要原则。主要代表有美国明尼阿波利斯市和加拿大卡尔加里市的高架步行街区系统，加拿大多伦多市和蒙特利尔市的地下步行街区系统。这种立体分离的步行街区布局模式一方面符合北美传统的室内大商场商业活动方式，另一方面也非常适应当地的气候条件，因此也得到了广泛应用。

（10）布恰南报告（1963年）则提出，对任何街道网均要规定一种环境标准（在噪声、废气及安全性、方便性等方面规定标准），并按此标准确定容许通过的机动车交通量，以解决提高交通容量和保护居住环境之间的矛盾。这实际上形成了"交通宁静"的基础。

（11）在居住区中进行"交通宁静"的实践来自荷兰的庭院道路（Woonerf）（卢柯等，2001）的人车共存道路，在人车共存道路建设的基础上，"交通宁静"作为一个系统的政策，于20世纪80年代后发展起来而成为一种综合性的交通策略。① 如今，"交通宁

---

① 1997年5月在美国佛罗里达州坦帕召开的国际交通工程协会（ITE）大会中，由其小组委员会讨论正式提出了交通安宁的定义：交通安宁是指包括减少机动车辆带来的消极影响、改变驾驶者的行为方式和改善非机动道路使用者的状况在内的所有措施。包括道路规划、路面设计、道路设施设计、景观设计、交通管理和交通政策等方方面面的内容。

静"在西方国家道路交通领域中已上升为一种规划理念。它从一个全新的视点对居住区交通环境规划设计问题进行综合探讨，许多国家和地区由此出发，形成一套从道路交通微观环境入手的类似规划指引的管理方式，以换取居民更多的活动空间（马强，2004）。

在上述理论发展演化的过程中，也有一些重要的研究针对步行者活动与街道空间品质和街区、城市协调发展的角度展开。如凯文·林奇的《城市意象》从文化、艺术、人类心理学等方面出发，就城市形态、规模与交通工具发展的关系进行了有益的探讨，对道路空间的品质产生了较大的影响；1961 年简·雅各布斯在《美国大城市的死与生》一书中对功能分离和传统区划方法的机械、隔离、粗放等内在缺陷提出批判，倡导土地"复合使用"，同时也通过对人的行为观察，提出了"街道伦理"的观念，认为人行道上人们的交往是彼此不相识的人们聚集而亲密的社会模式，希望借此解决片面的功能分区对城市空间的割裂及相应的交通问题；芦原义信在《街道的美学》中运用格式塔心理学的原则以及当代一些建筑设计理论，对日本和意大利等西欧国家的街道、广场等外部空间进行了深入细致地比较、分析和研究，结合人的活动和心理、生理需求，阐述了道路构成、高宽比等美学原则，强调了街道的美学价值和社会生活价值；日本土木学会对道路景观也提出了微观而具体的设计范例；扬·盖尔（2002）在其著作《交往与空间》中从人及其活动对物质环境的要求这一角度来研究和评价城市和居住区中公共空间的质量，通过对道路、广场等公共空间中人们活动的分析，强调了道路中尤其是人行道在创造有效的户外交往空间中的作用，为人性化的、具有活力及健康的公共场所的创造进行了有益的探索；克利夫·芒福汀（2004）在其著作《绿色尺度》中，从可持续发展的角度提出了城市形态、街区发展以及交通体系之间的关系。

此外，国内学者也对交通环境的建设提出了很多建议。柳权（1999）就人与交通环境的协调提出了相关对策，李朝阳等（2002）探讨了面向"人本位"的城市道路交通规划建设方法，朱丽芳（2002）探讨了在我国建设人车共存道路的可能，李金路、张丽平（2003）提出了在城市中建立"以人为本"交通的方法。姜蕾（2013）以大连市两条街道为研究对象，通过行人观测、调查访谈方法记录行人停驻时间、活动人数及街道空间的宏观和微观特征，探索街道交通环境特征与人群活力的联系；龙瀛、周垠（2016）以成都全市域为研究范围，利用大数据对市域内若干街道中的物质空间元素进行分析，并通过多元线性回归法识别出街道活力影响因素。

这些研究的共性都是对"人"作为道路交通空间主体意识的重新觉醒。实际上早在 2004 年于同济大学首展的"建筑行动起来——城市交通空间创新设计"全球巡展，通过对中外城市在城市交通换乘枢纽、停车场（楼）、高速公路、桥梁和立交桥的规划设计等微观方面的实践向我们展示了"一个宜人的城市交通空间应该怎样组织"这样一个主题（潘海啸，2004）。

2. 改善步行环境的实践

自工业革命以来，针对机动化发展中所出现的人车矛盾、环境问题，人们在进行着不断的探索，有关改善步行环境的理论对西方国家中心区的复兴产生了重要影响。

（1）机动化交通方式的迅速发展促进了马车时代向电车时代的转变，扩大了以前步行城市的空间活动范围，提高了客运能力，减少了交通阻塞。为此，人们利用了各种方法来改进交通方式、提高交通效率，并由此形成了一整套利用现代技术的交通规划方法。[①] 但与此同时，交通技术的变革也在改变着城市的社会空间形态，引发了城市人口按种族、阶级和宗教划分的更为显著的空间分异。以美国为例，随着机动化交通工具的进一步发展，使卫星城市逐渐兴起，同时由于郊区的土地相对便宜，使工业、居住、服务业逐渐外迁，"逆城市化"过程随之出现。其结果是城市中心区被越来越多的贫困人口所占据，中产阶级以上人口则大量迁出，形成了严重的城市空间分异，并促使城市中心区进一步衰落。

为了复兴中心区，振兴经济，各国通过城市历史保护、创造以步行街为代表的人性公共空间，发展三产旅游和社区环境更新这些整治措施，掀起了新一轮城市公共空间环境整治的高潮（王佐，2001）。在此阶段，一些欧美国家围绕 20 世纪 60～70 年代出现的城市中心区衰败现象采取环境整治方法，政府投入大量资金将建设重点转移到内城建设中，提出复兴城市中心区的目标并逐步付诸实施。这其中，除了对历史建筑的保护与城市历史文化的保护之外，另一个重要措施就是积极营造以人为中心的环境和空间，以人性化的街道景观增加城市中心区公共空间的魅力，提高城市中心区的吸引力和活力。其中包括：设置步行街区、提供公共活动空间、整治绿色开放空间、创造城市滨水景观、基础设施改建。

在这一过程中，城市交通的建设理念发生了转变，人们希望在城市中心区建设步行街区、广场、公园等开敞空间以提升环境品质，同时通过公共交通的改善提升城市中心区的可达性，以增强其吸引力。这些举措至今还在影响着我国的城市建设实践。

（2）与城市中心区复兴所采用的举措相反，为了满足城市私人机动化的发展需求和解决交通拥堵问题的困扰，世界上许多国家和地区的城市通常的做法就是兴建高速公路，并且认为建越多越好。然而鉴于高速公路建设越多，就会吸引更多的车流涌入的事实，人们提出了解决城市交通拥堵的"绿色"方法：消除市区中心的高速公路，以绿色公路、林荫大道、自行车道甚至是河流取而代之。[②] 在此方面较好的例子有旧金山"滨海高速公路"的被完全拆除[③]、波士顿中心隧道工程[④]和首尔的"清溪川复原工程"[⑤]。这些都说明，对环境的重视已经上升到一个重要的高度。

---

①　1962 年完成的《芝加哥地区交通研究》中明确提出"四阶段"（出行产生、出行分布、方式划分、交通分配）推理规划模式，揭开了城市交通规划崭新的一页。

②　"绿色公路"解决城市交通拥堵［EB/OL］. http://popul.jqcq.com/focus/2008-06/213324142.html.

③　1991 年，将旧金山港口和市区分开的双层高速公路（Ebarcadero Freeway）被拆除，在原来的地方修建景观大道以及修造了一个大广场。如今该区域已成为连接海湾和港口的景观道路。

④　波士顿中心隧道工程从 1991 年开始动工，直到 2006 年其主体工程才算基本完成，造价与工期均史无前例。波士顿人希望借此解决日益严重的交通拥堵与都市空间不足的问题，并增加许多新的公园绿地。

⑤　2002 年，李明博当选首尔市长，推动了汉江的大规模改造，拆除清溪川高架道路，实施公交体系改造，大大缓解了首都的交通压力，也提高了城市环境美化能力和整体国际软实力。

2.3 已有研究成果的不足

2.3.1 当前我国城市交通发展战略层面的困惑

目前，我国大多数城市交通结构都体现出了"自行车交通占主体，多种交通方式并存"的特点。在这种条件下，基于自身发展特征的交通发展战略制定对我国城市交通的发展起到了良好的推动作用。虽然有 TOD 等发展模式可以借鉴，但是，由于长期以来交通系统建设与土地开发利用相互脱节（既包括道路与公交的协调，也包括交通设施与土地开发利用），尤其是大量以常规公交为基础的城市其用地发展更为粗放，这种无序状态导致城市交通设施难以支撑起土地的开发与利用，最终会形成交通拥堵并导致交通的低效率。

除了对城市用地发展的引导之外，由于限制私人机动车数量的发展还远未能达成共识，由此也使很多城市改善交通结构的努力成效甚微。在这一方面，北京、上海和香港地区所采取的不同措施所导致的结果就有着天壤之别：如上海一直以来严格控制小汽车进入家庭，为此控制每月车牌的投放量，并通过竞拍的方式获取车牌，竞拍所得用于道路基础设施建设；北京前些年对私人小汽车的发展基本没有控制，致使私人机动化发展迅猛，也加剧了城市交通压力；而香港显然在这方面有着更为严格的管理政策并取得了较好效果。这也是北京市机动化出行方式虽然从 1986 年的 38% 提高到 2000 年的 61%，但小客车在出行方式构成中所占比例已经由 1986 年的 6% 上升到 23.2%，而同时公共交通方式所占的份额却由过去的 35% 下降到 2000 年的 26.5% 的根本原因（刘小明，2004）。后期虽然北京也开始采用摇号制度以限制私人小汽车的增长，但其机动车总量的增长仍然明显高于香港地区和上海（图 2-13）。这也是北京小汽车出行率相对较高，且交通更为拥堵的主要原因之一。

由此可见，城市交通发展战略目标的实现必须依赖以公共交通为基础的土地使用规划。当前很多城市在交通发展战略模式中都提出了"大力和优先发展公共交通、限制私人小汽车的发展"和"高效、低害"的口号，在对规划路网方案进行测评时，在保证公交优先发展的前提下，通常城市路网也都显示了较好的服务水平。但是在实际建设中，由于公交的发展未能和土地利用实现良好衔接，会导致局部地区的土地开发强度过高并超过了交通设施的承受能力，再加上小汽车发展的失控，致使交通发展战略的目标难以实现。因此，要在制度层面促进土地使用与交通系统的整合，尤其是对主导交通方式的发展，还需要相应的政策和措施加以鼓励。

公交导向的城市发展模式虽然提供了一种良好的发展模式，但由于我国城市交通发展

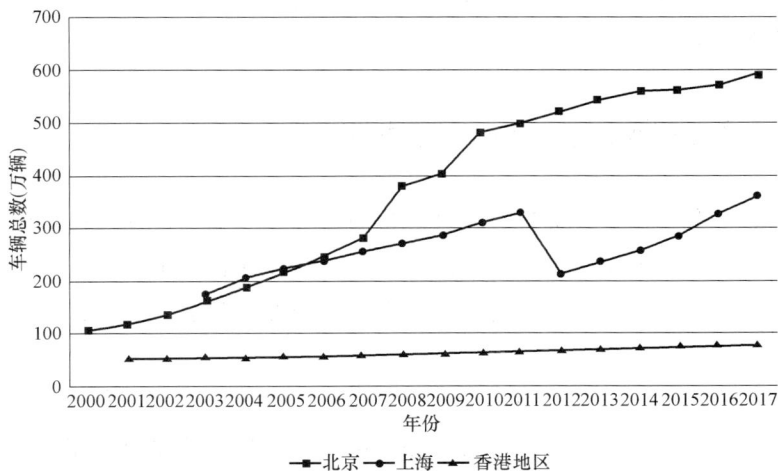

图 2-13　北京、上海、香港地区历年机动车保有量的比较

数据来源：各城市交通统计年鉴

特性的存在，使相关理论往往难以得到落实，特别是针对大量以常规公交发展为主的城市而言，需要有操作性更强的方法加以指导。

2.3.2　有关城市功能街区发展理论的不足

相关研究虽从不同角度分析了空间要素对绿色出行的影响，但由于研究视角的差异，目前已有的研究存在着以下不足：

（1）对影响居民绿色出行选择的多要素影响机制研究不足。

目前来看，已有的研究主要针对单一因素对居民出行方式选择的影响而展开，而较少从系统层面展开多要素的影响机制研究。在多要素共同作用机制影响下，各要素对绿色出行行为的影响会呈现出不同的反应特征，这一点与单一要素对出行行为的影响机制有所差异。

（2）在中观层面对绿色出行与土地使用、交通设施布局的相关性和多类型优化机制的研究不足。

目前的研究大多从城市整体层面或非特定范围展开对绿色交通的研究，致使从制度层面对城市绿色交通出行环境的约束难以在操作层面得到落实。由于城市街区类型的多样化特点，有利于绿色出行的理想街区模式会有不同的实现路径，因此，从类型化、差异性的角度对大城市不同类型地区实现绿色出行的优化机制展开研究就显得尤为重要。

（3）在空间环境规划管理层面的量化指标体系构建研究不足。

目前已有的研究主要针对具体调查空间范围内的数据分析，得出的基本结论大多是对特定空间的定性描述，鲜有量化的指标体系可以对应到空间环境的规划管理层面，大大削弱了空间环境量化指标的应用价值。因此，从对策管理层面进一步提出相应的量化指标对指导实践仍有很大意义。

2.3.3　有关交通环境设计理论的不足

总的来看，国外对微观交通环境设计的研究已经相当深入，并通过具体的指针以提供设计指导并为人们提供安全、便捷、舒适的服务。相比而言，国内学界对微观交通环境的关注较多地集中于提高微观交通运行效率，且多局限在一些道路景观、交叉口设计等个案应用中。

上述理论对指导我国城市交通环境的改善起到了重要作用。如人车分流的思想在不同的规划中都得到了应用，在很多城市的中心区都建设了步行商业街，在一些大型居住社区已开始采用"交通宁静"的措施……不可否认，这些实践对塑造有利于步行者的交通环境起到了重要作用。但是，由于对这些相关理论的实施条件并不清楚，致使很多实践带有相当多的盲目性，虽然会对步行环境的改善有所裨益，但是有时仍然会对大范围的交通拥堵产生影响。这也要求我们在进行交通环境改善之前，进一步明确相关规划方法的实施条件，以免带来更多的负面效应。确切地说，是要在满足交通效率的前提下改善微观交通环境。

2.4　本章小结

作为一个完整的统一体，人在同自然、社会和自身三者的关系中表现出物质需求、社会需求和精神需求的统一。以人为本就是把满足人的全面需求和促进人的全面发展作为最高准则和根本目标，围绕人的全面发展，促进经济社会的全面发展。城市交通的以人为本反映了对机动化与可达性、效率与公平、交通环境与安全等需求的关注。与之相对应，这些需求的实现需要城市交通结构与空间布局、交通系统与城市功能街区、交通设施与用地环境的整合来保障，而以公交为主导是实现交通以人为本的重要前提。通过对宏观、中观和微观三个层面土地使用与交通系统规划理论和实践的分析，结合我国城市发展的现实，在以常规公交为基础的城市交通与土地使用模式协调发展上还需要更多的方法指导。

第3章 城市交通结构与空间布局发展

城市客运交通结构与空间布局模式之间的相互支撑是交通满足人们生活与就业需求的重要基础。不同类型的空间结构和用地布局会催生不同的交通需求，这种需求会最终落实到城市客运交通结构模式上，并反映出对交通出行特征的影响。由于城市空间结构的形成受到城市规模、地形条件、经济发展程度的影响，因此研究城市规模、地形条件、经济发展程度、空间结构与客运交通模式之间的相关性，尤其是公共交通对城市空间布局的发展，可以为满足人们出行机动性和效率需求的城市客运交通模式与空间结构的规划提供基础，并促进和实现城市交通的以人为本。在相关理论和实践经验借鉴的基础上，本章将通过对城市空间结构与交通发展模式之间适应性机制的探讨，进一步展开对顺德、遵义、眉山、邯郸等四个城市相关交通特征的具体分析，以求发现面向公交导向的城市空间结构、土地使用模式协调的方法与途径。

3.1 相关因素的影响

3.1.1 城市规模

城市规模决定了城市交通需求量的大小及其空间距离分布，并影响着人们对交通方式的选择。

由于各种交通工具运载能力不同，对交通需求量的大小、发生强度与分布密度有着不同的适应性，从而在客观上决定了不同规模和布局的城市对交通工具的选择差异；另一方面，由于人们对出行时耗有一个可容忍的限度，为把出行时耗控制在可接受的范围内，居民必然根据不同交通工具或交通方式能提供的运送速度而选择其出行方式。城市居民出行空间距离的增加，将促使人们对城市交通网络服务水平及机动化快速交通工具的需求增强，以降低出行时耗，因此，城市居民各项活动的出行距离结构在客观上决定了不同交通方式可能分担的出行量比例。

从国外的研究与实践来看，英国交通部于1988年在英国所进行的全国交通抽样调查结果（表3-1）显示城市规模与居民出行行为之间存在密切的关系。

1985/1986 年英国城市规模和每周人均出行里程（km）的关系 表 3-1

城市地区	所有的方式	小汽车	公共汽车	轨道交通	步行	其他方式
内伦敦	110.5	44.3	12.0	34.1	2.5	14.6
外伦敦	164.6	114.3	8.9	24.3	2.6	18.5

续表

城市地区	所有的方式	小汽车	公共汽车	轨道交通	步行	其他方式
大城市地区	112.7	70.6	14.9	4.7	4.4	17.1
人口 25 万以上的其他城市地区	141.2	94.6	11.2	8.3	1.2	24.9
10 万~25 万	160.5	114.8	8.6	11.3	4.2	22.6
5 万~10 万	154.5	110.4	7.2	14.0	4.7	20.2
2.5 万~5 万	151.0	110.8	4.7	12.5	4.7	18.2
3000~2.5 万	174.7	134.4	7.2	8.0	4.0	24.1

来源：Fulford C. The Compact City and the market：the case of residentialdevelopment ［M］// Jenks M，Burton E，Williams K. （eds）. The Compact City：A Sustainable Urban Form? New York：Routledge，1996：125。

从表 3-1 中可以看到，城市规模与出行里程之间呈负相关关系，随着城市位序从上到下，每周人均出行里程也有逐渐增加的趋势，而这种现象同样是由于人均小汽车出行里程有逐渐增加的趋势所造成的。这也说明，随着城市规模的减少，私人交通方式（包括小汽车、步行和自行车）出行比重会逐渐增加，而公交方式出行比重会逐渐降低。在我国，随着城市化的不断发展，伴随着居民收入增长的城市规模扩张促进了私人机动化的发展，并促使小汽车出行在交通结构中所占的比重逐渐加大。表 3-2 就显示了这样一种趋势。

我国部分城市出行方式构成发展比较表 表 3-2

城市	调查年份	人口（万人）	公交（%）	自行车（%）	步行（%）	摩托车（%）	小汽车（%）	出租车（%）	其他（%）
上海	1986	1232.33	24.1	31.3	41.3	0.2	0.8	0.2	2.1
	1995	1415	18.5	24.2	29.2	4.2	11.3	4.2	4.4
	2003	1712	24.4	20.6	32.3	1.2	11.0	4.2	4.3
	2014	2426	31.3	15.9	25.0	—	20.3	7.5	—
北京	1986	1028	28.2	62.7	—	—	5.0	0.3	3.8
	2000	1364	26.5	38.5	—	—	23.2	8.8	3.0
	2005	1538	29.8	30.3	—	—	29.8	7.6	2.5
	2010	1961	39.7	16.4	—	—	34.2	6.6	3.1
	2015	2170.5	50.0	12.4	—	—	31.9	3.6	2.1

注：上海 1995 年人口数据来源于上海统计年鉴（仅包括户籍人口），而 1995 和 2003 年的人口数来源于上海市第三次综合交通调查总报告，其中并不包含流动人口；北京市的相关数据来源于历年北京交通发展年报，其中未单列步行通勤方式，且其他方式中包含了班车和其他。

显然，这里显示的我国目前城市交通结构的发展趋势与表 3-1 所显示的结论并不一致。其原因就在于英国在当时的城市化发展已相对均衡，且在大城市对小汽车的出行已有所控制；而我国目前城市化的发展显然正处于一个上升期，且私人机动化方式的发展正在受到鼓励，更重要的一点是大城市居民收入水平相对较高。因此，两种结果的差异是必然的。

3.1.2　地形条件和经济发展程度

地形条件对城市客运交通结构有着重要影响。平原城市对交通方式没有任何限制，山地城市显然并不能满足自行车的出行需求。如遵义的自行车出行比重就较小，仅为 0.7%，但是这为其他方式的发展提供了条件。

经济发展程度主要影响着人们对机动化交通工具的选择。顺德经济较为发达，其 2005 年摩托车出行分担率达到 50.6%，小汽车达到 9.0%。统计显示户均小汽车拥有率已超过 0.3 辆，其进一步发展态势对城市交通结构形成巨大压力。

3.1.3　城市空间布局结构

居民出行特征因城市空间布局结构的不同而有较大的差异。传统的城市发展多以单中心格局为主。在这种结构的城市中，由于工作岗位在市中心的高度汇聚，因此交通具有明显的指向性。中心区交通流量强度大、密度高，向外则逐渐减弱。如上海市 1995 年全市居民日出行总量中，分布于中心区的占 43.0%，分布于外围区的占 13.9%，而分布于浦东和郊县的则分别占 6.1% 和 37.0%（陈声洪，1998）。

随着城市的快速发展，传统的单中心结构无可避免的面临着中心区拥堵的问题，这也迫使人们转而寻找可以克服单中心问题的解决之路，多中心结构由于促进了向心交通的分散化而成为优先的选择。这种方法更早的体现在二战以后西方国家新城建设的理论和实践中。[①] 从第一代新城到第三代新城，人口由第一代新城的几万人发展到第三代新城的 20 万以上，而且在城市功能布局上的逐步完善，促使了新城由功能单一的"卧城"向功能完善的"独立卫星城"的转变。

分析表明，多中心结构由于减少了长距离出行，使交通结构更趋合理化。以武汉市为例，该市 1987 年汉口、武昌、汉阳三镇步行、自行车和公共汽车三种主要出行方式的上

---

① 英国新城建设经历了三个阶段。第一个阶段是战后初期即 1946—1950 年兴建的小镇，以哈罗新城为代表；第二个阶段是战后发展阶段即 1950—1964 年，英国大城市均出现经济复苏，人口迅速增长，内城压力继续增大但是内城已经衰退，这一时期英国新城建设进入高潮，建设量剧增，在伦敦、格拉斯哥、伯明翰等大城市周围都建了新城，新城建设的理论研究也开始发展起来；第三个阶段是 1965 年以后，新城建设进入成熟阶段，主要是增加就业机会，使新城成为独立完整的小城镇而不是大城市的卧城，代表城市是伦敦与伯明翰之间的米尔顿·凯恩斯。

班、上学出行中，分别有 92.9％、94.4％和 81.2％的出行是镇内出行，越江到其他中心出行的数量则很少，汉阳的这一比例最大，为 18.8％，而汉口和武昌仅分别为 7.1％和 4.6％。1998 年武汉市第二次居民出行调查时，尽管长江二桥的建成使越江交通条件有了较大的改善，但武汉三镇的居民出行仍以内部出行为主，汉口、武昌的内部出行比例在 90％以上，汉阳也达到 79％。这充分说明，与单中心相比，多中心结构在促进交通流的均衡分布、避免中心区交通拥堵方面更有优势。而且，出行距离短，意味着出行可以更多地依靠自行车等非机动交通方式（毛海虓，2005）。

因此，从城市空间结构优化的角度出发，引导城市结构由单中心向多中心模式发展是解决大城市尤其是特大城市交通问题的一个重要手段。但是，由于缺乏相关措施来鼓励"多中心"的发展，因此目前为止，一些城市所提出的"多中心"发展格局并未实现。

上海在 1986 年编制的总体规划方案中，就提出要使上海成为"以中心城为主体、市郊城镇相对独立、中心城镇与市郊城镇有机联系、群体组合的社会主义现代化城市"。同时，中心城按照"多心、开敞式"和"中心城—分区—地区—居住区"的结构，调整布局，构成功能上相对独立、相对平衡、等级有序、多层次的工作、生活的社区组合，形成"多极多心"的公共活动中心体系（图 3-1）。1999 年编制的城市总体规划中，又提出以中心城为主体，形成"多轴、多层、多核"的市域空间布局结构，其中，"多核"主要由中心城和 11 个新城组成（图 3-2）。2017 年编制的城市总体规划中提出最新的城市发展构想，建设 4 个城市副中心，包括：青浦、松江、嘉定、临港；9 个新城：闵行、南桥、崇明、惠南、枫泾、川沙等综合新城，宝山、金山、长兴等产业新城；而新市镇则由区县重点推进，最终形成"1＋4＋9＋X"城市空间结构（图 3-3）。

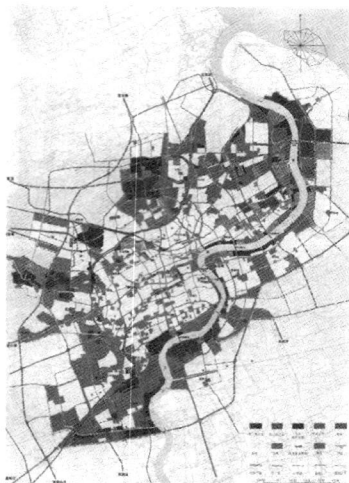

图 3-1　上海市中心城总体规划（1986 年）

图 3-2　上海市中心城总体规划（1999 年）

图 3-3　上海市中心城总体规划（2017 年）

虽然多中心结构可以促进交通结构的优化，然而 2003 年以前，上海除徐家汇城市副中心外，其余均未成气候，因而也就难以实现规划所设想的组团平衡式发展模式。2007后，随着真如城市副中心的批量建设，徐家汇、花木、五角场等城市副中心的发展迅速崛起。潘海啸（2004）指出："当提出建立多中心组团式的布局时，我们必须考虑到有哪些因素会促进城市副中心的形成，哪些因素对城市副中心的形成会起到一定的阻碍作用。特别要研究我们的交通规划将如何支持各城市副中心的发展。也要研究如果多中心的模式难以实现的应对策略。"从这一点来看，多中心结构的形成既需要公共交通的引导，更需要必要的配套公共设施的引导。

周素红等人（2005a）研究了广州市的空间结构与交通需求之间的关系并指出，公共设施配套完善程度对交通需求有着直接影响。

（1）通过中小学、医院和集贸市场网点分布情况看，近年来广州此类公共设施的空间格局整体上由老城区向外围逐渐减少，在圈层式变化的同时在外围呈触角式延伸（图3-4）。

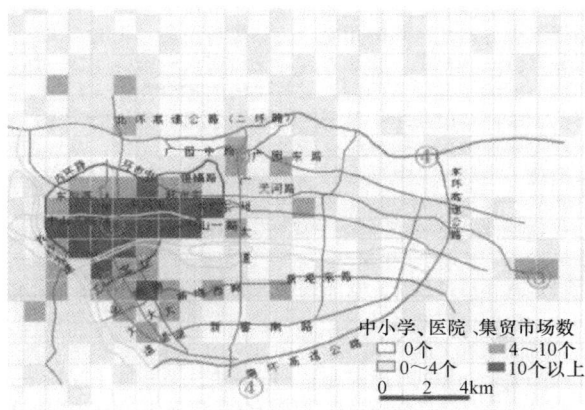

图 3-4 2000 年广州市中小学、医院、集贸市场网点分布

来源：周素红，阎小培. 广州城市空间结构与匀通需求分析. 地理学报，2005（1）

（2）在公共设施与交通量的关系方面，根据公共设施的空间格局，不同片区由于配套设施的数量、类型不同，对交通量的作用有所区别。其中，老城区因配套设施较完善而对区内、区外产生了较大的吸引，同时也便于老城区居民就近接受服务；而新区如果公共设施配套较完善（如海珠区、黄埔组团）就会减少对老城区的依赖，相应的出行比例就会有所降低，但是在配套不完善的地区仍会对其他地区产生较大依赖。

以上分析显示了公共设施的配套建设有助于多中心结构的形成和减少大量的长距离出行。在市场经济条件下，公共设施的建设必然与其服务市场和经济要素密切相关，这决定了在其服务市场尚未形成的情况下，公共设施的配套很难到位，由此也会影响到多中心结构的发展。

3.2 有关客运交通结构与空间布局模式的理论和实践

当前，对交通模式及方式结构的研究已是城市交通发展战略的核心内容。王炜等人（2003）指出："城市交通模式的确定必须充分考虑城市规模、用地形态、城市性质和发展阶段、发展条件的差异，根据城市人口—土地利用—交通模式的相关关系，选择符合我国国情背景、适应我国城市类型特点的交通系统模式。然后，在所确立的城市交通系统发展模式基础上，确定城市交通方式结构。"

世界各国由于用地布局、人口密度、经济水平以及社会环境不同，其城市的交通模式大致可以分为四类：

（1）充分发展小汽车模式；

（2）大力发展公交、限制小汽车发展模式；

（3）公交与小汽车协调发展模式；

（4）自行车交通占较大比重、多种交通方式并存。

其中，最后一种实际上反映了我国目前的城市交通发展现状。表 3-3 中所列的 12 个不同规模城市的居民出行方式调查统计数据，较为客观地反映了我国城市客运交通方式结构特征。

我国一些城市的居民出行结构百分比构成表（单位：%）　　　　表 3-3

城市	调查年份	公交	自行车	步行	摩托车	小汽车	出租车	其他
温州	1999	10.9	10.1	27.0	11.5	—	4.8	44.0
	2011	13.0	4.2	42.1	10.47	25.8	0.4	4.0
肇庆	2000	4.0	34.1	30.0	30.2	0.8	—	0.9
郑州	2000	4.5	48.7	30.6	4.4	1.1	1.8	4.9
贵阳	2001	24.6	2.7	62.4	1.6	—	1.0	4.7
邯郸	2001	4.6	44.8	34.3	4.6	4.2	1.6	1.9
南宁	2001	4.8	24.0	24.3	31.7	8.1	2.6	0.5
兰州	2001	14.8	21.8	54.4	0.8	0.3	0.4	4.5
南昌	2002	10.6	34.0	44.9	4.7	4.1	1.1	0.6
宁波	2002	14.5	39.2	27.2	4.0	4.1	1.7	4.3
无锡	2003	14.3	39.1	24.0	14.8	2.9	1.2	4.7
眉山	2004	11.4	21.5	48.8	4.9	4.6	2.3	4.5
遵义	2004	29.8	0.7	64.6	1.2	0.8	1.4	0.5

表 3-3 中的数据基本距今已有十几年，按当时的情况来看，反映出步行和自行车两种方式在我国城市居民出行结构中占据了相当大的比重（山地城市除外，如重庆、贵阳、遵

义），这是因为我国城市用地形态模式多为单中心连片密集布局，用地紧凑集中、居民中短距离出行量所占比重较高、平均出行距离较短，客观上为自行车在城市的发展创造了有利条件。受制于当时的经济发展水平，小汽车在我国城市居民出行结构中所占比重较小，而公交与小汽车相比虽比重较高，但不可否认的是，由于长期以来对公交投入的不足，使得公交发展远远落后于实际需求。随着近年来我国经济发展、城镇化进程加快、城市规模扩大、人民生活水平提高，人们对机动化交通方式的需求使我国城市现有居民出行结构发生较大的变化。以北京为例，虽然一直对公交发展投资巨大，但其交通结构的发展演变过程仍然体现了对个体机动化方式的偏爱。

值得庆幸的是，在认识到小汽车过度发展所带来危害的基础上，公交的优先发展已经在国内取得了共识，[①] 如何从制度上保障公交与城市的协调发展也已成为规划学界考虑的重点。

3.2.1　公交导向的相关理论介绍

在公交导向城市发展理论中，最有代表性的有：由 DPZ 夫妇提出的"传统邻里开发"（TND）以及由卡尔索尔普·彼得提倡的以公共交通为导向（TOD）的开发模式。两者虽有差别，但基本出发点一致，其基本理念是从传统规划和设计思想中发掘灵感，与现代生活特征相结合，以人们所钟爱的具有地方特色和文化气息的邻里社区来取代缺乏吸引力的郊区化发展模式（何深静等，2005）。

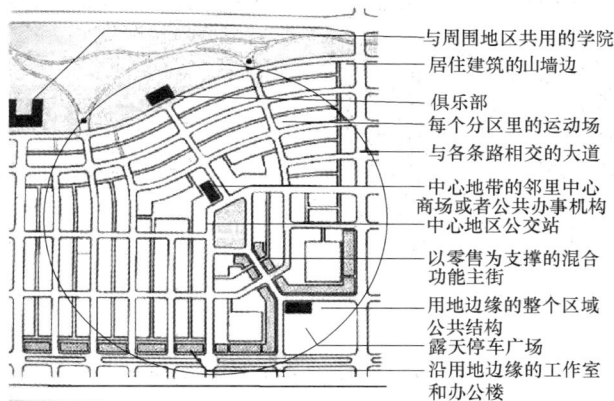

图 3-5　传统邻里布局示意

来源：胡志欣 . 新城市主义在中国的初步探索 ［D］. 天津：天津大学，2004

---

① 建设部在 2004 年第 38 号文件《建设部关于优先发展城市公共交通的意见》中就优先发展城市公共交通提出如下意见：充分认识优先发展城市公共交通的重大意义；优先发展城市公共交通的主要任务和目标；强化城市规划的指导作用；完善城市公共交通场站设施；建设公共交通专用道路系统；制定优先发展城市公共交通的相关经济政策；积极稳妥推进城市公共交通行业改革；全面提高行业科技水平和服务质量；建立健全城市公共交通法规标准体系。

1. 传统邻里开发（TND）

传统街坊开发条例是为了确定如何沿着传统街坊的模式建设新的小城市。这些条款采用了美国从殖民地时期到 20 世纪 40 年代时期的城市发展传统（Duany et al.，2004），战后初期的美国，这种传统街坊仍然随处可见（图 3-5）。

2. 公交导向发展单元（TOD）

卡尔索尔普在其著作《下一代美国大城市地区：生态、社区和美国之梦》一书中，明确提出了这种新的城市发展模式——公共交通主导的发展单元（TOD）。TOD 是以区域性公共交通站点为中心，以适宜的步行距离为半径的范围内，包含中高密度住宅及配套的公共用地、就业、商业和服务等内容的复合功能的社区。在区域的层面上，引导空间开发采用 TOD 模式，沿区域性公交干线或者换乘方便的公交支线呈节点状布局，形成整体有序的网络状结构；同时结合自然环境要素的保护要求，设置城市增长界线（Urban Growth Boundaries），防止无节制的蔓延，平衡内城与郊区的发展要求（戴晓晖，2000），如图 3-6 所示。从这一点来看，以上两种理论的核心在于通过高密度开发和土地综合利用，降低对小汽车的依赖性，并鼓励公共交通的使用。

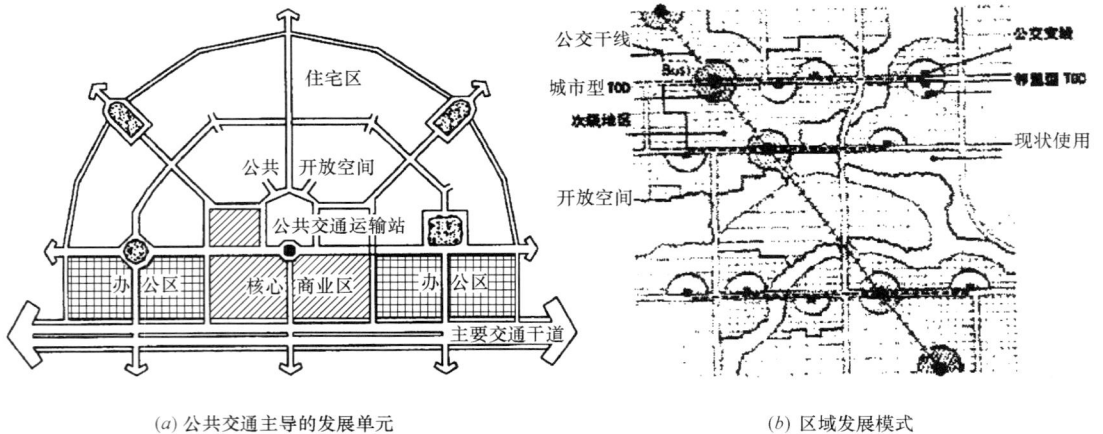

(a) 公共交通主导的发展单元　　　　　　　　　(b) 区域发展模式

图 3-6　典型的 TOD 布置示意

来源：戴晓晖. 新城市主义的区域发展模式［J］. 城市规划学刊，2005（5）

3. 步行城市（Carfree City）

还有人提出一种基于轨道交通的"步行城市（Carfree City）"。该城市的主要特点是将汽车交通拒之城外，城市交通主要依靠轨道交通来解决（图 3-7）。

典型的步行城市方案是由轨道交通系统串联若干个步行城市步行单元形成城市组团，

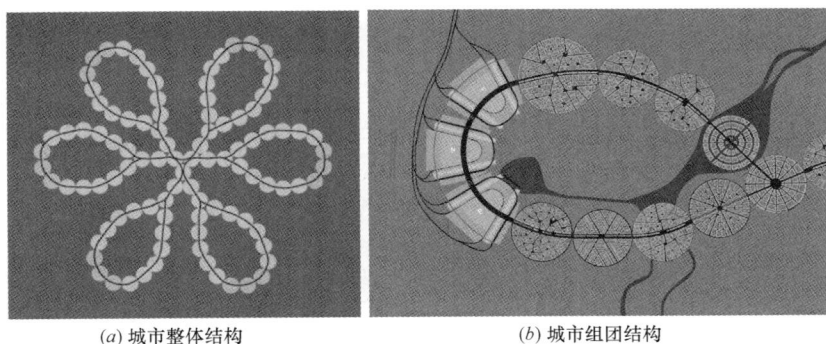

(a) 城市整体结构　　　　　　　(b) 城市组团结构

图 3-7　"步行城市"结构示意

来源：Crawford J. Carfreecities topology. http：//www. carfree. com/topology. thml

再由若干个组团构成城市整体。这种城市模型可容纳的人口可在 30 万～300 万之间。[①] 标准的步行单元平均为 1.2 万人提供居住空间，并为 8000 人提供工作场所。步行街区直径一般为 700m 左右，步行单元中央为轨道交通站，每个家庭到轨道交通站的距离保证在 5min 以内。由于没有汽车干扰，因此这种模式可以形成很好的自然、城市、交通与人之间的和谐关系（洪亮平，2002）。

3.2.2　公交导向城市发展的类型

美国学者塞维诺（Robert Cervero，1998）相对成功地把城市演变和公共交通结合在一起的都市作了个案分析和分类介绍。他介绍的 12 个城市包括新加坡、瑞典的斯德哥尔摩、丹麦的哥本哈根、日本的东京、德国的慕尼黑和卡尔斯鲁厄（Karlsruhe）、加拿大的渥太华、巴西的库里蒂巴、瑞士的苏黎世、澳大利亚的墨尔本和阿德莱德（Adelaide）及墨西哥的墨西哥城（王缉宪，2001）。这些典范城市可以按照城市格局与公共交通系统的互动关系分为以下 4 类：

1. 以公共交通系统为骨架展开的城市

这类城市的共同特点是公交导向式（Transit-oriented）的发展。这些城市往往考虑了较为长远和全面的城市发展目标，以有轨交通为干线通道在沿线的主要站点建立相对密集和具有混合土地利用型的社区或新市镇。这些城市包括斯德哥尔摩、哥本哈根、东京和新加坡。伦敦、纽约、莫斯科和中国香港地区也有这种特点。

以瑞典斯德哥尔摩为例，在早期的规划中便整合了新城镇的规划建设和轨道交通体系，将城市的扩张集中在轨道交通系统覆盖的新城（图3-8）。作为瑞典的首都，同时也是

---

① Crawford J. Carfree cities topology [EB/OL]. http：//www. carfree. com/topology. html.

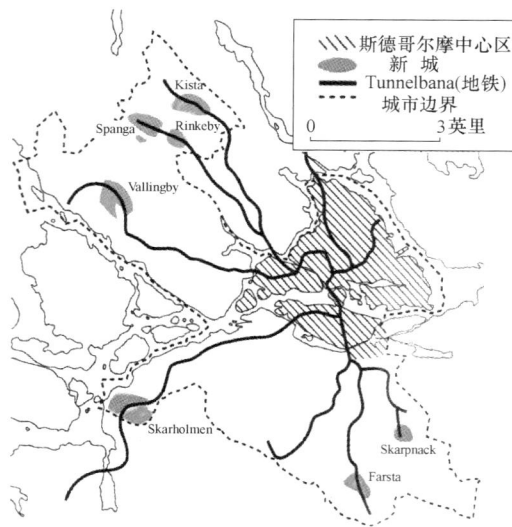

图 3-8　斯德哥尔摩的 Tunnelbana 系统和主要新城

来源：瑞典斯德哥尔摩城市交通系统和城用地局的规划理念
[EB/OL]，http：//www.doc88.com/p-010966529899.html

瑞典最大的城市，在其中心城区居住着 72 万的人口，其余的大部分人口都居住在新城之中，通过在新城轨道交通站点周围建立高密度的住宅区，将低密度的住宅区通过自行车道与轨道交通站点相连，并通过限制小汽车的发展，从而在公共交通的发展上取得巨大成就，成为发达国家公共交通蓬勃发展的典范。

2. 顺应城市扩展而跟进发展公交系统

很多城市是在已经形成了低密度形态的扩散以后才不得不发展公共交通的。低密度分散的土地利用是与大量使用私人汽车相配合的，而私人汽车交通的最大优点就是"门到门"，不用等车和转乘。与已有庞大市场的私人汽车交通竞争，公共交通必须寄希望于先进灵活的技术设备和富有创意的服务，这方面比较成功的有使用道路及轨道两用巴士的阿德来德，有使用轻重轨通行车辆的卡尔斯鲁厄和充分发挥私营小型公共汽车服务的大墨西哥城都市区。

德国由于其低密度的城市发展模式和复杂的轨道交通系统，使得私人汽车交通迅速发展。卡尔斯鲁厄为了改变这种现状，经过多年的建设，使得轨道交通覆盖区域 80% 的出行者摆脱了对个体机动化交通的依赖（沈畅，2006）。

卡尔斯鲁厄改变了原有的 Tram、S-Bahn 和 U-Bahn 三种轨道交通同时使用的复杂方式，选择 Tram 和 S-Bahn 两种轨道交通。将城区的轨道交通与城郊铁路网结合，所有的轨道交通均在地面上行驶。在城区，轨道交通与道路相结合，布置在道路中央，两者共享停靠车站；中心商业区的轨道交通最为密集，几乎所有 Tram 和 S-Bahn 均可到达，并且轨道交通与人行道在同一平面，方便行人穿越轨道；在城郊，轨道交通与道路相分离，部分使用铁路的轨道。城市居民可以通过轨道交通无需换乘地到达中心城区的商业区、公共设施集中区域、大学或休闲场所。公共交通也因此获得了更大的覆盖率和使用率（表3-4）。

2003 年卡尔斯鲁厄市公交数据一览表　　　　表 3-4

公共交通覆盖面积（km²）		3550
人口	卡尔斯鲁厄城区人口（万人）	28
	卡尔斯鲁厄市域人口（万人）	42.6
	轨道交通服务区域人口（万人）	131.3
线路数量（条）	城际轨道	12
	S-Bahn	11
	Tram	7
	公共汽车	186
线路长度（km）	城际轨道	347
	S-Bahn	340
	Tram	61
	公共汽车	2150
车站数量（个）		1900
客运量（百万人/年）		159
车票收入（百万欧元/年）		82.5
人均一年车票花费[欧元/（人·年）]		62.83
Park＋Ride 车位（泊位）		6000

来源：沈畅. 以人为本的"Tram-trains"城市轨道交通——德国卡尔斯鲁尔的轨道交通模式［J］. 理想空间，2006（17）。

3. 强核心式的城市

苏黎世和墨尔本属于这类城市。它们的特点是使用各种交通运输方式，包括有轨电车、轻铁、步行区、单车道与城市公共空间的有机结合，达到重建中心区及保持或重振其商业活力的目的。这种使用多种公共交通或非机动交通方式达到了保持强核心区"人气"旺盛的目的，同时又避免了塞车的痛苦。

以墨尔本为例，面对城市规模急剧扩张后带来的人车矛盾和中心区衰败等问题，墨尔本早于 1985 年即研究制定了《人性化的街道——墨尔本市中活动区步行策略》，提出通过拓宽道路步行空间、增设步行基础设施等途径提升城市街道的步行容量与步行吸引力（City of Melbourne，1985）。因此，墨尔本以优化公共交通系统，提高中心区的活力为目的，对步行系统和机动车交互的重点街道作了持续性的大规模改造，并通过相关的政策控制私人汽车的发展，提高公共交通的使用效率（图 3-9）。

墨尔本作为郊区主导型的代表性城市，由城市中心区（CBD）、市区（CITY ）和包

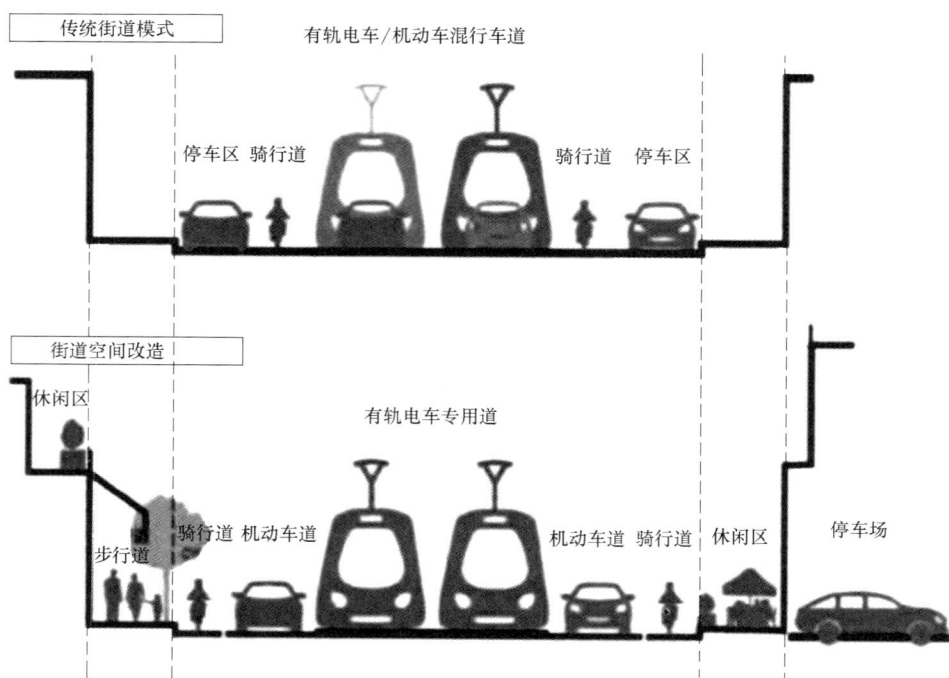

图 3-9 墨尔本街道空间模式对比

资料来源：王祝根，昆廷·史蒂文林，何疏悦. 基于协同规划的步行城市建设策略——
以墨尔本为例［J］. 城市发展研究，2018，25（01）

含广大居住区的都市连绵区（Metropolitan）组成，其居民出行呈现典型的放射性，与潮汐性特点，而郊区主导的城市空间格局也使其通勤时间与通勤距离明显高于同类城市（王祝根 等，2018）。因此，以居民出行以及通勤特征为基础的公共交通网络对于支撑其建设步行城市至关重要。包括：提高公共交通的可达性；根据潮汐时间灵活调整交通运行方案，从而满足居民交通出行的需求；在交通信号系统中给予公共交通优先通行权，提升公共交通的速度和效率；将公共交通与公共空间进行有效连接，增强中心区的活力。

4. 公共交通系统和城市扩展互相迁就的城市

最后一类介于第一类和第二类之间，是公共交通系统和城市扩展互相迁就的城市，典型代表有慕尼黑、渥太华和库里蒂巴。它们的共同特点是：一方面努力建立以公共交通特别是大型轨道系统干线通道为主的较高密度的集中性活动中心或生活中心，另一方面充分使用公共汽车等传统交通工具作为支线，覆盖低密度居住区。其成功经验中重要的一点是在主要公共交通交会点建设区域性的服务和就业中心，从而逐步提高公共交通系统的乘载量，达到逐步实现公交优先的长远目标。

以巴西的库里蒂巴为例，采用轴向发展模式将公交、道路、土地使用结合在一起。通

过将不同公共汽车线路在物理上和运营上实现统一，形成一体化公共交通系统，图 3-10
为库里蒂巴公共交通一体化发展的历程。通过快速公交的发展，引导城市向着期望的交通
走廊发展，形成单中心放射状轴向带形布局模式。交通走廊沿线呈现高密度、高强度开
发，高层公共建筑、多层和高层住宅集中布置在交通走廊两侧，其余地区是低层低密度住
宅或公园绿地。城市主要的商务、商业、公共活动等集中在交通走廊形成的发展轴线上。
轴线与轴线之间是严格控制的低容积的居住区，禁止高层建筑的开发。库里蒂巴成功地塑
造了理想的城市空间结构和理想的城市客运交通结构，成为发展中国家成功构建公交都市
的典范。

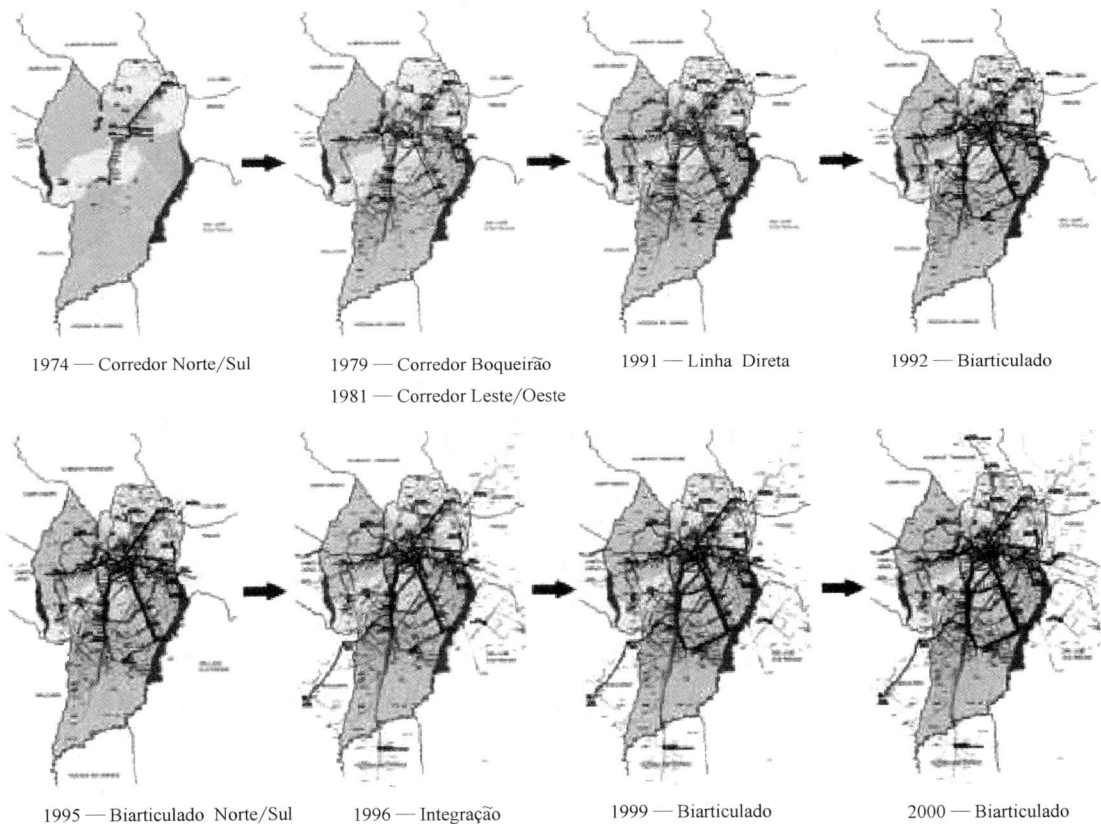

1974 — Corredor Norte/Sul

1979 — Corredor Boqueirão

1981 — Corredor Leste/Oeste

1991 — Linha Direta

1992 — Biarticulado

1995 — Biarticulado Norte/Sul

1996 — Integração

1999 — Biarticulado

2000 — Biarticulado

图 3-10　库里蒂巴公共交通一体化发展历程

来源：杨涛，过秀成，张鉴，朱富砷，邱颖 . 库里蒂巴一体化公共交通系统［J］. 城市交通，2009，7（3）

3.2.3　我国城市空间结构的发展现状

由于现实情况的复杂性，相关理论在实践过程中仍然会遇到很多困难。过秀成
（2000）指出，当前我国大城市用地布局多为集中式，城市中单中心团状占 62%、带状占
10%、卫星式占 18%，多中心组团式占 10%（表 3-5）。相应的规划模式多以市中心→区

中心→社区中心的分级结构进行，形成组团式多中心结构。

我国百万人口以上大城市用地形态现状与规划模式 表 3-5

编号	城市	地理位置（或主要交通线）	现状形态特征	主要交通方式	规划模式
1	北京	皇城、城墙、内外城、中轴线	单中心子母城	公交、地铁、自行车	分散组团式
2	天津	海河、铁路	单中心密集连片	自行车为主	多中心分散组团式
3	上海	黄浦江、铁路	单中心密集连片	公交、自行车	多中心分散组团式
4	沈阳	京哈、沈吉、沈大铁路	单中心密集连片	自行车	多中心开敞式
5	武汉	长江、汉水	多中心密集	公交、自行车	多中心组合式
6	哈尔滨	京哈、滨州、滨绥等铁路（5条）、松花江	单中心密集	公交、自行车	多中心组合式
7	重庆	长江、嘉陵江	多中心带状	公交	带状多片组合式
8	南京	中轴线 Y 形、秦淮河、山、湖	单中心块状密集	公交、自行车	多心圈层体系组合
9	大连	沿海、沈大线、山地	轴向辐射	公交、自行车	多中心组团式
10	兰州	黄河、陇海线	带状密集	公交、自行车	带形组团式
11	郑州	京广、陇海铁路	单中心密集	公交、自行车	多中心组合式
12	广州	珠江、京广线	单中心密集	公交、出租、自行车	带状组团式

来源：过秀成．城市集约土地利用与交通系统关系模式研究［D］．南京：东南大学，2000．

　　从单中心结构到多中心结构，意味着城市空间距离的扩张，更意味着出行距离的增加，在此过程中，公共交通起到了重要的引导与推动作用。尤其是在出行距离较远的大中城市，公共交通在出行结构中占据了重要的地位。在公交的优先发展已经成为全社会共识的今天，很多城市编制了有关"公共交通"的专项规划，这些都为发挥公交的主导功能起到了积极作用。同时我们也应该认识到，公共交通不同于其他交通方式之处就在于其需要大量的客流作为支撑并服务于大众的特点，因此虽然公交与城市空间结构的结合是实现城市交通"以人为本"的前提，但不可否认的是在城市公交体系的规划建设过程中，由于忽视了人们的出行活动及需求特点，导致公交系统布局与城市主要活动中心布局产生偏差的现象比比皆是，其结果直接导致了公交吸引力的下降，反映了公交系统布局中缺乏"以人为本"考虑的一面。潘海啸（2005）针对上海城市轨道交通与城市公共活动中心体系规划的空间布局关系的调查充分揭示了这一特征。

　　当然，除了轨道交通导向的交通发展以外，对大多数城市来说，由于经济、政策等原因，只能依托常规公共交通的发展为主，那么如何在发展过程中实现面向常规公共交通的城市空间发展、如何在面向常规公交发展的过程中为城市进一步走向依托轨道交通的发展提供条件，这些问题都需要加以回答。下面通过对几个案例城市在城市规模、地形、经济发展水平、空间布局结构等方面存在的差异展开分析，以求找到一些有关城市空间结构与交通发展模式相关性的规律。

3.3　城市空间结构与交通发展模式的适应性机制探讨

当前国内大多数城市面临个体机动化快速发展与日益加剧的交通拥堵的挑战，其主要原因就在于对城市空间结构[①]与交通发展模式[②]的约束机制缺乏深入认知。下文以部分城市为例，结合单中心圈层城市、线性带形城市、非线性带形城市等三类空间结构特征与交通出行结构特征，建立起三类城市空间结构与交通系统模型，基于 TransCAD 四阶段法对三类城市空间结构展开交通建模分析，以探讨城市空间结构与交通发展模式的适应性机制（阳文琦，2017）。在此基础上，进一步明确基于不同空间结构体系的绿色交通[③]模式及其对城市用地发展的约束条件。从一定意义上来讲，人本导向的交通体现了对绿色出行的关注，对基于绿色出行的城市空间结构与交通模式适应性机制的讨论也反映了对人本交通的关注。

3.3.1　城市绿色交通发展背景

目前，我国城市发展正经历由规模扩张型向空间提质型过程的转变。在城市空间结构相对稳定的前提下，城市规模的扩张会体现在人口密度的相对提升、城市功能的分散与适度混合以及由此所带来的交通需求变化等方面。国内大多城市发展的经验和教训告诉我们，在城市空间结构的发展演变过程中，如果仅仅通过粗放的交通设施建设来应对此种需求的变化，无疑将进一步加剧城市交通拥堵，恶化交通出行环境。尤其对大多数中小城市来说，这些城市大多数仍处在交通基础设施欠账较多的阶段，由于出行距离与强度的提高，一系列的交通问题就会凸显出来，在此背景下，市政当局都会提出发展公交、优化出行结构等对策加以应对。大多数城市的经验表明，在城市空间结构发展相对稳定的前提下，提升与优化出行结构必然会是一个长期的过程，而且需要借助于土地使用模式的不断调整和优化来实现。因此，正确了解与把握几种典型城市空间结构类型的土地使用模式与绿色交通系统的适应性机制，对推动土地使用与城市交通的系统整合、避免常识性规划导向失误提供了可能。

为应对这一挑战，本书试图从城市空间结构与交通发展模式的互动关系研究入手，探

---

①　城市空间结构：指城市中不同功能区的分布和组合。（百度词条）本书中一般指单中心圈层结构、线性带形结构及非线性多中心组团结构。

②　城市交通发展模式：又称城市交通出行方式结构，是指城市交通系统中不同交通方式所承担的交通量的比例关系。

③　绿色交通：就是采用对环境影响最小的出行方式。（百度词条）本书特指以公共汽车、地铁等公共交通工具和步行、自行车等慢行方式为主导。

讨不同类型空间结构模式下城市交通系统配置与出行结构的互动规律，从中发现适应城市空间结构与绿色交通发展模式的整合机制。对于推进城市交通发展模式转型、缓解城市交通拥堵、引导城市居民绿色出行和推进城市交通可持续性发展等具有重要的现实意义。

3.3.2　研究对象与分析框架

1. 研究对象

考虑到不同城市在自然地形条件、城镇化水平和空间发展模式等方面都表现出一定的差异性，本书的研究对象立足 50 万～100 万左右人口规模城市，此类城市在数量较多、交通问题也较突出，在空间布局和交通问题的表征上有一定的共同性特点。总体来看，其空间结构可划分为三类：单中心圈层城市，线性带形组团城市和非线性多中心组团城市（表 3-6）。

城市空间结构类型　　　　　　　　　　　　　　表 3-6

空间结构类型	单中心圈层城市	线性带形组团城市	非线性多中心组团城市
主要空间特征	这类城市有一个高度集聚的核心区,城市中的各大功能片区围绕核心区呈圈层式分布。作为城市的生产生活中心,中心区商业和公共服务吸引力最强,并集聚着大量就业岗位,是典型的集中、紧凑型的空间结构,以同心圆形式(或方格网式)向外延展,即"摊大饼"式发展	这类城市由于受自然条件或交通条件的影响呈带状,组团内部功能相对完善,有一定独立性,各组团主要通过长跨度的交通廊道进行联系,是城市的主要发展轴,引导城市空间结构扩展	这类城市大多受自然条件的阻隔(水系,山体等)而形成较为零星、分散的功能集聚区,形成具有众多沿江河湖、山体团块状分散的空间布局,各组团既相互独立又联系紧密,组团间由快速交通干道连接,使之组成一个完整的城市实体,是常见地较为稳定的城市结构形态
图示			

2. 数据来源

本书拟针对三类空间结构类型的城市中各选取一代表城市以测试其规划年的交通系统服务水平，并与现状用地与交通系统服务水平相比对。其中，单中心圈层结构代表城市为天门市，线性带形组团结构代表城市为荆州市，非线性多中心组团结构代表城市为襄阳市。基础数据来源于各城市 2020 年总体规划（或综合交通规划）中所确定的人口规模、用地规模、空间布局和交通系统配置指标等。

3. 分析框架

本研究以把握三类城市主要空间结构与交通系统的联动特征为原则，简化三座案例城市的交通与土地利用模型，运用四阶段法对三类城市进行规划年交通需求预测，探讨城市空间结构与绿色交通发展模式的适应性机制，研究技术框架如图 3-11 所示。

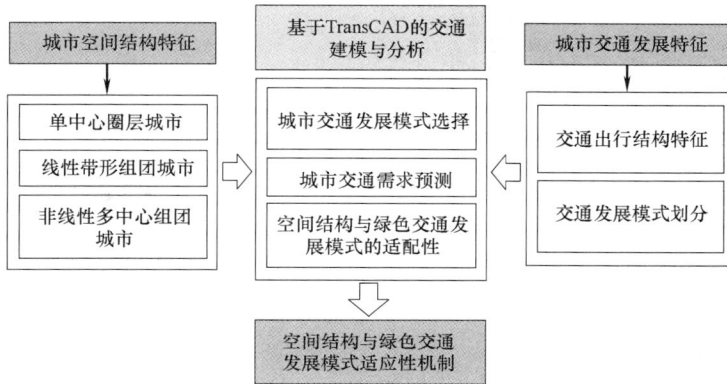

图 3-11　分析框架示意图

来源：阳文琦. 绿色出行理念下湖北省域大中城市交通发展模式优化 [D]. 武汉：华中科技大学，2017（5）

3.3.3　城市空间结构与交通发展特征

1. 城市空间结构特征

下文主要通过分析三类城市空间结构特征，构建起基础用地-交通分析模型。

1）单中心圈层城市

单中心圈层结构城市在发展初期是圈层式往外拓展，由于没有地形地貌的影响，新区的发展一般紧邻老城区，由于对主城的依附性很强导致了新区的功能不完善。此类城市在功能布局上有一些共性特征：产业"退二进三"趋势明显，三次产业向中心区集聚，二次产业开始向城市边缘疏散。老城区中心分布大量第三产业，行政办公、商业设施、公共设施、轻工业、交通运输、居住配套等功能分散布局在周边功能区块，这些功能区块与老城区紧密联系，内部配置相应的生活区，以形成比较均匀分散的工作—生活综合单元；城市外围组团（工业区/开发区）离老城区有一定距离，是重工业、物流产业、交通枢纽等功能性较为单一的城市功能点。

单中心圈层城市规模为 7000m×7000m（用地面积为 49km^2），规划年 2020 年人口规模为 45.5 万人，城市道路分为三个层级：主干道（44m）、次干道（30m）、支路（20m）。

按主干路 1000m、次干路 500m、支路 250m 构建路网（以下类同）。其用地模型及出行产生量和出行吸引量 PA 分布如图 3-12、图 3-13 所示。

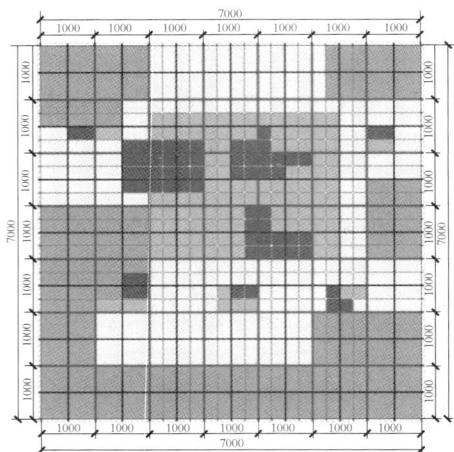

图 3-12　单中心圈层城市交通与土地使用模型

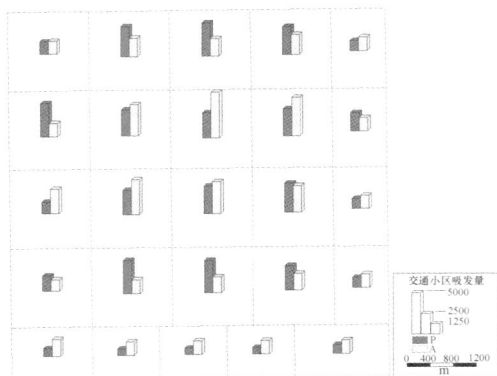

图 3-13　单中心圈层城市 PA 分布

2）线性带形组团城市

线性带形组团城市中各组团人口/用地规模差距不大，各大组团功能较为完善，不是单纯的卫星城或工业组团，职住能保持相对平衡，功能上是互补关系而非简单的依附关系；由于受自然因素等限制，城市中有明确的主导交通走廊连接各组团，城市用地形态狭长；用地布局上，城市工业组团布局在外围组团，商务办公、行政、教育文化等在中心组团，成熟组团独立性较强，配套居住地，满足组团内部居民日常工作出行与居住。

线性带形组团城市规模为 21000m×5000m（用地面积为 105km²），规划年 2020 年人口规模为 100 万人，城市为典型的带形组团结构。其用地模型及 PA 分布如图 3-14、图 3-15 所示。

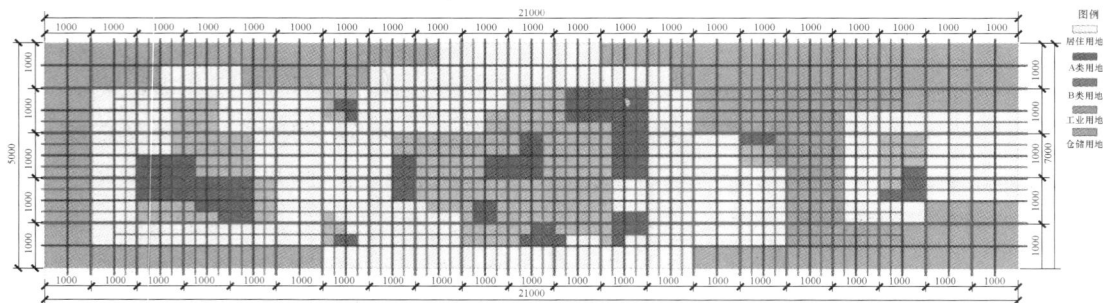

图 3-14　线性带形组团城市交通与土地利用模型

3）非线性多中心组团城市

由于受自然环境因素限制，城市不得不分散发展，能够较好维持城市与环境有机融合的生态关系，城市中各组团功能较为完善，不同于线性带形组团城市的是城市组团联系具

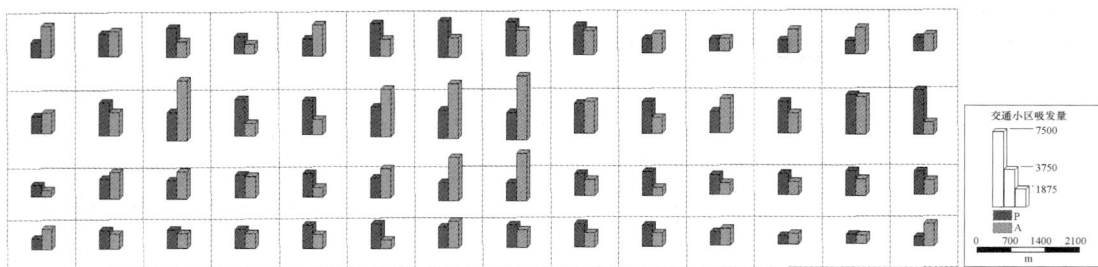

图 3-15 线性带形组团城市 PA 分布

有多样性，没有明确的主导交通廊道，呈网络化格局，城市发展方向更加有灵活性，城市用地布局更为混合，各组团主导功能有差异。

非线性多中心组团城市由四个组团组成，规模分别为 9000m×8000m（用地面积为 72km²），7000m×5000m（用地面积为 35km²），8000m×4000m（用地面积为 32km²），5000m×5000m（用地面积为 25km²），总用地面积为 164km²，规划年 2020 年人口规模为 170 万人[①]，城市由于自然地理因素分割成较为独立的四大片区。其用地模型及 PA 分布如图 3-16、图 3-17 所示。

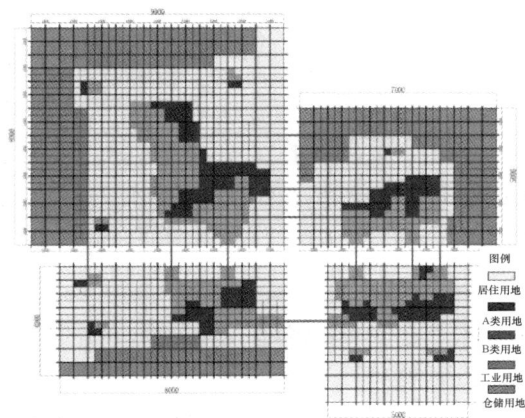

图 3-16 非线性多中心组团城
市交通与土地利用模型

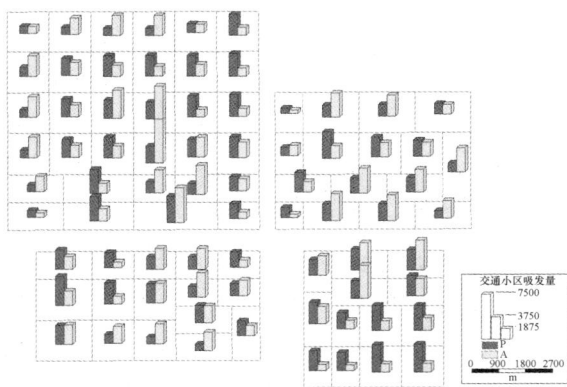

图 3-17 非线性多中心组团城市 PA 分布

2. 城市交通结构特征

主要探讨的交通方式有：公共交通（地铁、轻轨、快速公交、常规公交、出租车）；慢行交通（助动车、自行车、步行）和个体机动交通（摩托车、小汽车）。其中，绿色出行方式包括慢行交通和公共交通。大多数城市目前还是处于慢行交通主导、多种交通方式

① 襄阳虽然人口规模超过 100 万，但具有典型多中心结构特点，且仍然依赖于常规公交发展，所以本书仍选用襄阳作为案例研究。

并存阶段，慢行交通比重大于 50％（表 3-7），公共交通和小汽车机动交通有多样性发展的各种可能，通过对三种类型城市中的交通出行结构进行对比分析，发现以下规律，见表 3-7。

部分城市交通出行结构一览表　　　　　　　　　　　　　　　　表 3-7

城市	空间结构类型	调查年度	交通出行结构（%）		
			公共交通	个体机动交通	慢行交通
黄冈	单中心圈层结构	2004	16.40	15.30	68.30
孝感		2003	1.40	9.40	89.20
宜昌	线性带形组团结构	2011	26.80	16.40	56.80
荆州		2015	25.19	19.46	55.35
遵义		2012	32.80	27.90	39.30
襄阳	非线性多中心组团结构	2008	8.50	18.90	72.60
黄石		2008	32.89	12.88	54.23
长沙		2007	29.4	55.9	14.7

来源：根据相关资料整理绘制。

1）单中心圈层城市：慢行交通占绝对主导地位

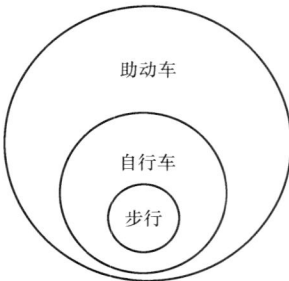

图 3-18　慢行交通方
式出行范围对比图

慢行交通方式中，步行最佳出行范围为 1km 以内，自行车为 6km 以内，助动车为 20km 以内（图 3-18）。单中心圈层结构城市大多为中小城市，城市规模不大，均在自行车、助动车等慢行交通方式的半小时出行范围内，居住与就业距离不远，城市尺度适于慢行交通系统的发展，居民采用步行、自行车、助动车以及摩托车出行的比较多，慢行交通具有无污染，灵活方便等特点，同时也是构建城市绿色交通系统的关键因素。

2）线性带形组团城市：组团内慢行交通主导，组团间有培育大容量快速公共交通的空间

这类城市是交通轴线引导空间拓展，大量客流集中在横向主导交通走廊上，由于纵向长度已经超过常规公交的最佳运营线路长度，因此需要发展大容量快速公共交通（轨道），否则大量小汽车增加会侵占交通廊道，造成城市拥堵问题。同时组团内部主要靠慢行交通支撑。这也是现有交通出行结构中，慢行交通还是占较大比重的原因，公共交通比重一般大于个体机动交通比重，规划要积极引导发展公共交通，促使城市由常规交通主导向快速交通主导转变。

3）非线性多中心组团城市：组团内慢行交通主导，组团间交通方式多样化

这类城市发展到成熟阶段时的特征是每个组团内部的功能比较完善，有效均衡交通流向和减少居民出行率，居民的居住、工作和休憩能够保持相对职住平衡。多中心组团结构是较为稳定的结构，各组团规模是适合发展慢行交通的，各组团间居民采用何种方式出行影响因素有很多，城市发展模式与空间结构有显著关系，但同一类型城市中人口/用地规

模差别，各组团之间的距离以及各组团的用地构成也会影响交通出行特征。

3. 城市交通发展模式划分

参考陆建（2003）对各类城市的分类以及交通结构取值，结合我国城市人口规模划分的新标准以及城市发展的情况，本书将城市交通发展模式划分为"两个阶段、三种类型"。两个阶段为慢行交通主导、多种交通方式并存阶段，公共交通与小汽车机动交通博弈阶段；三种类型为慢行交通主导型（低方案）、均衡发展型（中方案）和公共交通主导型/小汽车主导型（高方案）。

慢行交通主导型发展模式是指慢行交通出行比例大于 50%，多种交通方式共存；均衡发展型发展模式是指慢行交通、公共交通和个体机动交通的比重均不大于 50%；公共交通主导型发展模式是指公共交通出行比重大于 50%，而个体机动交通比重小于 20%，是支撑绿色出行理念的政策导向下的合理预期目标；小汽车主导型模式是指个体机动交通出行比例大于 50%，是市场导向下小汽车普及而可能出现的一种不受控发展结果。需要强调的是城市交通发展模式一直处于动态发展与变化中，随着城市规模的扩张与城市空间结构的调整，居民出行选择的交通方式也会改变，交通发展模式也会相应不同。

3.3.4　不同空间结构下的交通建模与分析

1. 绿色出行理念下城市交通发展模式选择

所谓绿色出行，就是鼓励使用公共交通和慢行交通，限制使用小汽车和摩托车，因此选择城市交通发展模式时尽量控制个体机动交通出行比重，结合城市交通发展模式划分与城市综合交通体系规划中制定的规划年交通出行结构制定各类城市的交通发展模式。单中心圈层城市近期规划为慢行交通主导型模式，远期为均衡发展型模式，其中又可分为个体机动交通为主和公共交通为主两种方案（即均衡发展型）；线性带形组团城市和非线性多中心组团城市近期规划为均衡发展型模式，远期目标是公共交通主导，这是城市发展的客观需求（表 3-8）。

三类城市交通发展模式构成　　　　　　　　　　表 3-8

城市类型	交通发展模式	慢行交通比重(%)	公共交通比重(%)	个体机动交通比重(%)
单中心圈层城市	均衡发展型 A	45～50	10～15	35～45
	均衡发展型 B	45～50	25～35	20～30
	慢行交通主导型	55～60	20～25	15～20
线性带形组团城市	小汽车主导型	35～40	10～15	50
	均衡发展型 D	35～45	15～20	30～35
	均衡发展型 C	45～50	30～35	15～20

城市类型	交通发展模式	慢行交通比重(%)	公共交通比重(%)	个体机动交通比重(%)
非线性多中心组团城市	小汽车主导型	35～40	10～15	50
	均衡发展型 F	30～35	15～25	35～40
	均衡发展型 E	40～45	35～40	15～25

总的来说，本书将分别针对各类城市提出的交通发展模式进行测试，测试各类城市模型对小汽车增加的适应性与临界值，并根据测试结果进一步加强纵横比较和细化分析，对不同类型城市的绿色交通发展模式进行规律探讨。

2. 城市交通需求预测

1）单中心圈层城市

针对单中心圈层城市提出不同情景下的交通发展模式（表3-9），分别预测规划年交通流量分配。

单中心圈层城市不同情景下的交通发展模式　　　　　表 3-9

类型	慢行交通比重(%)			公共交通比重(%)		个体机动交通比重(%)	
交通方式	步行	自行车	助动车	公共汽车	快速公交/地铁等	小汽车	摩托车
慢行交通主导型	30	25	5	20	3	13	4
均衡发展型 B	25	21	4	20	10	15	5
均衡发展型 A	20	21	4	13	2	32	8
小汽车主导型	17	12	6	15	—	41	9

分配结果如下：慢行交通主导型模式下，城市道路服务水平是优质的（图3-19）；均衡发展型 B 型模式下，道路的适应性也较佳的，道路服务水平在 A-C 级，外围主干道的交通流量增加现象明显，城市 V/C[①] 值最高为 0.77（图3-20）；均衡发展型 A 型模式下，中心区主干道道路 V/C 值最高为 1.01，交通流量超出道路的通行能力，其余道路在饱和度 0.6～0.78 之间，服务水平在 C/D 级别，意味着城市交通模式已经到达极值，城市路网已经不能适应车流量的增加（图3-21）；小汽车主导型模式下，当个体机动交通增加到 50% 以后，中心城区 V/C 最高值为 1.09，十字交叉其余路段 V/C 值也达到 0.67～0.86（图3-22）。

测试结果表明，单中心圈层城市对小汽车增长的包容性相对比较大，但也是有限度的。城市个体机动交通比重不能超过 40%；慢行交通主导模式虽然也适应城市道路设计水平，但随着城市规模的扩张，居民中长距离的出行是不可避免的，因此慢行交通主导模式不能长期成为支撑城市发展的有效交通结构；均衡发展模式会成为单中心圈层城市交通发展主流模式。需要注意的是，由于用地布局主要沿主要道路轴向展开，因此这几条主要

---

① 道路服务水平，一般用最大服务交通量与基本通行能力的比值表示，也叫道路饱和度。

道路也是最容易产生拥堵。因此，单中心圈层结构应避免主要交通吸引点过度向主要道路沿线聚集，同时在已形成的主要轴向道路沿线必须考虑设置公交走廊，并适度控制小汽车的过度增长以及在轴向道路上的使用。

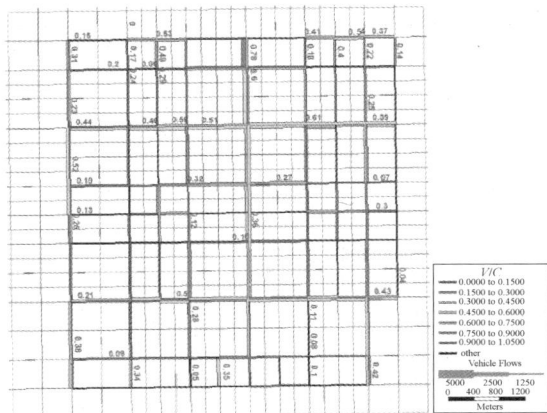

图 3-19　慢行交通主导型交通模式下
交通流量分配

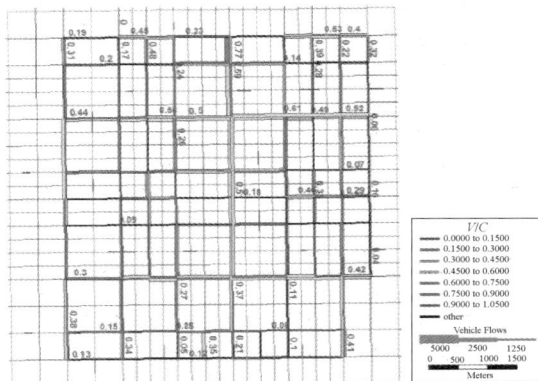

图 3-20　均衡发展型 B 交通模式下
交通流量分配

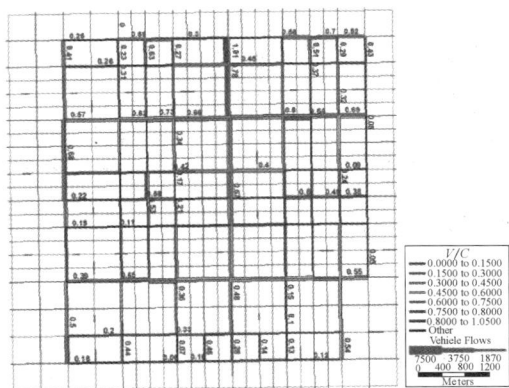

图 3-21　均衡发展型 A 交通模式下
交通流量分配

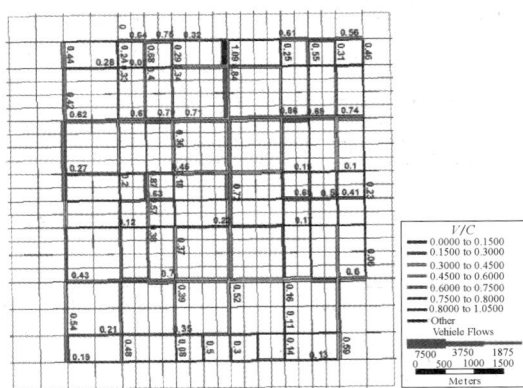

图 3-22　小汽车主导型交通模式下
交通流量分配

2）线性带形组团城市

在不同情景交通发展模式指导下分别进行预测（表 3-10），结果显示：均衡发展型 C 模式下，大多路段是自由交通流，道路服务水平为 A 级，少量路口，出现 V/C 值大于 1.0 情况，这与局部用地布局有关，用地高容积率布局，人流的高集聚性导致车流量集中，大于道路通行能力（图 3-23）；均衡发展型 D 模式下，城市在高峰时会出现局部路段的交通堵塞（图 3-24）；小汽车主导型交通模式下，城市中部的东西纵向交通廊道在高峰期接近瘫痪，特别是中心组团的纵向廊道（图 3-25）；公共交通主导模式下，城市整体道路服务水平在 C 级以上（图 3-26）。

线性带形组团城市不同情景下的交通发展模式　　　　表 3-10

类型	慢行交通比重(%)			公共交通比重(%)		个体机动交通比重(%)	
交通方式	步行	自行车	助动车	公共汽车	快速公交/地铁等	小汽车	摩托车
均衡发展型 C	25	20	5	23	12	11	4
均衡发展型 D	22	18	5	15	5	29	6
小汽车主导型	17	12	6	12	3	42	8
公共交通主导型	17	10	3	35	15	15	5

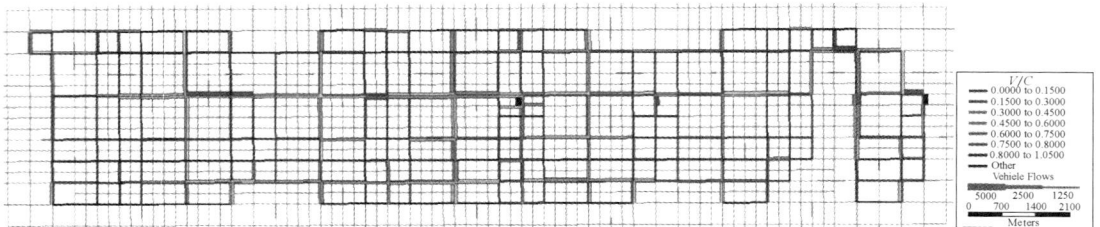

图 3-23　均衡发展型 C 交通模式下交通流量分配

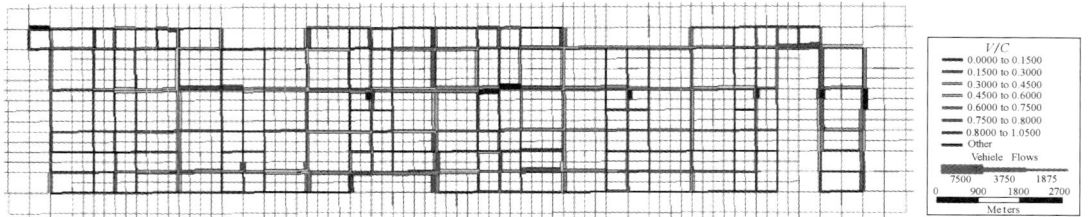

图 3-24　均衡发展型 D 交通模式下交通流量分配

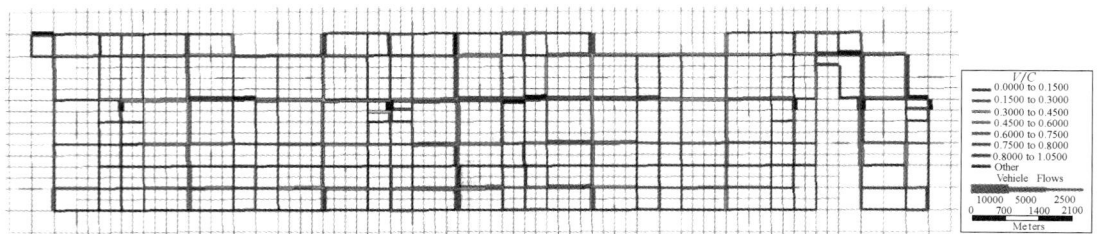

图 3-25　小汽车主导型交通模式下交通流量分配

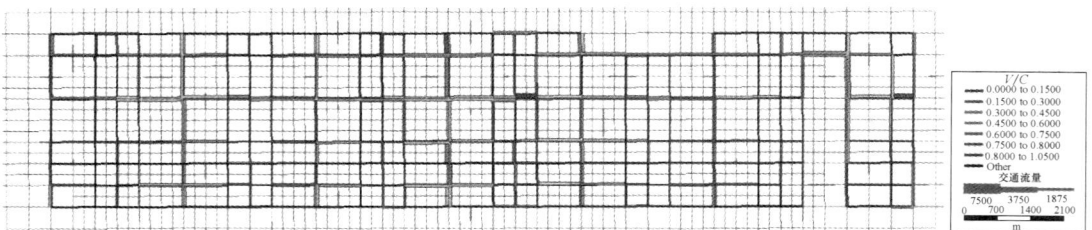

图 3-26　公共交通主导型交通模式下交通流量分配

测试结果显示，线性带形组团城市近期采用均衡发展模式，并且个体机动交通比重不宜超过 20%。随着个体机动化出行比例的提高，在跨组团通道和各组团的主要轴向道路会出现比较严重的交通拥堵。因此，必须逐步落实优先发展城市公共交通的政策，形成跨组团公交走廊，强化公共交通主导型交通模式，远期形成以公共汽车交通为主、多种交通协调发展的交通体系。

3）非线性多中心组团城市

在不同情景交通发展模式指导下分别进行预测（表 3-11），结果显示：均衡发展型 E 交通模式下，城市右下组团出现了严重的交通拥堵问题，特别是与周边的跨组团联系通道 V/C 值已经超过 1.0，组团内部道路服务水平也不佳，主要原因是组团功能不完善，规划用地大量为居住，商业等，缺少配套产业用地（图 3-27）；均衡发展型 F 交通模式中，四大组团内部部分路段均出现 V/C 值大于 1.0 现象，城市道路网络与制定的交通发展模式不相协调（图 3-28）；小汽车主导型交通模式中，高峰时期出现大量强制性车流，这样的模式是非线性多中心组团城市在发展过程中不宜采取的（图 3-29）；公共交通主导模式下，城市整体道路服务水平较高（图 3-30）。

非线性多中心组团城市不同情景下的交通发展模式　　　　表 3-11

类型	慢行交通比重(%)			公共交通比重(%)		个体机动交通比重(%)	
交通方式	步行	自行车	助动车	公共汽车	快速公交/地铁等	小汽车	摩托车
均衡发展型 E	22	18	3	25	15	12	5
均衡发展型 F	18	13	4	17	8	34	6
小汽车主导型	17	12	6	12	3	42	8
公共交通主导型	12	10	3	38	12	20	5

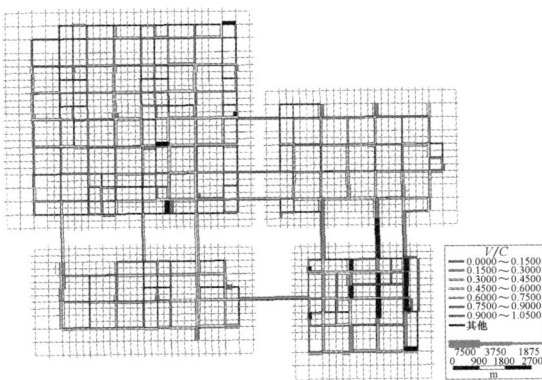
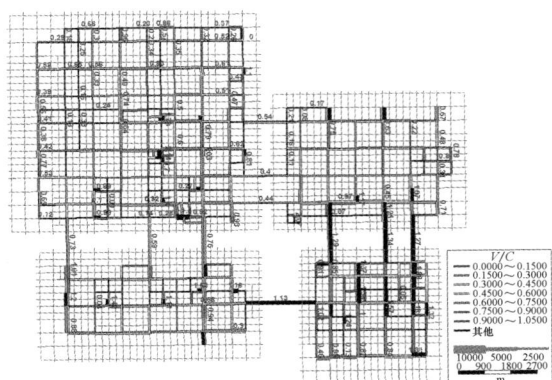

图 3-27　均衡发展型 E 交通模式下交通流量分配　图 3-28　均衡发展型 F 交通模式下交通流量分配

测试结果显示，非线性多中心组团城市近期采用均衡发展模式，控制小汽车增速，个体机动交通比重不宜超过 25%。和线性带形组团相类似，随着个体机动化出行比例的提高，在跨组团通道和各组团的主要轴向道路会出现比较严重的交通拥堵。因此，远期必须通过政策调控引导城市进入公共交通主导模式。

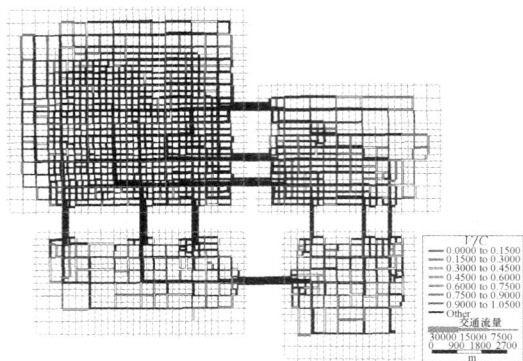

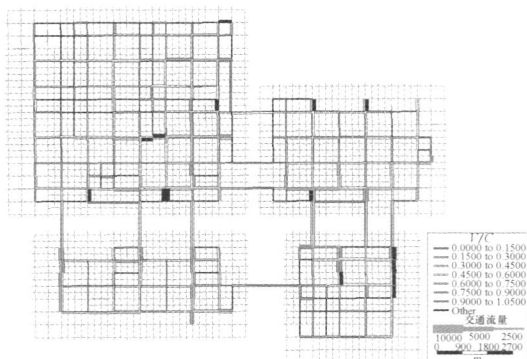

图 3-29　小汽车主导型交通模式下交通流量分配　　图 3-30　公共交通主导型交通模式下交通流量分配

3. 城市空间结构与绿色交通发展模式的适配性

城市发展始终围绕"集聚"与"分散"两种指导思想展开，城市空间结构类型是关于城市发展阶段的界定，具有过程性和阶段性等特征，因此城市交通发展模式也会形成对应的阶段关系。测试发现欧美城市提出的小汽车主导模式在三类城市中都是不适用的，且各类城市对于个体机动交通的承受值有差异，即各类城市的绿色交通发展模式也是有区别的，这也意味着必须提前防范小汽车过度增长，通过政策调控引导城市走向公共交通主导型道路。

（1）单中心城市在发展过程中一般都会经历"主城＋外围组团"的过程。但由于组团功能配套不完善，组团内部无法解决职住平衡，外围组团对城市中心区有强烈的依附性。因此，虽然城市已经开始分散城市功能，但是城市中心还是非常明确，交通流向心性强，居民出行时耗和距离与城市规模存在正相关。单中心城市空间尺度、职住尺度、商住尺度等范围适宜中短距离出行。测试结果显示，单中心圈层城市的个体机动交通比重建议不超过 40%，线性带形组团城市个体机动交通比重建议不超过 20%，非线性多中心组团城市个体机动交通比重建议不超过 25%。因此，近期慢行交通主导型模式不会改变，随着城市规模进一步扩大，组团功能完善，公交系统日益成熟，远期会向均衡发展性模式转变。

（2）多中心城市包括线性带形组团城市和非线性多中心组团城市，由于城市规模、城市密度和功能用地布局与单中心城市截然不同，相应也会对出行距离、出行时耗、交通可达性以及交通需求量产生影响。城市内部中短距离、长距离等多目的出行都需要相应的交通方式去支撑，单纯依靠慢行交通方式无法满足城市发展需求，居民向公共交通转移的同时也会考虑采用小汽车出行。

单中心城市和多中心城市由于城市规模和城市密度的差异性导致慢行交通比重的差

别，单中心城市近期慢行交通比重达 50% 以上，远期随着城市规模的扩张，慢行交通比重会降至 50% 以下。多中心城市慢行交通分担率不足以占据主导地位，其中，线性带形组团城市慢行交通比重会大于非线性多中心组团城市，近期为 45%～50%，远期为 25%～35%；非线性多中心组团城市近期为 40%～45%，远期为 20%～30%。多中心城市公共交通比重逐渐提升，远期发展为公共交通主导型模式；分析发现非线性多中心组团城市公共交通比重一般会大于线性带形组团城市，近期为 35%～40%、远期≥50%；线性带形组团城市公共交通比重近期为 30%～35%、远期≥50%。因此，城市发展近期是均衡发展型模式，公共交通与个体机动交通多方博弈，远期是公共交通主导型模式。具体见表 3-12。

城市空间结构影响下的绿色交通发展模式选择　　　　　表 3-12

城市空间结构	交通发展模式	交通结构取值(%)		
		个体机动交通建议值	近期慢行交通主导型	远期均衡发展型
单中心圈层城市	近期:慢行交通主导型 远期:均衡发展型	≤40%	慢行交通比重≥50% 公共交通比重 20%～25% 个体交通比重 15%～20%	慢行交通比重 40%～50% 公共交通比重 25%～35% 个体交通比重 20%～35%
线性带形组团城市	近期:均衡发展型 远期:公共交通主导型	≤20%	近期均衡发展型 慢行交通比重 45%～50% 公共交通比重 30%～35% 个体交通比重 15%～20%	远期公共交通主导型 慢行交通比重 25%～35% 公共交通比重≥50% 个体交通比重≤20%
非线性多中心组团城市	近期:均衡发展型 远期:公共交通主导型	≤25%	近期均衡发展型 慢行交通比重 40%～45% 公共交通比重 35%～40% 个体交通比重 15%～25%	远期公共交通主导型 慢行交通比重 20%～30% 公共交通比重≥50% 个体交通比重≤25%

3.4　城市空间结构与交通模式相关性的案例分析

在以上多类型城市空间结构与交通发展模式关联性机制指导下，通过对顺德、遵义、眉山、邯郸等四城市道路网、公交网与城市空间结构的叠加对比，比较公交与城市空间发展的耦合度，分析各城市在交通结构、出行时耗、主导交通方式上的差异，进一步探讨实现公共交通与城市空间结构发展的机制。

3.4.1　四城市公交发展与用地空间结构布局的比较

1. 四个城市的基本情况对比

四个城市的基本情况如表 3-13、图 3-31 所示。

四个城市的基本情况 表 3-13

	调查年份	总人口（万）	建成区面积（km²）	人均国民生产总值(元)	空间结构	地形条件	人均建设用地面积（m²/人）	人口密度（万人/km²）
顺德中心城区	2005	69.9	89.28	45663	多中心组团	较平坦、有河流分隔	127.7	0.78
遵义中心城区	2004	64.3	45	4207	多中心组团	被山体、河流、高速公路分隔	70.0	1.43
眉山中心城区	2004	19.5	18.65	5983	单中心	地形平坦、被铁路、河流东西围合	95.6	1.05
邯郸主城区	2001	82.6	80	6468	单中心集中化	地形平坦、被铁路分隔	97.0	1.03

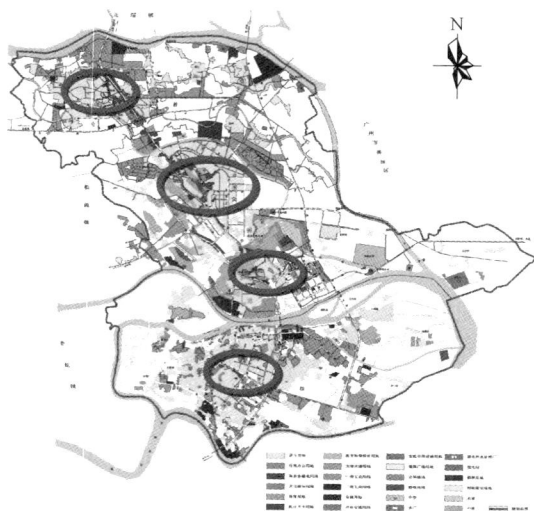

顺德

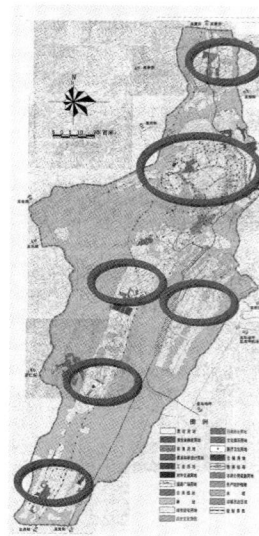

遵义

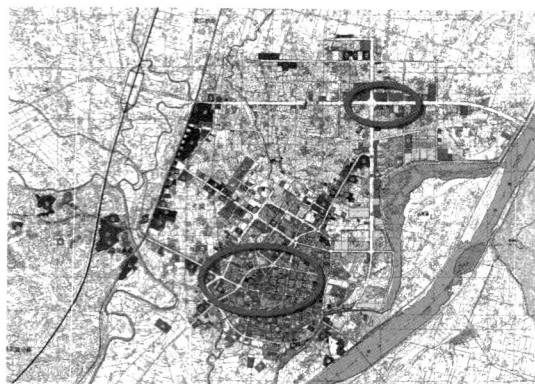

眉山

邯郸

图 3-31 四个城市的土地利用现状

注：图中各图大小不代表实际尺度

从四城市各自的空间结构来看，其用地空间结构布局显示了如下特征：顺德和遵义都属于比较明显的多中心组团结构，眉山和邯郸都属于地势平坦地区并呈单中心集中化发展格局。所不同的是，由于经济发展水平的原因，顺德和遵义在城市交通发展的侧重点上有所不同，如顺德较重视区域交通一体化，遵义则更为重视内部交通的改善；眉山和邯郸虽然同属多中心结构，城市在向外扩展过程中均呈现出"跨越—填充"式的发展过程，但邯郸由于规模和经济相对较强的原因，总能及时得以"填充"，并继续保持着单中心的格局，而眉山则由于规模和经济较弱的原因呈"新老城区相互分隔"的状态。

2. 公共交通与城市空间布局的现状特征

公共交通与城市空间的布局主要表现在三个方面，其一是公交的覆盖，其二是整个城市用地的空间形态，其三就是考察公共交通与城市重要地区的空间耦合度。其中，对城市用地空间形态的评价主要需要分析用地的开发是"均质"抑或"集聚"。由于缺乏对城市用地整体空间布局形态的资料，只有借助 google earth 图像加以判断。在整体用地高度布局较为分散时，即可近似认为其形态为"均质"，反之则为"集聚"。耦合度则可以从公交线路与城市重要节点地区的空间叠合程度来加以判断。

1）顺德

（1）公交站点覆盖：中心城区共有公交线路 12 条，线路总长 166.2km，此外，在镇区范围内还有 36 条通往各个乡镇的公交运营路线（图 3-32）。

《城市道路交通规划设计规范》GB 50220—95 规定：公共交通车站服务面积，以 300m 半径计算，不得小于城市用地面积的 50%；以 500m 半径计算，不得小于 90%。目前，顺德中心城区除了大良组团，300m 半径覆盖达到了 63% 以外，其他组团 300m 覆盖仅为 20%～25% 左右。500m 半径覆盖也同样与国标差距很大。这说明，公交的服务远远没有满足人们的出行需求。

（2）用地形态：为便于看清，仅截取大良组团部分用地图像分析，显示其用地划分均较为规整，但用地的空间形态也显示整体用地布局上缺乏"向心性"和"集聚性"。需要指出，顺德由于经济较为发达，高层建筑相对也较多，但是由于高层建筑的空间分布相对较散，因此在整体空间上仍缺乏"集聚性"（图 3-33）。

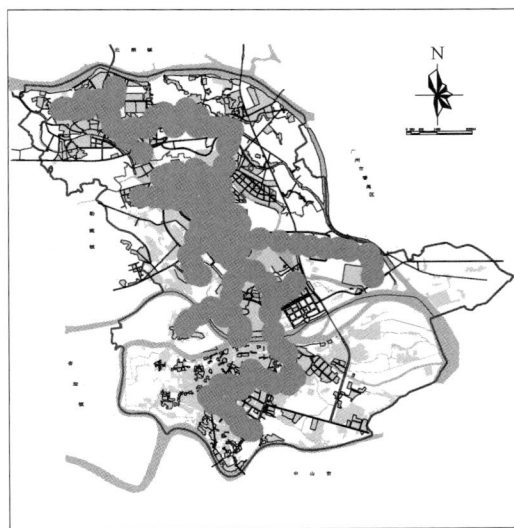

图 3-32　顺德中心城区 500m 公交站点覆盖

（3）从公共交通与城市各组团中心的"耦合度"来看，虽然公交覆盖率并不高，但在各个组团中心公交线路仍相对密集（图 3-34）。

图 3-33　2006 年顺德中心城区卫星图片
来源：Google Earth 地图

图 3-34　顺德主要交通枢纽与组
团中心的"耦合度"示意

2）遵义

（1）公交站点覆盖：2003 年底，遵义市公共交通客运公司共开设各类运营线路 26 条，城市公交线路总长达 281.75km。由于道路狭窄，等级偏低，能通机动车的道路有限，公交线网密度约为 1.37km/km²，与国标规定[①]有一定差距。但是，现状公交站点以 300m 和 500m 为服务半径，所覆盖的面积分别占城区用地面积（扣除江河、湖泊和山地面积）的 55％和 89％（图 3-35），基本满足国标规定，这主要与遵义中心城区带形发展模式有关。图 3-36 中南部用地因山体分割而与公交呈带状分布，但北部用地由于较平坦且完整，但由于路网较稀疏，使公交的覆盖率降低。

（2）用地形态：从遵义丁字口地区用地形态来看，由于均以依山而建，用地开发强度均较大，显示了较强的空间集聚性。

（3）就公交网络与城市空间的布局而言，丁字口南部地区由于带形分布的特点而显示了较好的适应性。整个用地被两山相夹，主要用地性质均为商业、办公和居住。有 18 条线路通过这一地区，使这里成为一个主要的交通枢纽点。

3）眉山

（1）公交站点覆盖：2003 年底，眉山市公共交通客运公司共开设城市公交线路 11 条，公交线路平均长度为 12.7km，线网密度约 2.3km/km²（图 3-37）。虽然建成区公交线网密度达到国标的最低要求，由于城市北部新区有不少道路没有通公交线路，公交线网

---

① 《城市道路交通规划设计规范》GB 50220—95 规定，公交线网密度在市中心应达到 3～4km/km²，在城市边缘地区应达到 2～2.5km/km²。

密度较低。现状公交站点以 300m 和 500m 为服务半径，所覆盖的面积分别占城区用地面积（扣除江河、湖泊和山地面积）的 70％ 和 95％ 左右，满足国标规定。这说明公共交通的发展有着良好的基础。

图 3-35　遵义中心城区公交网络示意图

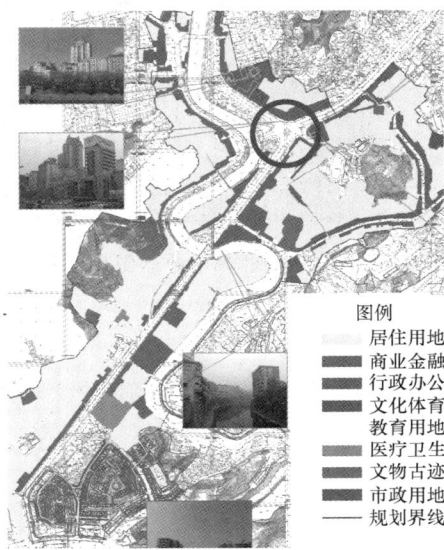

图 3-36　遵义丁字口地区用地情况示意

（2）用地形态：老城区用地整体相对密集，显示其用地集聚性较高。但北部新区路网间距较大、用地较规整、建筑密度较低，相应的集聚性不高（图 3-38）。

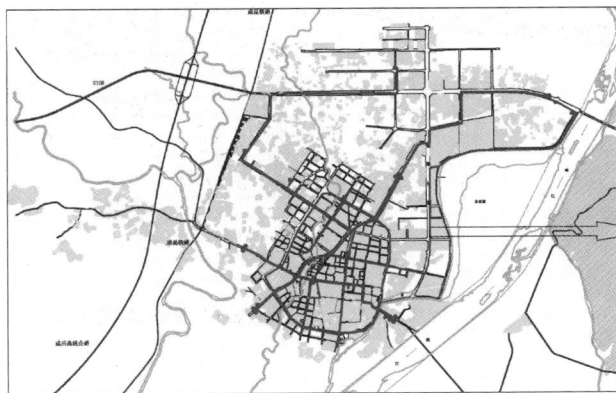

图 3-37　眉山中心城区公交网络示意

图 3-38　眉山老城区用地情况示意

（3）就公交与城市空间布局而言，南部老城区显示了较好的耦合度，但北部新区由于行政办公用地较多而配套较少，使公交发展缺乏积极性。

4）邯郸

（1）公交站点覆盖：截至 2001 年邯郸主城区主干路公交线网覆盖率已达 88.9％，次干路

图 3-39　邯郸中心区卫星图片

来源：google earth 地图

公交线网覆盖率已达 42.9%，主干路公交线网密度 1.06km/km²，次干路公交线网密度 0.19km/km²，这为邯郸的公交发展打下了很好的基础。

（2）用地形态：整体用地平面布局较为规整，这与其方格网道路格局密切相关。从城市用地空间形态来看，除了核心节点地区开发强度较高以外，其他地区并没有很明显的空间集聚现象，反映了城市用地空间布局的"均质化"（图 3-39）。

（3）就公交与城市空间结构与用地布局来看，在中间"十字形"交叉口周边形成了城市的中心，所以这里也是公交较为集中的地段（图 3-40、图 3-41）。

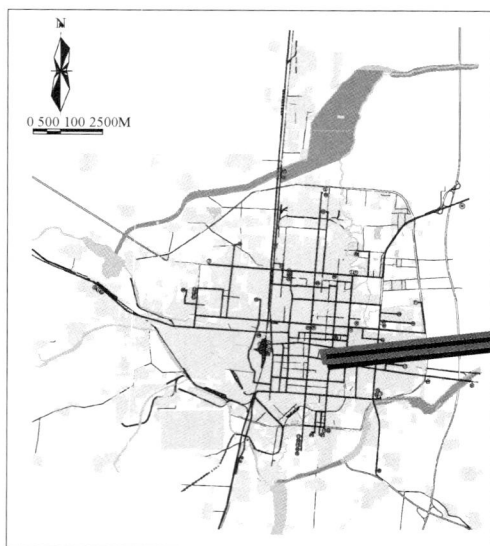

图 3-40　邯郸主城区公交网络示意

图 3-41　邯郸主城区用地情况示意

3.4.2　交通结构与相关特征分析

1. 现状交通方式结构对比

根据四个城市交通调查的资料整理，其相应的全日出行方式构成和路网等级结构见表 3-14。

四个城市居民全日出行方式构成比例　　　　　表 3-14

城市	市区人口（万人）	调查年份	平均出行距离（km）	平均出行时耗（min）	出行方式比例（%）								
					公共汽车（含单位车）	出租车	摩托车（含搭乘）	小汽车	其他机动车	自行车	助动车	其他非机动车	步行
顺德	69.9	2005	3.2	17.11	3.8	1.1	50.6	9.0	—	14.9	—	—	19.5
遵义	64.3	2004	2.83	23.07	29.8	1.4	1.2	0.8	0.4	0.7	—	0.1	65.6
眉山	82.26	2004	3	18.38	11.36	2.32	5.89	5.57	1.15	21.47	0.88	2.57	48.80
邯郸	133.1	2001	4～5	18.5	5.62	1.56	5.57	3.22	0.60	45.81	—	1.33	36.30

结合城市地形、经济发达程度和空间的特征，可以对各城市交通结构作一个解释：

（1）顺德中心城区居民的主要交通方式是摩托车、步行、骑自行车、小汽车。其中，摩托车出行比例非常高，占 50.6%，超过一半；而自行车和步行方式比例与其他城市相比较低，不超过 20%。由于组团结构的特点，其平均出行距离仅为 3.2km，但如此高的机动化出行比重显然与其经济发达的程度密切相关。当然，相对较低的人口密度也为私人机动化的发展提供了基础。

（2）遵义居民全日平均出行距离为 2.83km，这与其中心城区中主城区相对紧凑、集中化的土地使用模式密切相关（其人均建设用地面积仅为 70m²/人），因此，步行方式比重较高，达 65.6%；同时，由于山地组团结构的特点，相对较低的收入水平使更多的出行者倾向于采用公交出行，使公交出行比重达到 29.8%。

（3）眉山市居民的上班上学平均出行距离是 3km，出行距离小于等于 5km 的占调查总量的 88%，其步行、自行车、公交出行比重相对较高。显然，出行距离短并不能解释公交出行比重较高的原因。但是公交在布局上与城市用地相结合的优势促使更多的人乐于使用公交出行。

（4）邯郸市主城区居民出行距离主要集中在 4～5km 范围内，其步行、自行车比重较高，但公交、摩托车、小汽车的比重均较低。这里需要提出疑问的是：为何公交覆盖率较高，但出行比重仍然不高？这需要对城市道路网的指标、道路负荷度、公交运营情况作进一步对比。

2. 城市路网现状特征

1）城市道路网基本指标（表 3-15）

四个城市道路网基本指标　　　　　表 3-15

	快速路网密度（km/km²）	主次干路网密度（km/km²）	支路网密度（km/km²）	人均道路面积（m²）	道路面积率（%）	城市人口（万人）
顺德中心城区	0.2	2.15	1.90	15.82	12.39	69.9

	快速路网密度 （km/km²）	主次干路网密度 （km/km²）	支路网密度 （km/km²）	人均道路面积 （m²）	道路面积率 （%）	城市人口 （万人）
遵义中心城区	0.32	2.02	0.50	4.25	6.65	64.3
眉山市区	—	3.10	1.44	13.74	14.37	19.5
邯郸主城区	—	2.2	2.1	4.1	4.28	133.1

2）道路负荷度（图 3-42）

顺德

遵义

图列
<0.5
0.5~0.8
0.8~1.0
>1.0
支路
铁路

<0.5
0.5~0.8
0.8~1.0
>1.0

眉山

邯郸

1.0~2.0km/h
2.0~3.0km/h
3.0~4.0km/h

图 3-42　四个城市道路网饱和度示意

注：由于邯郸缺路网饱和度图，用道路车速图近似代替

（1）顺德：由于过境交通穿城比重较大，如龙洲路（三善大桥）、龙洲公路、广珠路（细滘大桥）出入口进口的过境交通所占比例较高，约为 50%～60%。使主要的南北向过境交通道路负荷度较大。相对而言，除个别道路以外，各组团内部道路交通负荷度均不大。

（2）遵义：目前的交通拥堵主要集中在老城片区和以丁字口为中心的放射型道路上，汇川片区道路和城市外围道路相对比较畅通，这主要是城区路网布局不合理造成的。

（3）眉山：被调查的 47 个路段分布在 37 条城市主要道路上，机动车负荷度大于 1.0 的道路有 1 条，为现状 103 道；负荷度为 0.8～1.0 的路段主要集中在沙縠巷北段、赤壁东路、大北街、诗书路北段等道路上；负荷度在 0.6～0.8 的路段为桐花巷、三苏路、诗书路中段、小北街、正西街、沙縠南段、苏湖路、大南街、下大南街等，其他负荷度皆小于 0.6。由此可见，眉山市目前的交通很畅通，出现拥堵的路段非常少。

（4）邯郸：城市主要路段上交通较为拥堵，在主要交叉口的交通延误达 60～120s 左右，显示主要道路服务水平较差。

四个城市道路网、道路负荷与土地使用现状的对比说明：

（1）顺德较高的路网密度保证了小汽车的顺畅出行，但是随着小汽车拥有量的进一步提高，继续提高到路网密度将变得更为艰难，这实际上在促使我们用公交的发展替代小汽车为主的出行方式。鉴于目前顺德城市用地结构的"均质化"特征，进一步提高用地的"集聚化"发展将会进一步鼓励面向公交的出行。

（2）遵义较低的路网密度决定了公交发展必须成为主体，否则就会对城市道路交通的运行产生较大影响。由于人口密度和开发密度较大的原因，城市向外围组团的拓展将是更为明智的选择。

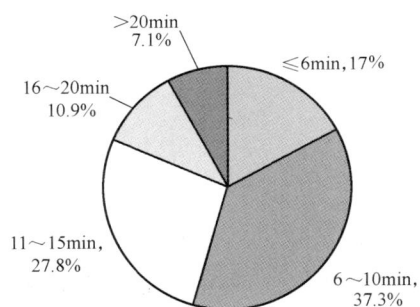

图 3-43　候车时间分布图

（3）眉山目前的交通状况良好，路网密度也较高，为私人机动化的发展留下了余地。但是，目前北部新区的发展由于缺少配套，无法在短期内集聚起满足公交发展的客流基础，由此会进一步促进新区和老城区之间的私人机动化出行，并会对城市整体的交通运行产生影响。因此，加快新区的设施配套将有效缓解这一矛盾。

（4）邯郸人们选择自行车和步行方式出行的主要原因在于主要道路的拥堵状况，以及"均质化"的用地发展难以支撑起公共交通的发展。因此提高用地的"集聚化"将会有效改善交通出行的状况。

3. 公交运营情况对比

各城市公共交通运营情况如下：

1）顺德

根据"顺德交通管理基础数据库"提供的资料显示，顺德中心区公交在早高峰时段的平均车速为 22.5km/h，晚高峰时段的平均车速为 24.9km/h，速度较高使公交具备了一定的竞争优势；但从发车频率来看，确保在 15min 内发一班车的只有 6 条公交线路，仅占了一半。而超过 30min 发一班车的公交路线就有 2 条。而目前顺德中心区平均等车时间为 11.2min，等车时间大于 10min 的占到了总量的 45.8%（图 3-43）。等车时间长，主要是由于公交车发车频率低大大降低了公交的竞争力。

2）遵义

遵义市公共汽车线路发车间隔在 3～5min 左右的居多，10min 和 10min 以上的有 19 路和 21 路。从发车频率来说，遵义市的公共汽车有相当的吸引力；其公共汽车的加权平均运营速度为 16km/h。老城区的速度比较低，约 9～15km/h 左右，城郊的车速较快，最高能达到21.6km/h。从整体上说，遵义市的公交运营车速较慢，影响了公交车的竞争力。

3）眉山

眉山市公共汽车线路发车间隔在 4～5min 左右的居多，10min 和 10min 以上的有 1 路、4 路和 13 路。加权后得到眉山市公共汽车的平均发车间隔为 5.2min。此外，其加权平均公共汽车的平均运营速度为 22.4km/h。在老城区的速度比较低，约 15～19km/h 左右，城郊的车速较快，最高能达到 31km/h。从整体上说，眉山市的公交运营车速很快，使得公交车很有竞争力。

4）邯郸

道路环境不良，城市交通拥堵现象日益严重，主干路缺少公交优先保障措施，公交车辆平均时速低于 20km/h。

上述相关特征可以汇总成表 3-16。

3.4.3　四城市相关特征的交叉对比

以上述相关特征为基础，可在不同城市间展开对比，重点针对地形条件、经济条件、城市规模、空间结构布局和用地形态特征的不同找出各城市主导交通方式发展的原因，并对城市空间结构发展过程中的公共交通、步行和自行车等方式的发展提供建议。

1. 顺德、遵义

顺德与遵义两个城市虽同为多中心组团城市，但是在经济发展程度、地形条件、用地形态、人口密度等方面存在较大差异，这些差异使公共交通的使用表现出明显的不同。

四个城市的相关特征对比

表 3-16

城市	调查年份	总人口（万）	建成区面积（km²）	人均国民生产总值（元）	空间结构	地形条件	用地形态	人均建设用地面积（m²/人）	人口密度（万人/km²）	公交覆盖率	公交与组团的耦合度	出行距离（km）	公交方式比重（%）	摩托车方式比重（%）	小汽车方式比重（%）	自行车方式比重（%）	步行方式比重（%）	平均出行时耗（分钟）	路网密度（km/km²）	公交运营效率	道路运行情况
顺德中心城区	2005	69.9	89.28	45663	多中心组团	较平坦、有河流流分隔	均质	127.7	0.78	低	低	3.2	3.8	50.6	9.0	14.9	19.5	17.11	4.25	低	过境交通拥堵
遵义中心城区	2004	64.3	45	4207	多中心组团	被山体、河流、高速公路分离	集聚	70.0	1.43	高	较好	2.83	29.8	1.2	0.8	0.7	65.6	23.07	2.84	较高	主要路段拥堵
眉山中心城区	2004	19.5	18.65	5983	单中心	地形平坦，被铁路、河流东西围合	集聚	95.6	1.05	高	较好	3	11.36	5.89	5.57	21.47	48.80	18.38	4.54	高	较好
邯郸主城区	2001	82.6	80	6468	单中心集中化	地形平坦，被铁路分隔	均质	97.0	1.03	高	低	4~5	5.62	5.57	3.22	45.81	36.30	18.5	4.3	低	主要路段拥堵

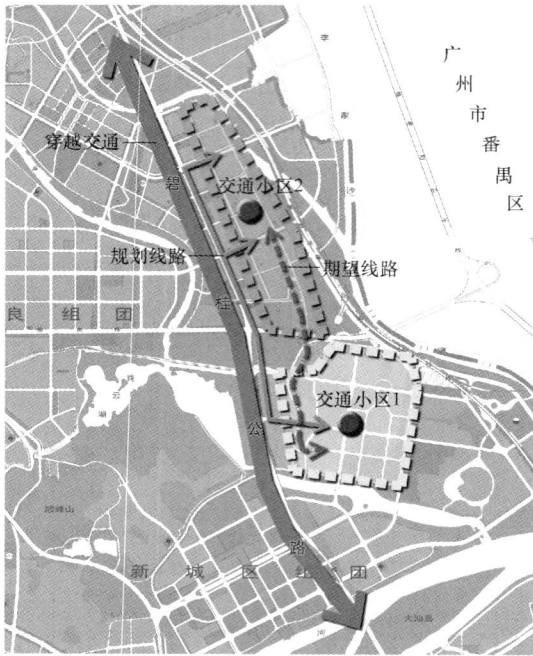

图 3-44　顺德城市用地的"葡萄串"布局

（1）顺德出于融入珠三角区域经济发展的目的，较强调区域交通的一体化，近年来较多的投入都放在区域大交通设施上。在强调大交通建设的同时，对各组团内部道路的建设则有所忽视。[①] 在这种情况下，城市空间用地布局都沿着主要交通干线分布，形成了很多孤立的"葡萄串"（图3-44）。虽然有一些大规模的居住区用地开发也配备了较为完善的服务设施，但是其依托主要交通干线封闭式发展的模式也给城市增加了一个个难以消除的"毒瘤"。虽然一些开发商推出了短驳公交的服务以方便人们出行，但相对较低的开发强度导致出行客流不足以支撑公共交通的发展，从而变相鼓励了私人机动化的发展。与此同时，均质化[②]和非集聚的用地空间布局使公共交通与城市组团中心在空间位置上的非耦合性也使公交难以吸引到足够多的客流，在这种情况下，公交企业出于经济效益的目的只能延长发车间隔，使利用公交的出行过程成为耗时较多的一种方式，从而失去竞争力。

因此，经济发达地区在多中心组团式发展过程中更应该注意强调组团内部用地的集约化，由此可促进组团的成熟，从而为公共交通的发展提供客流。同时，在组团中心布局上应尽可能地与公共交通相耦合，这是促使人们大量使用公交的重要保障。应通过公共交通服务水平的提高来吸引客流。对跨组团交通来说，目前以私人机动化为主的模式无疑对主要过境交通道路和跨组团联系通道的交通拥堵有着直接的责任，促使这部分小汽车使用人群向公共交通的转化将大大缓解交通拥堵状况。鉴于已经形成的私人机动化难以逆转，仅仅强调利用公共交通的发展来加以替代是难以解决的，这需要更多对私人机动化方式的限制措施来实现。

（2）遵义是明显的山地组团结构城市，居民全日平均出行距离为2.83km，这与其中心城区中主城区相对紧凑、集中化的土地使用模式密切相关（其人均建设用地面积仅为

---

① 　顺德区近年来逐步改善了105国道、碧桂公路、南国路等主要快速路及沿线主要节点以提高过境交通通行能力，同时随着广珠西线高速公路二期、珠二环南环顺德段、广珠城际轨道交通顺德段、东新高速顺德五沙段、佛开高速扩建顺德段、一环东段南延伸线等项目的开工建设，逐步加强了与周围地区主干道路的连接，初步构筑起快速交通网络系统，并在人流、物流、信息流等方面加速与广佛都市圈和珠三角经济区的融合。

② 　"均质化"实际上就反映了公交与城市用地的"非耦合"。

70m²/人），因此，步行方式比重较高，达 65.6％；同时，由于山地组团结构的特点，相对较低的收入水平使更多的出行者倾向于采用公交出行，使公交出行比重达到 29.8％。由于交通设施相对落后，城市向外的辐射力度不大，除中心城区组团以外，其他组团功能还不完善。由于主城区平均人口密度较高，达到 1.4 万人/km²，由此也带来了其他方面的负面影响，如交通环境、居住环境都较差，向外疏解就成了必然的选择，但是外围其他组团发育的不完善往往难以吸引老城居民外迁。因此，遵义应加强跨组团交通的发展，以引导城市向外围组团的有序扩张，尤其是在跨组团交通方式上，应强调以公交为主导的发展，在近期建设中就应该在道路断面设计上有所体现。

2. 遵义、眉山、邯郸

这三个城市经济水平都不太发达。其中，眉山和遵义两城市公交服务水平和分担率均较高，其原因在于用地的"集聚化"；而邯郸则明显由于用地的"均质化"使公交难以获得足够支撑。

3. 邯郸、眉山

邯郸与眉山在城市规模上存在较大的差异，邯郸的出行距离为 4～5km。应该说非常适合公交发展，而且公共交通站点的覆盖率也较高，但是由于公交运营效率低下，使公交缺乏竞争力。同时，主要道路上交通拥堵（交叉口延误时间长），加上平原城市的特点，促使人们更多地选择采用自行车和步行方式出行。相比较而言，虽然眉山规模较小，非常适合步行和自行车方式出行。但通过老城区用地的相对集聚，也可以支撑起公交的发展。这也说明，小城市虽然对小汽车的发展有着更高的容允度，但是通过对用地布局的相对集聚也可以实现公共交通的发展。

4. 顺德、遵义、邯郸

顺德、遵义和邯郸虽同属大城市，在空间结构布局上则明显不同，加上其他相关特征的差异导致了这几个城市在公共交通发展上的不同结果。以顺德与邯郸对比，在用地形态上均表现出均质化特征，虽然邯郸公交站点的覆盖率相对顺德较高，但是由于公交运营效率较低的原因（来自于用地均质化的影响），这两个城市的公交分担率均较低。这说明，单纯强调公交站点的覆盖并不能提高公交的分担率。而遵义与邯郸的对比也可以说明其用地形态的集聚性是公交分担率较高的主要原因。

3.4.4　相关特征比对的结论

以上对四城市相关特征的分析可以得出一些基本结论：

（1）多中心组团式的发展模式虽然可以促进步行和自行车的出行，但是当组团功能分散且呈非集聚发展时，将难以吸引到足够的客流支撑公共交通的发展，在未加限制的情况下，会对私人机动化方式产生鼓励。因此，应加强对组团中心的集聚化发展，同时通过公交与组团中心的耦合以形成主要的客流集散点来支撑公共交通发展。

（2）在多中心组团式结构向外扩展的过程中，要培育一个新的增长点，离不开公共交通发展的引导和对新组团中心的用地发展集聚化控制。

（3）单中心结构的大城市要强化公共交通的发展，必须培育区级的中心以支撑公交的发展。

（4）在经济欠发达地区，公交方式更是因为便宜而成为服务大众的首选，其实现基础离不开用地的集聚化发展。

（5）小城市虽然出行距离短，通过用地的相对集聚，也可以为公共交通发展提供充足客源。

在我国当前的发展现状下，面向公共交通的发展有助于提高城市的机动性和全民的机动能力。需要指出，虽然在公交和城市空间结构和用地形态实现耦合的情况下，可以为公交发展提供足够的客流支撑并形成良性循环，但是在城市新的组团发展过程中，由于短期内很难获得足够的客流支撑，如何从制度上给公交发展提供支持就成为需要进一步研究的问题。

3.5　公交导向的土地使用模式规划和推进策略

前面的分析表明常规公交与城市空间结构之间存在着互动，强化面向常规公交的城市空间发展对于改善交通效率、提高机动化水平、完善对大众的服务、促进城市交通的以人为本具有积极意义。当前，除了已出台一系列鼓励优先发展公共交通的政策措施以外[1]，出于避免地方政府不顾自身财力盲目建设城轨交通项目的情况，国务院办公厅于 2003 年9 月发出了《国务院办公厅关于加强城市快速轨道交通建设管理的通知（国办发〔2003〕81 号）》文件，要求"发展城轨交通应当坚持量力而行、规范管理、稳步发展的方针，合理控制建设规模和发展速度，确保与城市经济发展水平相适应，防止盲目发展或过分超前"。经过十几年的发展，如今国内很多城市的人口和经济获得了长足发展，出于改善城市交通结构的目的，相当一部分的省会城市和发达地区的地级市均把轨道交通建设纳入计划，并取得了一定程度的建设成就。随着时间推移，越来越多的城市基于提升城市交通品质的考虑，强行把轨道交通建设纳入计划，使地方经济发展面临严重的债务危机。在此背

---

①　建设部在 2004 年第 38 号文件《建设部关于优先发展城市公共交通的意见》中就优先发展城市公共交通提出9 条意见；2006 年 12 月，国家四部委联合发文《关于优先发展城市公共交通若干经济政策的意见（建城〔2006〕288号）》，提出了优先发展城市公共交通的若干经济政策。

景下，国务院办公厅于 2018 年 6 月发布了《关于进一步加强城市轨道交通规划建设管理的意见》（国办发〔2018〕52 号）的文件。提出"量力而行，有序推进；因地制宜，经济适用；衔接协调，集约高效；严控风险，持续发展"的二十四字原则。同时，对适合发展地铁和轻轨的城市提出了新的基本要求：城市轨道交通系统，除有轨电车外均应纳入城市轨道交通建设规划并履行报批程序。地铁主要服务于城市中心城区和城市总体规划确定的重点地区，申报建设地铁的城市一般公共财政预算收入应在 300 亿元以上，地区生产总值在 3000 亿元以上，市区常住人口在 300 万人以上。引导轻轨有序发展，申报建设轻轨的城市一般公共财政预算收入应在 150 亿元以上，地区生产总值在 1500 亿元以上，市区常住人口在 150 万人以上。拟建地铁、轻轨线路初期客运强度分别不低于每日每公里 0.7 万人次、0.4 万人次，远期客流规模分别达到单向高峰小时 3 万人次以上、1 万人次以上。以上申报条件将根据经济社会发展情况按程序适时调整。这些政策为我国城市轨道交通的发展提出了新的门槛条件。因此，本节除了对面向常规公交的城市空间结构展开讨论以外，考虑到城市扩展的过程，也要对由常规公交导向的空间结构发展向以轨道交通为基础的空间结构发展过程展开讨论。

3.5.1　常规公交导向的城市土地使用模式

与轨道交通可以提供的大运量客流相比较，常规公交因容量与发车间隔的原因所能提供的客流服务能力较弱[①]。因此，在很多中小城市，其空间结构通常表现为单中心结构，但这种单中心结构仅表现在公共设施的单中心布置上，对开发强度的分布则不具备单中心特征，在很多城市外围地区一些新建住宅小区不少具有高强度开发特征，这也为利用常规公交的开发提供了基础。

面向常规公交的城市土地使用模式的基本思路如下：即在强调公交覆盖率的基础上，利用多条线路换乘点公交服务能力较大的有利条件，以相对较高的强度开发其周边步行 500m 范围以内的用地，促进更大的客流使用公交出行，减少在中小城市出现由于交通压力较小而导致对小汽车出行有更大容允度的可能。以下以一个 25 万人口规模城市的公交与土地使用一体化模式加以说明。

1. 公交线网布设

《城市道路交通规划设计规范》GB 50220—95 中对公交线网和站点覆盖率提出如下要求：在市中心区规划的公共交通线路网的密度，应达到 3～4km/km²；在城市边缘地区应

---

① 《城市道路交通规划设计规范》GB 50220—95 就指出，普通公共汽车在速度 16～25km/h、发车频次 60～90 车次/h 的情况下，其单向客运能力为 8～12 千人次/h。相比之下，中运量轨道交通可以达到 1.5～3 万人次/h，而大运量轨道交通其单向客流至少可达到 3 万人次/h 以上。

达到 $2 \sim 2.5 km/km^2$；公共交通车站服务面积，以 $300m$ 半径计算，不得小于城市用地面积的 50%；以 $500m$ 半径计算，不得小于 90%。

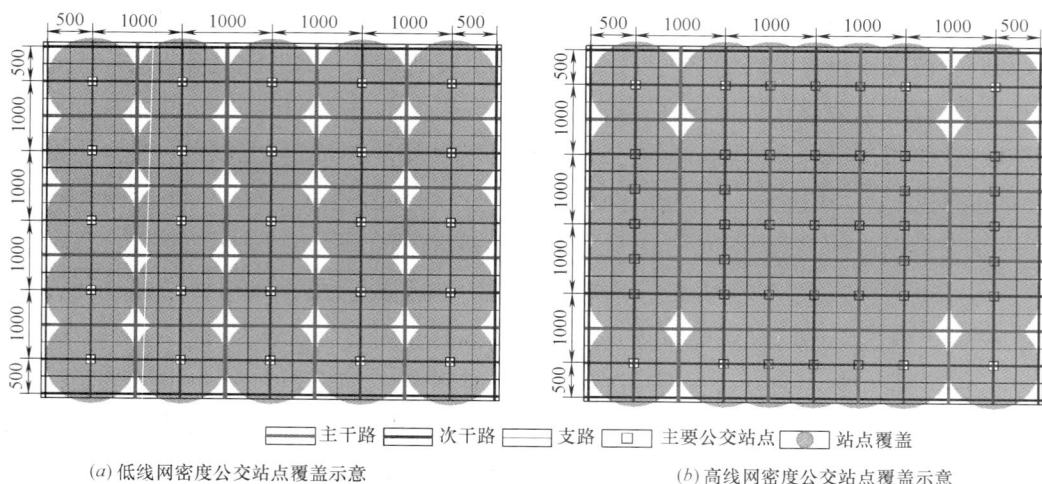

主干路　次干路　支路　□ 主要公交站点　站点覆盖

(a) 低线网密度公交站点覆盖示意　　　(b) 高线网密度公交站点覆盖示意

图 3-45　不同线网密度下的公交站点覆盖示意图

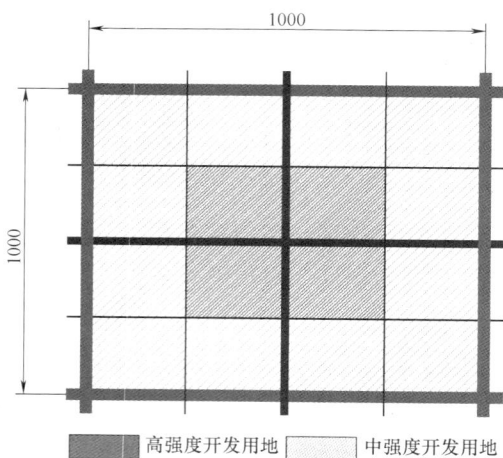

高强度开发用地　中强度开发用地

图 3-46　面向常规公交枢纽点的基本用地单元

公交线网分布：按照规范中确定的中心区公交线网 $3 \sim 4km/km^2$ 的标准，实际上要求公交线路间距在 $500 \sim 666m$ 之间，而城市边缘区公交线路间距应在 $800 \sim 1000m$ 之间。图 3-45 是按照城市边缘区横向 $1000m$、纵向 $1000m$ 的间距，以道路交叉口为中心布局公交站点，按照 $500m$ 服务半径所显示的公交覆盖率。其中，低密度状态下公交线网密度为 $2km/km^2$。很显然，如果在中心区再加大公交线网和站点密度，其 $500m$ 半径站点覆盖率肯定可以超过 90%，高密度状态下公交线网密度为 $2.8km/km^2$。这说明城市中心区的公交线网密度必须要增加才可满足规范的要求。

2. 基本用地单元

为便于模拟，先要确定一个"基本用地单元"的范围。

首先，可以确定主要交通换乘枢纽点的影响范围，按照步行距离计算，其适合的影响范围为 $1000m \times 1000m$（$100hm^2$）的矩形街区，其中包含 16 个小的街坊，每个 $250m \times 250m$（$6.25hm^2$）。以站点周边 $500m \times 500m$ 范围为核心区，其余为外围区，可以建立起一个围绕常规公交换乘枢纽点的"基本用地单元"（图 3-46）。

该基本单元中，核心区为高强度开发用地，用地面积 25 hm²；外围区为中强度开发用地，用地面积 75 hm²。假设核心区的毛容积率为 1.5，且至少有 40% 建筑面积为公共设施，其余为住宅；外围区毛容积率为 1，其中 20% 为公共设施，其余为住宅；每户 3 人，户均建筑面积 100 m²，计算如下：

（1）核心区住宅建筑面积＝25×0.6×1.5×10000＝22.5 万 m²。

（2）外围区住宅建筑面积＝75×0.8×10000＝60 万 m²。

（3）基本用地单元内的总住宅建筑面积＝22.5＋60＝82.5 万 m²。

（4）基本用地单元内的居住人口＝825000/100×3＝24750 人。

（5）此外，按照每万人 6000 个岗位毛估，则此基本用地单元内可提供 1.485 万个岗位，可以认为会有相应数量的吸引量。

（6）通过对一些城市交通调查数据的分析，通常人均日出行次数约在 2～3.5 之间，但从小城市到大城市呈递减趋势[1]，假定该"基本用地单元"中人均日出行次数为 3.0 次，则全日出行量就为 74250 次。

（7）上述两项相加则全日吸发总量为 89100 次。

（8）按照本区内有 60% 的人口就地上下班、40% 去其他区工作计算，则本区内发生的全日长距离出行量为 89100×0.4＝35640 次。

（9）要强调面向公交的布局，在这些出行总量中通常至少应该达到 15%～20% 左右的公交出行比重；[2] 如以 20% 的公交分担率、且以高峰小时出行占全日总出行量的 10% 计算，则"基本用地单元"中高峰小时公交出行量为 713 人次；要在高峰时间 1h 内解决 713 人次的公交出行，这就对"基本用地单元"核心区换乘枢纽站的线路配置提出了要求。

以一辆常规公交车分析，在每个基本交通单元枢纽站可上 15 人（这里不包括首末站），如高峰时间 5min 发一班，则高峰小时可发 12 班，按照线路双向运行来计算，这样一条线路高峰小时在每个"基本用地单元"枢纽站可运送 360 位乘客。按照上述假设，需要 2 条线路才可以完成任务。当然，上述假设前提有很大变数，但无论如何，在"基本用地单元"中的公交换乘枢纽站通常都应该有 2～3 条以上公交线路通过，这样才可以满足基本单元中的公交出行需求。

从这一模拟计算的结果可知，该"基本用地单元"的顺畅运转取决于公交系统运量和发车频率。在 2～3 条公交线和 5min 发车频率的情况下，才可以保障小城市中心区"基本用地单元"的顺利运转。从前面对四个城市公共交通发展情况的介绍中可知，眉山的部分

---

① 相对而言，小城市因出行距离短而更多采用步行和自行车方式。

② 因为除了面向公交布局的基本单元，在城市其他区域的用地布局与公交的结合相对就会弱一些，因此在其他区域利用公交出行的比重可能会更少。但平均下来，在如此规模的城市中，仍应该保证城市交通出行结构中公交出行应占到 15% 以上。

线路可以达到这一要求。但是，在一些小城市边缘地区，很难会有2～3条线路可以经过，这就要求根据城市规模和城市不同区域对"基本用地单元"布局进行适当变异。

按照上述方法，可以对"基本用地单元"中不同区域、不同开发强度的用地发展模式进行分析，并可初步建立起相互反馈的关系（表3-17）。

"基本用地单元"用地开发与公交线路布局的相关性　　表 3-17

	模式 1				模式 2				模式 3			
	城市中心		外围地区		城市中心		外围地区		城市中心		外围地区	
	外围区	核心区	外围区	核心区	外围区	核心区	外围区	核心区	外围区	核心区	外围区	核心区
用地面积（hm²）	75	25	75	25	75	25	75	25	75	25	75	25
开发强度（万 m²/hm²）	1	1.5	0.6	1	1.5	2.5	1	1.5	2.5	4	1.5	2.5
公建比例（%）	20	40	10	30	20	40	10	30	30	50	15	30
住宅建筑比例（%）	80	60	90	70	80	60	90	70	70	50	85	70
公共建筑面积（m²）	150000	150000	45000	75000	225000	250000	75000	112500	562500	500000	168750	187500
住宅建筑面积（m²）	600000	225000	405000	175000	900000	375000	675000	262500	1312500	500000	956250	437500
人口	18000	6750	12150	5250	27000	11250	20250	7875	39375	15000	28687.5	13125
人口密度（万人/km²）	2.4	2.7	1.62	2.1	3.6	4.5	2.7	3.15	5.25	6	3.825	5.25
日出发量（次）	54000	20250	36450	15750	81000	33750	60750	23625	118125	45000	86062.5	39375
日吸引量（次）	10800	4050	7290	3150	16200	6750	12150	4725	23625	9000	17212.5	7875
日吸发总量（次）	64800	24300	43740	18900	97200	40500	72900	28350	141750	54000	103275	47250
日跨区出行量（次）	25920	9720	17496	7560	38880	16200	29160	11340	56700	21600	41310	18900
公交分担率（%）	20	20	15	15	25	25	20	20	30	30	25	25
高峰小时公交出行量（次）	518.4	194.4	262.44	113.4	972	405	583.2	226.8	1701	648	1032.75	472.5
公交线路条数	2～3		1～2		4～5		2～3		6～7		4～5	

从上表可以看出，随着用地开发强度的逐渐加大，所需的公交线路也在逐渐增多，这种趋势让我们在城市用地的布局中对交通设施系统的配置有了更多的认识。当在道路条件不具备配置更多公交线路时，对用地开发的强度就应该有所控制。

3. 用地布局模式

在明确了"基本用地单元"结构的前提下，我们就可以对公交与整体的空间布局结构进行讨论。

以 25 万人口、25km² 用地计算，一般规定的居住用地应占到总用地的 25%~40%，而通常公共设施都占到了总用地的 8%左右，这两类设施通常都可以结合在一起。在这种规模的城市中，至少需要 5~6 个以居住和公共设施为主的"基本用地单元"，这样基本会有 10 万~12 万左右的人口更容易接近公交，这对从整体上提升公交出行比重相当重要。

就公共设施而言，其中至少一半的用地都应该布局在"基本用地单元"中，其余部分则可以分散在其他用地中。当然对工业、体育、文化等类型的用地来说，由于这些都是交通吸引源且需要较大用地，因此其布局模式仍可按照"基本用地单元"的结构展开。

（1）一般这种规模的城市都为单中心结构，随着空间结构的不断向外围推进，轴向发展特征会逐渐明显，公共交通也可以随之向外围跟进发展。在图 3-47 中 A、B、C 三种模式下，公交线网密度分别可达到 2km/km²、2.8km/km²、3.6km/km²，可形成较好的公交与城市空间结构协调发展的格局。

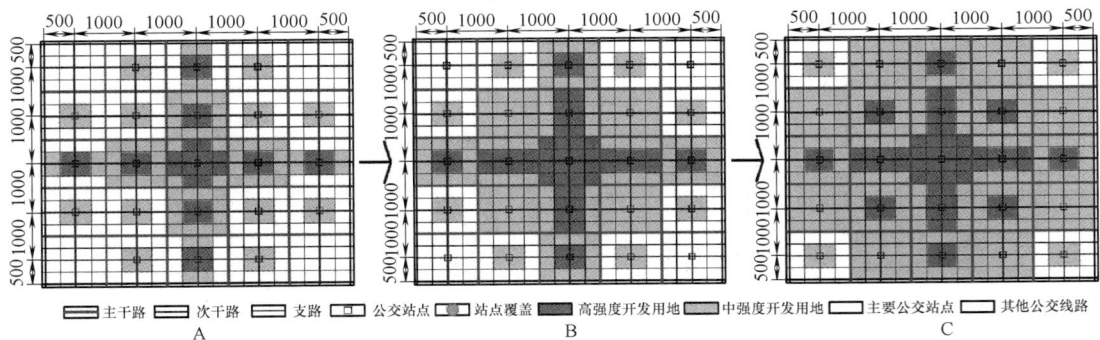

图 3-47　单中心城市的空间结构发展阶段示意

（2）随着城市的进一步集聚发展，城市中心吸引力会进一步增强，且城市会进一步加强与周边城市的联系。此时的城市发展可能会突破原有范畴，并在某些方向上形成轴向发展态势，同时原有范围内的用地强度会进一步加大（图 3-48）。

用地开发强度的加大意味着出行人口的增加，此时对公交发展提供了更为有利的条件，因此，需要进一步增加公交线网密度。而公交线网密度的进一步增加更会刺激面向公交的用地发展（图 3-49）。实际上，在这种模式下，城市结构因公交的发展而得到强化，因此对周边的吸引力会更大。并且，城市的公共服务设施会得到进一步加强，轴向发展趋

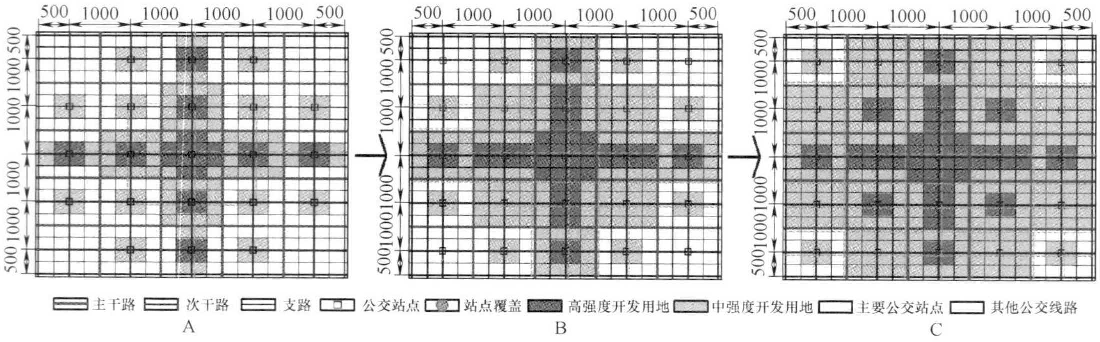

图 3-48 单中心城市的空间结构与公交发展阶段示意

势会更为明显，但同时也意味着城市与周边地区的联系会得到加强。

3.5.2 常规公交导向土地使用模式的进一步发展

随着城市规模的扩张，城市沿主要交通轴线发展的态势会更加明显。这时候，在轴线上会形成主要的交通走廊，在城市规模较大时，可形成主要的客流通道，这有利于快速公交的形成。如果利用快速公交的引导作用，将会对城市空间的扩张产生良好的诱导作用。这时候，城市沿轴线向外围的扩张会形成如"串珠状"的高密度发展的空间布局（图 3-50）。但是，由于中心区配套完善、向心引力巨大，轴向发展模式中外围的小组团仍离不开城市中心区的支持。当然，轴线上的组团也需要配置一定的服务设施，以满足基本的生活需求。

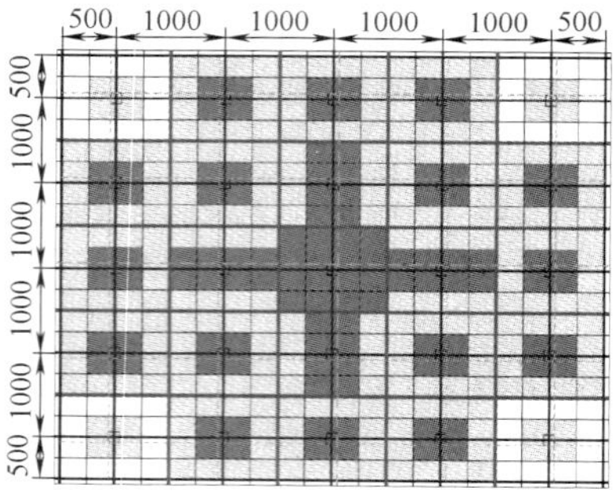

图 3-49 单中心城市的进一步发展

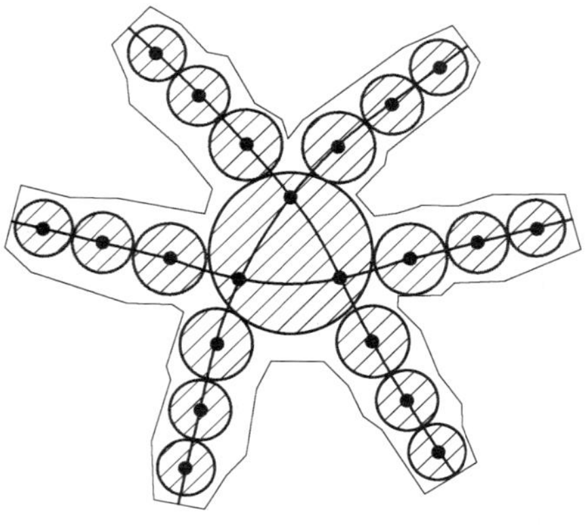

图 3-50 轴向发展城市空间与快速交通线网图示

来源：边经卫. 中国大城市空间发展与轨道交通互动关系研究［D］. 上海：同济大学，2005（6）

轴向发展模式的进一步发展会形成组团式多中心城市格局。由于规模较大的原因，此时轨道交通和快速公交就会成为发展的主体。就多中心城市的发展，边经卫（2005）指出："应该利用快速交通线（包括轨道交通和快速公交）将中心组团与周边组团相连接，从而大幅度改善中心组团与周边组团之间的交通条件，形成'同城效应'。进而通过公共设施的配套完善使周边组团逐渐发展成为城市副中心，以完善的生活与居住条件，增加各组团的凝聚力与向心力，并形成面向公共交通的多中心布局结构。"同时，由于多中心组团城市的快速交通线网通常以放射网状结构为主，以方便中心组团与周边组团的交通联系，可根据组团间的交通流量确定采用何种快速交通方式（图 3-51）。

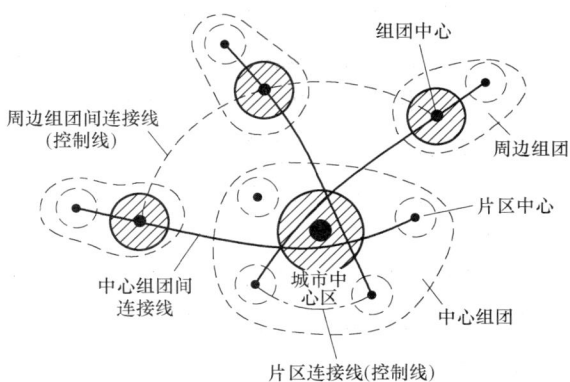

图 3-51 组团城市快速交通线网结构

3.5.3 规划的推进策略

面向公共交通的发展需要采取循序渐进的措施，通过交通与城市用地的"交互式"发展加以推动，同时发挥公共交通方式对城市空间结构的引导性作用。

1. 强化对交通方式的引导

由于城市空间结构特征各异，各种交通方式承担的分担率也不一样，同时交通方式能够引导城市空间扩张和城市形态的变化，因此有必要对不同交通方式采取差异性的引导。主要体现为三大原则：优先发展公共交通，鼓励使用慢行交通和限制使用个体机动交通，在此原则上因地制宜结合各类城市的实际需求制定绿色交通发展模式。

单中心圈层城市需要建立起两个层级绿色交通体系，第一层级是常规公共交通，第二层级是衔接公共交通的慢行交通（此处仅对本书的案例而言，对规模较大的单中心城市而言则可能会有差别）。对于多中心组团城市需要建立三个层级绿色交通体系，第一层级是中、远距离为主，快速、大运量的城市级公共交通，第二层级是组团级公共交通，第三层级是衔接公共交通的慢行交通。

1）优先发展公共交通

城市发展的理想状态都是公共交通主导，然而各类城市在城市形态和道路交通网络上对公共交通的适应性和承载力是有差别的。

单中心圈层城市大多是"棋盘（或环形＋放射）"式路网结构，公交线路的选取和组合不固定以及涉及因素较多，公交站点的选取会复杂很多，同时"公交＋慢行"的组合会强化其与个体机动化方式的竞争力。

线性带形组团城市由于是"鱼骨状"路网结构，道路的层级性明晰，交通流向和强度均匀分布，具有很好的开敞空间和纵向扩展空间，公共交通可以沿轴线布置，对发展公共交通体系提供了相当有利的条件，尤其是大中运量快速交通，如地铁和 BRT。

非线性多中心组团城市中组团内部功能的完善与"职住均衡"相当重要，否则会造成巨大的通勤交通量，形成高峰集中、流线清晰的交通流，特别容易导致组团之间联系通道的交通阻塞。由于分隔各组团的大多为自然环境要素，如河流、山体等，后天可开发性受限，城市的总体运行效率取决于组团内部和组团之间是否拥有高效的交通廊道。在组团联系通道有限的前提下，发展大中运量快速交通是毋庸置疑的，同时要优化常规公共线路和站点设置，逐步提高覆盖率、准点率和运行速度，改善公共交通通达性和便捷性。

2）鼓励使用慢行交通

各类城市都在主张积极发展绿色交通，充分发挥慢行交通的优势，慢行交通出行方式尽管在近几年有下降的趋势，由于在短距离出行具有绝对性优势，且作为解决"最后一公里"的重要手段，不少城市开始意识到慢行交通方式的重要性，开展慢行交通系统规划，发展公共自行车，如 ofo、摩拜单车等。在规划中要保障短距离出行中慢行交通的绝对主导地位，创造适宜的出行环境。

单中心圈层城市由于城市尺度适宜，大多城市居民会通过步行和自行车完成交通出行，慢行交通在城市交通结构中占有很大的比重。在线性带形组团城市、非线性多中心组团城市中，自行车可有效承担组团内部中短距离的交通出行，以及承接轨道交通和公共交通"最后一公里"的接驳，同时也要防范电动自行车的"超级路权"泛滥，引导居民往步行、自行车或者公共交通转移。

3）限制使用个体机动交通

单中心圈层城市由于公共体系的不完善，部分使用人群向小汽车出行转移，同时由于路网格局对小汽车的包容性相对较大，导致这类城市中小汽车有较高分担率，甚至可能会超过公共交通比重。线性带形组团城市和非线性多中心组团城市中交通行为包括组团内和组团间交通，由于组团间联系通道是有限的，如果对小汽车不采取限制使用措施，城市的拥堵状况会日益严重。

需要指出，前述的量化分析都是建立在一定的限制条件基础上，如空间构成要素（包括用地类型与强度）稳定、道路网络系统完整（以 250m 的道路间距计，路网密度达到了 8km/km^2 以上）、居民出行的时空分布比较稳固。在实际的城市模型中，往往都存在着组团与用地布局、路网系统的结构性失衡，这意味着事实上的交通拥堵与交通结构的恶化程度更甚于本书的量化分析结果，也从另一个方面揭示了我们的城市发展绿色交通的迫切性。当然，在此种动态发展过程中，我们也应该看到城市发展绿色交通面临着更多的机遇：即通过完善城市组团功能布局，加强自主平衡能力，缩短职住通勤距离，以降低对长距离快速交通方式的依赖，增加慢行方式系统供给。从这一角度出发所进行的调整，正反映了城市空间要素的改善对绿色交通模式的反馈，也是我国城市发展绿色交通需要持续努力的方向。

2. 推动交通与城市用地的"交互式"发展

（1）在发展的初期，通常主要采用常规公交作为主导运输工具，为保证公交的吸引力，要在公交运行上提供优先，通过对公交运营效率的提高来实现。

（2）在城市沿轴线发展的过程中，需要对主要发展轴线进行控制，初期可考虑设置公交专用道以提高常规公交的运行效率，同时可考虑增加发车频率以提高运量，这样可以避免快速公交（或轨道交通）的大量投资。只有在形成了固定的客流时，才可以根据长远需求考虑采用快速公交或轨道交通。

当然，在常规公交向快速公交（或轨道交通）转化的过程中，需要注意应避免由这种转化而造成对一部分人群出行的不便。如 2008 年 1 月上海地铁 6 号线在开通之际，为保证地铁客流，773、936、968 等一批原本与 6 号线部分共线的公交车相继取消、缩线或改道。由于 6 号线刚刚开通、运营间隔时间相对较长，使一部分客流无法乘车。

（3）在城市新区和老区应采取不同的规划对策。在新区，"基本用地单元"推进的阻力会较小，重要的是需要通过用地与公交的"交互式"发展协调推进；在老城区可能会由于道路和用地条件的限制而形成阻力，这需要通过逐步的改造加以实现。尤其是在道路条件不具备时可以采取一些独特的措施，如可考虑通过一些交通分流措施把其他交通先行分流，再把分流后的道路给公交优先使用。

（4）对城市主要公交发展轴线来说，为了减少未来发展过程中主导公交方式可能的更替所带来的麻烦，必须在规划过程中对未来的方式更替留有余地。具体来说，就是要保证主要公交轴线的断面宽度，通常至少双向 6 车道，同时，中间要预留至少 3m 的绿化分隔带，以便远期客流过大时可把中间的两个车道改建为快速公交专用道，利用原有中央分隔带可设置路中站。

3.6　小结

基于绿色出行的公共交通与空间布局模式的协调发展是城市交通"以人为本"的重要基础。本章研究了城市规模、地形条件、经济发达程度、空间布局对交通结构的影响，在对有关理论和实践充分认识的基础上，分析了单中心圈层城市、线性带形城市、非线性带形城市等三类城市空间结构与交通发展模式的适应性机制，结合对顺德、遵义、眉山和邯郸四个城市空间结构、交通结构及相关交通特征的整合分析，提出了基于"基本用地单元"的公交导向的土地使用模式规划方法，并对其推进策略进行了讨论。要提高公共交通的分担率，仅仅强调公共交通的覆盖率还不够，必须加强城市空间和形态的"相对集聚"，以形成可以支撑公共交通发展的客流基础，这一点对不同规模、空间结构、经济发展水平和地形条件的城市来说都具有相同的意义。

第 4 章　城市交通系统与功能街区建设

城市街区在某种程度上也是城市功能区，其发展离不开周边交通设施的支撑。当周边交通设施非常发达时，就会增强功能街区的吸引力并促进城市街区功能的进一步拓展，而周边交通设施不发达时，就会导致功能街区逐步被边缘化，因此，促进功能街区与交通系统的协调发展对提高城市功能街区的可达性、促进交通公平、实现以人为本的功能街区发展有着重要作用。

4.1　城市街区的内涵与属性

4.1.1　发展与内涵

城市街区的发展经历了传统与现代两个截然不同的发展理念时期。传统的街区是基于人的活动自发形成的，它一般表现为小尺度、高密度、多交叉口，威尼斯和巴黎奥斯曼的街区[①]就是其典型代表。而在现代的规划理论产生后，为了保证现代交通运输工具的通行效率，大间距、低密度、少交叉口的现代街区开始逐步取代原有的传统城市小街区，典型代表就是勒·柯布西耶所倡导的光明城市的街区（如巴西利亚的街区，图4-1）。

图 4-1　一平方英里范围内的街区形态（从左至右为威尼斯、巴黎和巴西利亚）

来源：于泳．街区型城市住宅区设计模式研究［D］．南京：东南大学，2006

---

① 奥斯曼对巴黎的改造定义了巴黎演化至今的骨架，在实现结构调整的同时也展现了总体层面的城市结构。它确保了改造前后在总体尺度上的联系，并阐明了城市的总体秩序特征，从内容到操作方法上都是建立在古典文化的延续上。

中华人民共和国成立以来，在"单位办社会"的大背景下，我国城市街区的发展经历了长期的"大街区、宽马路"式发展阶段，这和当时的机动化欠发达背景密不可分。经历了改革开放以后的机动化快速发展时期，在私人机动化过度冲击下，当前国内大部分城市普遍出现的交通拥堵问题促使人们进一步思考"大街区"的问题，并推动了支持"小街区、窄马路"等"开放街区"相关文件的出台。

4.1.2　形式与功能

与"街区"对应的英文单词为"Block"，它以不同的形态和几何特征出现在城市的布局中：联排式、街坊式、庭院式、街廊式、行列式、独立式、组团式和"棚厦式"（别克林等，2011）。当然，各种类型之间也存在着组合的形式。城市街区凭借其特定的形态和独特的组合，通过促进或限制某种功能影响着人们的生活方式和行为习惯。因此，对街区基本形式和相关功能的了解对城市规划和设计就显得尤为重要了（表 4-1）（黄博，2016）。

城市街区的不同形式与功能　　　　　　　　　　　　表 4-1

形式		功能
联排式		地面层尤其适合非居住的功能（商店、餐饮、小型作坊等），大多数情况下用于居住
街坊式		对各种功能和混合使用都有良好的适应性，创造出特殊的品质
庭院式		常用于集合化的住宅，将公共空间与私密空间有效隔离

续表

	形式	功能
街廊式		出于对"经济性"的考虑,通常以零售商业为主,偶尔辅以餐馆
行列式		用于居住建筑,不适合作为办公、商业等公共使用
独立式		有功能混合的可能,往往带有一定功能专门化的特点
组团式		通常都是由居住建筑组成的,但也可以有其他功能
棚厦式		可以容纳任何功能,具有功能开放性和可变性

来源:整理自别克林,彼得莱克. 城市街区 [M]. 张路峰译. 北京:中国建筑工业出版社,2011。

4.1.3　尺度与规模

城市街区作为城市空间品质的重要表现方面,其适宜的尺度是城市可持续发展的基础与本源。狭义上的街区尺度表示的是街区的尺寸，包括长宽高三个维度的尺寸；而广义上的街区尺度除了包括街区的具体长尺寸之外，还兼有街区与街道、街区与建筑的比例关系，以及街区的社会尺度（人口密度）等内容。除了特别强调的研究内容和对象，一般研究中城市街区尺度都指的是狭义的概念。

一个城市街区的尺度，并不存在普遍的适用规律，它受到经济、政治、交通方式、建筑技术、地域生活行为等多方面的因素影响。对于街区的适宜尺度，很多学者都在进行探讨（芒福汀，2004；黄烨勃 等，2012；李恒鑫，2014）。总体而言，欧洲的城市中心典型的街区尺度都较小，道路间距一般在 50～150m 范围内；美国的街区尺度范围则以100～200m为大多数；中国的街区尺度在不同的历史时期变化较大，既有在政治因素影响下 250～500m 的大尺度时期，也有市井繁荣的百余米小尺度时期。能够达成共识的是，小尺度的街区是更有利于提高土地的利用效率、更符合商业的经济价值和更加照顾到人们的步行出行感受的。我国现代的封闭式大街区建设在当前呈现出许多问题，从实际使用考虑，街区的尺度控制在 150～200m 较为恰当。

4.2　街区用地与交通设施的相互影响分析

从城市街区用地与交通设施系统相关性的角度可以分析其各自的特征对其他设施特征的影响。通常，街区用地的开发强度、混合使用对交通效率产生影响，而交通设施系统的布局和运行在对自身运行效率与公平性造成影响的同时也会对城市街区的可达性产生影响。

4.2.1　城市用地的交通需求

由于不同群体和区域需求的差异，导致不同群体和区域对交通方式选择的不同，而不同类型交通设施在运行过程中相互之间的干扰也导致了系统运行效率的下降。大多数情况下，鉴于交通资源的有限性，为了提高整体交通运行效率，而不得不牺牲一部分群体的出行效率，由此也带来了对交通公平性问题的关注。

1. 城市用地混合使用的影响

城市用地的混合使用主要指开发用地包含多种主导功能，其本质特征在于特定用地范围内不同土地使用的综合性和平衡性，它注重于各大功能类别的综合，而不包括同一类功能中各种土地使用的混合。如商店、办公楼和住宅并使得这些土地使用设施彼此靠近，从而降低这些土地使用设施产生的出行距离（黄建中，2006）。总体来看，用地的混合使用既包括了相邻用地的多功能混合，也包括了在同一用地上的多功能复合开发。恰当的混合土地使用开发有着如下优点：

1）低出行发生率

由于各种土地使用具有不同的出行发生率，对于建筑面积一定的土地使用，多种活动的组合常较单一的高强度活动产生的出行少；尤其是立体复合开发可将部分地面交通转化为内部垂直交通，进一步减小出行发生量，从而减轻高峰交通强度，降低出行总量。

2）优化出行方式结构

混合功能开发可以在一定的用地范围内提供多种土地使用设施，提供了就近活动的机会，因此有利于减少出行距离，鼓励近距离的步行、自行车等交通方式。国外的研究和实践表明，在多中心城市结构的各个中心内居住和就业按照一种集中紧凑、混合用地开发以及相关的面向公共交通的设计可以保证这些郊区中心与市中心之间使用公共交通的高比例（王雪松，2003）。同时，面向公共交通的设计不仅可以提高公共交通的使用率，而且可以提高非机动出行的比例。根据美国1993年对波特兰市的一项研究表明，步行系统设计水平的改善可以取得减少机动车出行的（用出行车公里VTM表示）的效果，如提高步行系统的设计水平甚至可以取得每户减少10％VTM的效果，其作用相当于户均减少1.5辆小汽车。

3）均衡出行时空分布

土地混合使用可以分散交通的发生和吸引源，减轻双向交通的不均匀性。同时，也可使各种设施的使用时间相互交错，既增强了出行时间的弹性，降低了早晚高峰的集中程度，也避免了交通设施的建设因片面满足高峰时段的要求而导致交通资源的浪费。[①] 因此，就业与居住的均衡性也受到越来越多的关注（蒋谦，2002）。

4）减少停车空间需求

土地混合使用中各种土地使用的时间差，形成停车的时间差，从而有利于提高车位的周转率，降低停车配置数量[②]。

当前，这种基于混合使用的复合开发在欧美城市内城及衰退地区的更新与复兴过程中也开始得到重视和推广，对促进地区发展、鼓励公交使用发挥了积极的作用（图4-2）。中国香港地区就是这样一个典型范例，在用地极度稀缺、地价高昂等特有条件下，中国香港地区多数开发采用建筑综合体形式，在用地高强度开发的同时强调复合功能的开发。

刘贤腾（2003）通过对上海康健、卢湾、中原、八佰伴等四个不同街区土地使用特征的分析也显示了相邻用地的多功能混合使用对居民出行方式选择的重要性。表4-2是各街

---

① 根据诺兰（Nowlan）和斯图尔特（Stewart）在1991年的研究，在1975—1988年间，多伦多中心区大量兴建写字楼的同时，也兴建了大量的住宅，抵消了部分高峰时段进入该区域的工作出行。在中心区就业的员工占据了该区1/2以上的住宅，使中心区在办公建筑面积翻了一番的情况下，仍然维持比较稳定的交通条件。

② 美国洛杉矶的Warner Center。采用复合开发后，停车库泊位数由1400降至1100，减少了21％。此外，减小停车区还有利于创造"步行友好"的环境。

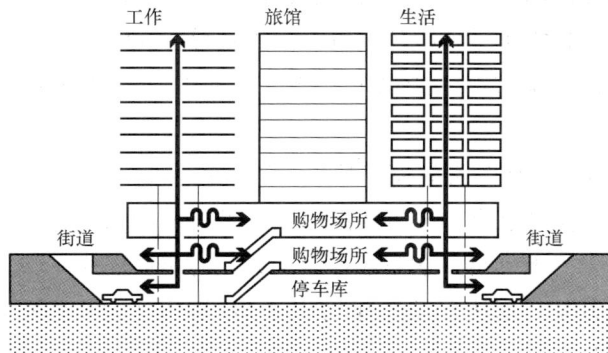

图 4-2　蒙特利尔 Westmount Square 复合功能开发

来源：黄建中. 我国特大城市用地发展和客运交通模式研究［M］. 中国建筑工业出版社，2006

区不同的空间物质特征对比。

四个街区的特征比较

表 4-2

	康健街区	卢湾街区	中原街区	八佰伴街区
区位	边缘区	中心区	边缘区	中心区
建设时期	1980～1990	1930～1940	1980～1990	1980～1990
道路网密度（km/km²）	4.4	9.7	4.1	5
道路面积密度（%）	10.22	14.87	4.05	9.05
交通组织	单行道较少	单行道多	无单行道	单行道较少
出入口数量	51	141	52	49
出入口大小	大	小	大	大
布局结构	居住区—小区—组团	传统里弄布局	居住区—小区—组团	居住区—小区—组团
交通模式	轨道交通为主	非机动车、步行为主	公交为主	公交为主
空间特征	大尺度、用地较单一	小尺度、用地混合	大尺度、用地较单一	大尺度、用地较单一
道路宽度	较宽	较窄	较宽	较宽
公共设施配套	配置齐全	无	配置齐全	配置齐全

来源：根据潘海啸教授与加拿大 Concordia University 规划系 John Zacharias 合作研究项目及刘贤腾硕士论文《上海市街区特征与居民出行关系研究》整理。

各街区的相关空间物质特征对居民出行的影响如下：

（1）通过对街区周边 2000m 范围的土地使用分析，可以看出四街区之间呈现中心——边缘特征。位于中心区的卢湾街区和八佰伴街区，其土地使用性质更多是与居民生活相关，例如工业和仓储等生产类用地的比例较小；位于边缘区的康健街区和中原街区则相反。而且位于中心区的街区的土地利用布局呈现规模小、分布广和层次高的特征，有利于缩短居民出行距离。

（2）作为适应轨道交通发展模式的康健街区具有如下一些空间物质特征：虽然大尺度的用地功能划分且彼此穿插混合不够，但完整的居住区与轨道交通站点的结合，增加了居民出行选择轨道交通方式的可能性；完善的居住区规划功能结构及完善公共服务设施能在一定程度上满足居民的日常生活近距离出行；两条轨道交通线并设置了 3 个站点及相对较为完善的换乘系统，进一步增加了居民远距离出行多种方式的换乘为轨道交通方式的可能性。

（3）作为适应"步行城市"发展模式的卢湾街区具有如下一些空间物质特征：小尺度的用地功能划分且彼此高度混合，使得居民可以就近方便利用公共服务设施，不必利用机动化交通方式长距离出行来满足日常需求；以里弄式为布局模式的居住用地，虽然没有完善的独立的公共服务设施，但由于位于中心区的边缘，可以共享完善的中心区的公共设施；高密度的道路网和频繁的出入口进一步使得居民可以方便地通过步行和自行车进入道路。

（4）作为适应"以公共交通为导向的城市开发"的中原街区则有如下一些空间物质特征：虽然大尺度的用地功能划分且居住用地与其他用地分区明显，但大尺度的、完整的居住区更有利于提高公共交通的服务水平；居住区—小区—组团三级独立的、完善的公共服务设施，可以使得居民能近距离出行满足日常生活需求；完善的公共交通设施供应进一步方便了居民远距离出行的选择。

上述结论显示：不同的街区空间物质特征对居民出行选择有着重要影响。对居住用地来说，加强居住和公共服务设施的混合布置将有效减少长距离出行，这一点对居住和工业（不包括污染工业）的就近配置同样有效。而要建设高效、资源节约型的城市交通，必须使街区物质空间设计和组织与相应的以步行或公交为导向的交通模式相耦合。

2. 城市用地开发强度的影响

城市交通运输设施与城市用地形态的形成有密切的关系，城市主要交通工具的活动量越大，城市内聚力越强，所形成的城市也多呈紧凑布局的形态，如公共交通产生密集的土地利用，而私人小汽车在某种程度上促进城市分散化。

根据联合国《人居环境评论》的资料，按交通方式与城市密度的关系，世界城市可以分为如下三类（图 4-3、表 4-3）。

城市类型划分 表 4-3

城市类型	人口密度（人/km²）
小汽车城市	1000～3000
公交城市	3000～13000
步行城市	13000～40000

这种基于不同交通方式选择的城市建筑密度分布特征由于体现了对交通需求总量、出行距离分布、交通方式选择以及交通基础设施需求的重要影响（周素红等，2005b）。一般而言，城市用地开发强度通过对交通需求总量和出行距离分布的作用，来影响人们对交

通方式的选择和交通基础设施的建设
需求。

（1）居住密度越高，交通需求量
越大。

普什卡和朱潘（Pushkarev and Zu-
pan）研究认为，居住密度越高，交通需
求量越大，居住密度是交通需求函数的
变量，当居住密度上升到 17～40 个单位/
hm^2 时，交通需求迅速增加；其次，在就
业密度对交通需求的影响方面，多数学
者认为就业密度对交通需求，包括需求
量和交通方式选择有影响。一方面，就
业密度越高，则交通需求量越大。邓菲
和费希尔（Dunphy and Fisher）根据
1991 年美国联邦高速公路管理机关
（FHWA，Federa Highway Administra-

公共汽车

地铁轨道交通

小汽车交通

图 4-3　交通方式与城市建筑密度的关系

tion）的高速公路统计表明，城市地区密度越高，单位资金产生的交通需求越高；帕森.
布林克霍夫（Parsons Brinkerhof）也认为，车站服务区的就业密度影响通勤火车的承
载量。

一般地，高强度开发城市交通出行量集中，单位面积的交通出行量大。以 1990 年世
界主要城市机动车里程密度与人口密度关系为例，总体上，机动车里程的密度随着人口密
度的增加而增加（图 4-4）。

（2）开发强度影响出行距离与分布。

城市开发强度越大，城市用地组织的有机性往往越大，使居民出行的距离相对较短。
一般来说，高密度地区出行距离相对较短，且大多采用步行或自行车等非机动车交通方
式，使人均机动车里程随着人口强度的增加而下降。但人口密度高到一定程度时，这种变
化趋势趋于平缓。

如图 4-5 所示，人口密度超过 1 万人/km^2 时，年人均机动车里程较低，多数在
10km/人以下，随着密度的增大，这种变化越来越不明显。可见，高密度地区机动车交通
出行方式比例相对稳定。这主要是由于开发强度高，各种城市功能在有限的地域范围内集
成，人们的工作、文化娱乐、教育学习、探亲访友、购物社交等活动在有限的空间内组
织，缩短了交通出行的距离、限制了机动车出行方式的选择。

在对出行分布的影响方面，高强度开发城市交通出行分布更容易在较小的范围内就地
均衡。卫星城和西方蔓延式的城市发展模式中在交通问题上最显著的问题之一在于各区之
间的交通依赖。由于居住与就业的分离，新区与老区之间，新区与新区之间的交通出行量

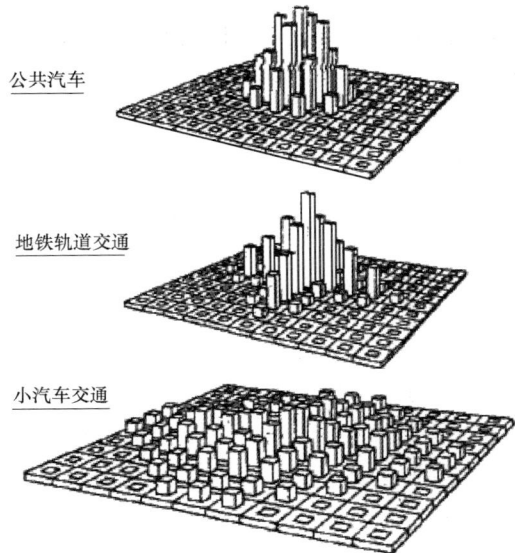

较大，从而产生交通瓶颈，导致钟摆式的交通分布状况。相比而言，高强度开发城市由于多种功能的用地在空间上相对集中，缩短了通勤距离，且使交通更好地在较小范围内均衡。

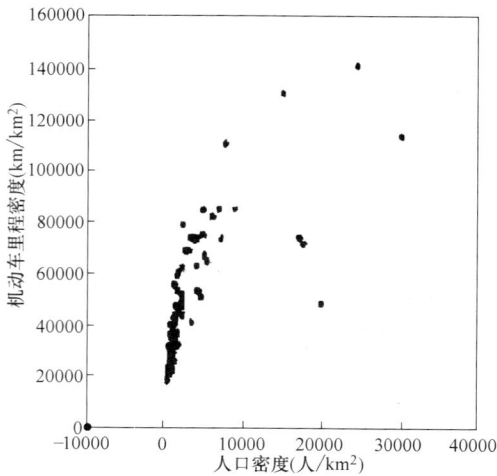

图 4-4　1990 年世界主要城市机动
车里程密度与人口密度关系

来源：http://www.publicpurpose.
com/hwy-irtltr.htm

（包括世界上有数据提供的 92 个城市地区）

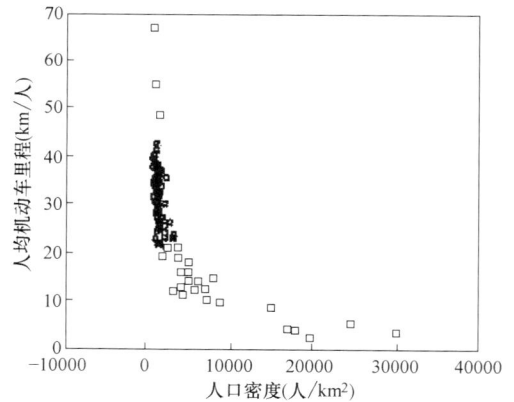

图 4-5　1990 年世界主要城市人均机动车
里程密度与人口密度关系

来源：周素红，阎小培. 城市开发强度影响下
的城市交通 [J]. 城市规划学刊，2005（2）

（3）虽然高强度开发可能导致较高的出行需求，但是由于出行距离较近的原因，高强度开发会导致小汽车出行下降以及公交、自行车和步行方式的上升。

英国交通部于 1988 年在英国所进行的全国交通抽样调查结果也显示人口密度与人的出行行为之间存在着密切的关系（表 4-4）。

从表 4-4 中可以看出，随着人口密度的上升，每周人均运用所有出行方式的行程都在下降，而这种下降主要是由于小汽车的出行行程随着人口密度的上升而逐渐下降引起的。密度最低地区人均小汽车的出行里程是密度最高地区的 2 倍。与此相反，人们依靠公共汽车、铁路和步行的出行里程具有随人口密度的升高而逐渐增加的趋势。①

以上研究成果均有力地证明了低密度的城市结构导致了对私人小汽车的依赖，同时不利于公共交通系统的发展，而高密度的城市结构具有相反的作用。

---

①　美国部分城市的交通方式调查统计资料也显示，平均每户拥有汽车数及单独开车上班的比例随着城市人口密度的降低而增大，采用公共交通方式的比重则随着城市人口密度的降低而减小。

人口密度 （人／hm²）	所有的方式	小汽车	公共汽车	铁路	步行	其他方式
1～5	190.5	144.7	7.7	9.1	4.9	21.9
5～15	174.2	131.7	8.6	12.3	4.3	18.2
15～30	152.6	104.4	9.6	10.2	4.6	20.6
30～50	144.2	100.4	9.9	10.8	4.4	14.5
50 及以上	129.2	79.9	11.9	14.2	4.7	14.4
所有的地区	159.6	114.8	9.3	11.3	4.9	19.1

1985/1986 年英国人口密度和每周人均出行里程（km）的关系　　表 4-4

来源：Barrett G. The transport dimension［M］//Jenks M，Burton.，Williams k.（eds）. The Compact City：A Sustainable Urban Form New York：Routledge，1996. 172。

（4）人口密度在很大程度上反映了土地使用模式，而人均城市道路长度则从侧面反映了城市交通基础设施的情况。

S. 斯岱尔斯等曾在 20 世纪 90 年代初选择了世界上 65 个城市的数据进行分析，结果表明城市人口密度与人均道路长度之间存在着负指数关系。即城市开发密度越小，人均道路长度越长，小于一定的密度时，人均道路长度的增长速度迅速加大（图 4-6）。

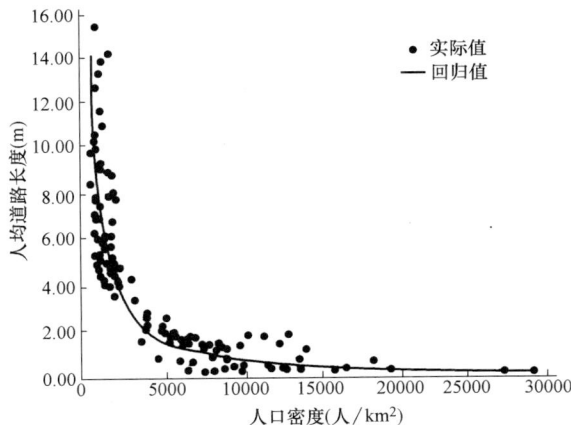

图 4-6　世界主要城市人口密度与人均城市道路长度的关系
来源：周素红等. 城市开发强度影响下的城市交通［J］. 城市规划学刊，2005（2）

以上分析表明，相对较大的城市规模和紧凑型、集约化的用地发展模式可以降低交通总量需求和物资、能源消耗。需要强调的是，城市规模并非越大越好，世界范围的"大城市病"都显示了过大规模的城市由于其交通出行总量的巨大、交通特征的复杂而使交通问题的解决更为棘手。尤其是在因出行距离延长而使轨道交通的建设成为必需选择的时候，这就与城市规模、经济等因素紧密地联系在一起。[①] 因此，在城市规模较大的情况下，强调依托公共交通的轴向发展和多中心的空间格局，结合相对紧凑的用地布局，可以促使城市交通结构进一步优化，从而构筑起高效、集约型城市交通的基础。

4.2.2　交通设施与功能街区可达性

交通设施的配置与运行的效率对功能街区的可达性有着重要意义。交通上的公平，指人们在交通资源利用上的公平，要求城市交通系统应该是具有多种交通方式、人人根据自己的出行目的能够方便使用而且交通费用低廉的系统，表现为交通资源可为大多数居民提供良好的服务，在交通投资上也要强调向弱势群体倾斜，为人们的自我发展创造较为均等的条件。从交通的公平来看，主要体现在两个方面。其一，是不同交通设施的供应上，这体现了对不同类型交通主体的公平；其二，是体现在城市不同区域交通设施的分布上，也体现着对城市不同区域的交通主体在交通设施使用上的公平。

1. 交通设施供应上的公平

各种不同类型的群体都有着特定的出行要求，这一点从我国各城市的交通出行结构就可以看出。在我国，步行、自行车和公交车是城市居民出行的三种主要方式，三者的出行量之和在 20 世纪 80 年代达到出行总量的 96％以上，在 20 世纪 90 年代比例也达到 85％～90％。进入 20 世纪 90 年代后期，随着经济的发展和城市规模的扩大，居民出行方式呈现出机动化、个体化的发展趋势。

以人为本的交通应该满足所有人的交通需求。但是，由于交通资源的有限性，在目前交通问题较多的情况下，尤其是机动车与行人、自行车的冲突加剧的情况下，交通设施建设应该有所偏重。从我国社会贫富差距的对比[②]上来看，能够极大地影响城市向私人机动化发展的只有那些占总户数 20％的富有者和一部分中产阶级，而对大部分中产及以下阶层来说，都只有依靠公交、自行车和步行，因此，对城市交通"以人为本"中的"人"，

---

①　由于近年来我国很多城市把发展城市快速轨道交通作为一个目标提出，出于避免地方不顾自身财力，盲目要求建设城轨交通项目的现象，国务院办公厅于 2003 年 9 月发出了《国务院办公厅关于加强城市快速轨道交通建设管理的通知》（国办发〔2003〕81 号）文件，要求"发展城轨交通应当坚持量力而行、规范管理、稳步发展的方针，合理控制建设规模和发展速度，确保与城市经济发展水平相适应，防止盲目发展或过分超前"。同时规定，申报发展地铁的城市应达到下述基本条件：地方财政一般预算收入在 100 亿元以上，国内生产总值达到 1000 亿元以上，城区人口在 300 万人以上，规划线路的客流规模达到单向高峰小时 3 万人以上；申报建设轻轨的城市应达到下述基本条件：地方财政一般预算收入在 60 亿元以上，国内生产总值达到 600 亿元以上，城区人口在 150 万人以上，规划线路客流规模达到单向高峰小时 1 万人以上。对经济条件较好，交通拥堵问题比较严重的特大城市，其城轨交通项目予以优先支持。2018 年 6 月发布的《国务院办公厅关于进一步加强城市轨道交通规划建设管理的意见》（国办发〔2018〕52 号）文件进一步调整了相关要求。

②　有学者指出，目前中国占总户数 20％的最富有户收入，占有全部收入的 51％以上，而 20％低收入户只占 4％左右。

既指全体市民，更主要的是指大量处于相对弱势的群体，尤其是针对行人与骑自行车者。原因在于：①在行人、自行车与机动车辆共同存在的交通环境里，机动车可以借助机械的动力，取得远远超过人类体力的机动能力。故机动车在获取通行权上具有极大的优势，而行人始终处于不利的境地。②一旦行人、自行车与机动车辆发生接触性冲突时，行人、自行车骑行者更容易受到伤害，甚至造成严重的后果。因此，从确保人身安全的角度看来，在交通过程中，行人、自行车骑行者是特别需要加以保护的弱势群体。③就个人而言，任何人驾驶机动车的能力都是暂时的、不确定的；具有驾驶能力的人随时都可能暂时或永久失去这种能力。[①]

由此要求我们在交通资源允许的情况下尽量为全体居民提供适合各自需求的交通方式系统；但是在制定交通规划、进行交通设计或制定交通政策、进行交通管理时，都应当优先满足以公交、自行车和步行方式为主的交通弱势群体的需要，这才真正显示了交通的公平。

2. 交通设施分布上的公平

城市不同区域交通设施分布上的公平，实际上反映了不同区域的可达性。目前在对可达性的理解上，仍然存在着观念上的误区。认为只要城市道路能够服务到的地方，就满足了可达性的要求。主要体现在以下两个方面（黄建中，2006）：

（1）将可达性理解为机动车能否到达的层次上。我们通常将修建一些快速路和干道作为改善可达性的主要措施，这种现象在城市向外围的扩展中表现得尤为突出，并作为城市政府改善交通可达性的重要政绩展现在市民面前。为了加强城市与外围地区的联系，带动周边地区的发展，几乎所有的城市都采取了修建放射性的快速路和城市干道，而城市的公共交通是否延伸到了该地区、该地区的居民到达公共服务设施的方便程度如何则不在考虑范围之内。这实际上就是追求机动车的可达性，而忽视了人们采用其他交通方式的可达性。

（2）认为公共交通能覆盖到的地区可达性当然就高。但是被忽视的仍然是居民的出行方便程度以及公共设施服务的方便程度。根据潘海啸教授对上海轨道交通站点地区的调查，发现有些站点地区的可达性实质上是很差的。这些站点地区存在着诸如再开发强度过大、公共服务设施配套不全或与原有设施冲突、换乘困难、步行等其他交通方式难以到达等等问题，降低了这些地区的可达性。比如上海的万体馆地区，有多条城市干道、高架路、公交线路和地铁一号线、轻轨明珠线在此交会，交通组织混乱，换乘困难，实际上大大降低了该地区的可达性。

因此，对于可达性的理解，不能仅仅限于道路或者公共交通能否覆盖到该地区，而是应该以该地区居民出行的实际上的方便程度作为衡量可达性高低的标准。即：不论你富有

---

① 何玉宏，周辉. 城市交通领域的人本主义［J］. 现代城市研究，2004（9）.

或贫穷、正常或残疾、年长或年幼、陌生或熟悉，不论你位于城市何处，不论你想参加什么活动，都可以享受到自由的出行。这才是真正的交通公平。

4.2.3　不同交通方式系统

交通方式系统包括小汽车系统、公共交通系统、自行车系统和步行系统，人们的大多数出行活动都是在交通系统网络中完成的，不同的系统对应了不同的人群，且不同设施之间也存在相互干扰的可能，因此，不同系统设施的完善和系统之间的合理组织是交通系统运行公平、高效的基础。下文分别针对机动车、公交、自行车和步行等不同方式系统的规划展开讨论。

1. 机动车系统

从某种程度上来说，对城市道路等级的划分实际上就是针对机动车系统而言。《城市道路交通规划设计规范》GB 50220—95 基于机动车运行效率的考虑，针对不同等级的道路提出了设计速度要求。但是，由于通常在计算流量的过程中往往把其他车型都换算成标准小汽车而使城市道路系统的划分标准更多地以小汽车为参照。由于城市道路除承担了机动车通行的功能以外，还承担着步行、自行车甚至残疾人通行的功能，因此，单纯以机动车的运行效率为基础所确定的道路等级实际上并不能反映除利用机动车方式以外对其他出行方式的需求，这就需要从系统层面对不同交通方式进行整合。

目前，对机动车运行效率的关注已经到了相当重视的程度，前些年在各地开展的"畅通工程"主要目的就在于此。① 就其实施效果来看，虽然各地的交通拥堵情况有了很明显的改观，交通秩序也有了明显的好转，但其中暴露出的一些问题也值得我们深思。如有的城市，现状过境交通穿越城市，为了解决交通安全和畅通的矛盾，花费巨资对沿线的若干个交叉口进行了渠化，并加设信号控制系统，建成后效果确实很好。但从另外一个角度来看，随着城市规模的扩张和用地布局的调整，将在外围形成新的过境道路，相应的交通量也会出现转移的趋势，这样耗费巨资建设的监控设施将难以发挥更大的效应。这也说明，仅仅关注机动车系统的效率还远远不够，与其他方式系统的整合才是发挥整体运行优势的重要保证。

2. 公共交通系统

公共交通虽然也是机动车系统的一部分，由于其不同于小汽车的服务大众的特点，因

---

① 畅通工程评价体系包括交通管理体制、政策与规划、土地利用与公共交通、道路基础设施、交通管理设施、交通管理措施、交通安全宣传教育及队伍建设、交通管理的现代化程度、交通秩序状况、交通通行状况、交通安全状况等十个方面。

此其规划既要体现公平，更要体现效率的要求，而公交与道路系统的整合更是实现公平与效率的首要前提。

1）公共交通系统的公平

公交系统在两个方面体现了社会公平的要求。其一是公交系统在城市整体层面上布局的公平，其二为公交系统布局针对不同人群提供的服务。

对前者来说，在进行城市公共交通规划时，除了对公交线网密度和站点覆盖率的要求以外[①]，公交系统的规划还要考虑很多因素的影响，如要考虑公交设施之间或公交与其他设施之间的换乘，这也是保证城市不同区域人们出行质量的重要条件；对后者来说，公交系统要通过布设面向低收入社区的公交线网、以低廉的票价给低收入人群提供良好的服务，同时也要通过增设快速线和短驳线路，以优质、高效的服务吸引高收入人群。

2）公共交通运行的效率

公共交通的优先是保持城市交通高效运行的重要手段。目前我国城市公共交通存在许多突出的问题，包括公共汽车速度较慢、不准点和过于拥挤等等。其原因除了因机动车增长过快以外，公共交通没有优先权也是一个重要因素。而利用公交出行所消耗的时间可以很好地评价公交系统是否优先。

出行时耗由几个部分组成，通常包括从家（或工作地点）出发到站的步行时间、等候时间、车内时间、换乘时间等四类。而不同的出行过程往往由这四类时间组成。要减少公交出行时耗，主要从四个方面着手：

（1）减少两头步行时间。通常需要保证支路建设，鼓励自行车换乘公共交通。其规划手段主要为增加公交线网密度，增设一定规模的自行车停车场库和换乘点。

（2）减少候车时间。通常需要公开交通信息，比如行车时刻表，以促使人们按照规定的时间有选择性的出行。但是需要强调的是，在高峰时间，由于客流量大，往往需要增加车辆数以保证需求。

（3）减少车内时间。通常需要保证公交系统的路权，建设公交专用道和保持公交的信号优先是关键。

（4）减少换乘时间。主要指公交线路和站点的布置要有利于减少步行时间并方便换乘。

对公交运行的优先来说，最主要的就是通过建设公交专用道和保持公交信号优先来实现公交的路权（陈雪明，2002）。设立地面道路公共汽车专用道[②]的目的是将公共汽车和其他非公共汽车在空间上加以分开，以提高公共汽车的行驶速度。

---

①　通常情况下，要求城市建设用地范围内公交线网的密度应达到 3～4km/km²；同时也要求公共交通车站服务面积，以 300m 半径计算不得小于城市用地面积的 50%，以 500m 半径计算不得小于 90%。

②　公共汽车专用道有许多不同的设计形式和运行模式。在城市中，公共汽车专用道可以是全天运行的，也可以是在高峰时段运行的。由于城市公共汽车线路一般集中在市中心地区，公共汽车专用道也主要建在市中心地区。

公共交通系统本身具有服务大众的特点，但是由于在布局和换乘上的不合理导致了效率的丧失。

3）公交系统布局结构的不合理

公交系统布局是可达性改善和交通公平的重要基础。当然，在重要地区过于密集的公交布局在造成浪费的同时也会导致效率的降低。2002 年上海市建设和管理委员会主持的对上海市公交发展的调查表明，市区各类公交线路重复开设、部分路段密度过高，而市区边缘地区则仍存在部分公交盲点。对外环线内 85 条主要道路的复线情况调查显示，公交复线路段上超过 10 条线路的有 46 个路段，占 55.12％，在一些市区和新城的主干道路上，线路的复线情况尤其严重；市区边缘线网仍显稀疏，公共交通服务水平不高。居民步行到公交站距离大于 500m 的新村仍然存在；部分新建住宅区居民出行仍存在时间、方向上的不满足；乘客换乘不便，高峰时段局部地区部分线路车厢满载率偏高，车厢拥挤现象时有发生，显示市区边缘交通可达性的缺乏（表 4-5）[1]。

上海地面公交线网密度 （2002） 表 4-5

	线网长度(km)	网密度(km/km²)	网密度 1(km/km²)	面积(km²)
中心区	443.0	3.80	5.27	116.66
外围区	821.6	1.51	1.70	543.34
中心城	1102.8	1.67	1.88	660.00

注：中心城为外环以内区域。网密度 1 是扣除黄浦江和苏州河面积后的密度。

由于不同群体在年龄、收入等方面差别的存在，使得公共交通也要通过结构优化提供不同的服务以满足群体差异性的要求。如收费相对较高的轨道交通和快速公交可以大站快车的形式提供快速、便捷的服务，而常规公交则通过相对便宜的票价保障低收入人群的使用，不同形式、速度公交的组合也是满足人们多样化出行需求的重要保障。但是，在一些情况下，为了保障快速公交的客流，会对相关线路进行调整，由此也会给一部分人的出行带来不便。

上海在 2008 年初轨道交通 6 号线投入运营伊始，就把沿线的 773、936、968 等一批原本与 6 号线部分共线的公交车相继取消、缩线或改道，以使客流向 6 号线集中，此举虽然对增加轨道交通客流有着重要促进，但由于 6 号线发车间隔较长，且车厢较少，在造成高峰时段乘客拥挤的同时，也由于票价更贵而对低收入者的出行造成更大的经济负担。

4）枢纽布局建设落后，公交换乘不便

作为公交运行的重要一环——换乘对提高公交效率有着重要的作用。公共交通工具采用固定线路运输方式，加上排队候车、站站停车、线间周转等时间，与私人交通工具"门到门"的运输特点相比形成了主要的时间效率差异。

在上海城市公共交通系统中，由于公交枢纽站的重要地位一直难以确立，在轨道交通

---

① 上海市城市公共交通结构调整及建设策略 ［R］. 上海市建设和管理委员会，2002。

网发展、市重大工程建设的同时，公交枢纽站的建设用地往往得不到合理的规划，还不能做到同步设计、同步建设、同步竣工。目前上海有近千条线路，但缺乏足够的换乘枢纽，使线网组织难度大大增加，部分单行道相隔过远，也造成了线网结构松散，乘客换乘不便；尤其是轨道交通发展后与地面公交配套滞后，换乘不便，影响了轨道交通效益的发挥。实际上，这也造成了轨道交通服务地区可达性的降低。

3. 自行车系统

作为一种简单、轻便、可以提供门到门出行的交通方式——自行车曾经有过自己的辉煌。然而，在经历了机动化交通带来的堵车、废气和噪声污染等诸多问题的痛苦之后，人们开始重新认识自行车的功能。许多国家又纷纷开始倡导自行车交通。在长期的发展中，自行车交通由于其显著的优点（如占路面积小、节能、有益健康、无污染、价格便宜等）（宋传平，2004），一直在我国城市居民出行结构中保持着较高的比重。当然，在山地城市中，由于体力的原因，自行车的出行比重就很低了。目前，自行车在我国面临的问题主要包括自行车与其他方式之间的干扰和停放问题，要发挥自行车系统的效率，必须对自行车系统的功能与布局结构有一个新的认识。

完善的城市自行车系统给骑自行车出行的人们提供了到达城市不同区域的能力，换句话说，具有完善自行车系统的城市街区给自行车的出行提供了高可达性。同济大学交通学院于2006年4~5月所展开的调查显示，目前非机动车出行的主要问题在于机非矛盾，并表现在交叉口、共板道路和道路资源使用权上，如果说前两者是影响系统运行效率的主要原因，那么后者就直接导致自行车系统被边缘化，上海目前在一些道路上进行"非改机"的主要原因就在于此（上海市市政工程管理处 等，2006）。

研究显示，尽管上海市对交通基础设施建设投入了大量资金，但中心城道路资源依然稀缺。而道路两侧高密度土地开发使干道系统的拓宽寸路寸金，几乎无潜力可挖。在拥堵收费等交通需求管理措施还无法推行之际，非高峰期利用率较低的非机动车道成了缓解"主干道路供需求矛盾"的考虑对象。

"非改机"的结果就是，包括世纪大道在内，在上海市中心的黄金地段，如汉口路、天津路、河南中路、福建中路等路段都禁止自行车通行。而在徐家汇、延安路的一些路段，也看不到自行车的踪影。2006年12月，中央电视台《东方时空》曾经做过一次有关自行车的调查。其中有两个核心数据：一个是九成多的受访者认为骑自行车族的权利没有得到很好的保障；另外一个数字是，有超过一半的人认为他们是被迫放弃了骑车（周凯等，2007）。这些既显示了交通系统公平性的缺失，更为重要的是降低了一些城市地区对骑自行车出行者的交通可达性。

近些年，随着租赁自行车和共享自行车的发展以及健身的需要，自行车的使用在很多城市出现了一定程度的增加。借此机会，有些城市在"绿道"建设上有了更多的探索和实践。鉴于大多数城市中心城区道路空间有限，使"绿道"建设在很多情况下不得不让步于机动车道和公交车道的扩张。

4. 步行系统

步行交通是城市交通的主要组成部分。无论是作为满足人们日常生活需要的一种独立的交通方式，还是作为其他各种交通方式相互连接的桥梁，步行交通都具有其他方式无法替代的优点。

不同的人们对步行交通的要求有所区别。对老年人和小孩来说，他们需要在步行环境中每隔一段距离有可以小憩和游戏的地方；对年轻人来说，他们需要便于运动与交流的步行环境；对外来人口来说，他们需要步行交通有着良好的指示标志；对残疾人来说，更需要步行环境无障碍……他们均应该得到最大限度的尊重。因此，其规划设计需要满足安全、宜人、连续性、引导性等要求。通常，步行系统包括步行道路、步行广场、人行道（人行横道）、步行指引系统和无障碍系统等五部分。其中，目前虽在步行广场、人行道、步行指引系统和无障碍设计等方面都有所关注，但也都存在对人的使用考虑不足的问题，这部分内容将在下一章具体分析。而近年来对步行道路的关注相对较多，多限于商业步行街或滨江、滨河步行道的设计，而对其他一些以步行为主兼有其他交通方式的道路则考虑不足，对这一方面也需要从系统整合的角度来加以分析并提出有针对性的措施。

4.2.4 交通方式系统整合

虽然前面对机动车系统、公交系统、自行车系统和步行系统的规划分别作了讨论，但是从系统整体的角度来看，由于城市不断拓宽机动车道以应对机动化的发展，致使自行车和步行道路系统不断萎缩，而带来公平性的问题；同时，拓宽机动车道在短期内虽可以提高道路运行效率，但往往一段时间以后又会恢复拥堵的状态，从而也带来道路运行效率的问题。因此，只有从系统整合的层面减少不同方式之间的干扰，才可以解决道路系统的效率和公平问题。

城市道路系统由快速路、主干道、次干道、支路四级组成，形成棋盘式、放射式、环形、鱼骨状等交通网络布局。中共中央、国务院在《关于进一步加强城市规划建设管理工作的若干意见》中提出优化街区路网结构，树立"窄马路、密路网"的城市道路布局理念，建设快速路、主次干路和支路级配合理的道路网系统。各类城市交通需求中都提出要加大城市支路道路网密度，要转变过分重视干道建设，忽略支路建设的观念，加强支路的交通分流作用。线性带形组团城市会由于过境交通系统没有独立成体系，过境车辆与市区客货运交通混杂，干扰城市内部交通运营。

根据以下对道路功能等级和两侧用地开发强度的分析，可以把机动车、自行车和步行方式也按照主、次、支的功能在道路系统中进行布局（表4-6）。

城市道路系统功能综合组织要求　　　　　　　　表 4-6

项目	快速路	主干路	次干路	支路
两侧土地开发强度	低	中	中高	高
机动车	主	主	次	支
自行车	—	支	主	次
步行	—	支	次	主
人行过街形式	立交	立交或平交	平交	平交

（1）快速路：通常从城市组团之间穿过，以跨组团机动车辆的快速通行为主，因此机动车道是其主要组成部分，同时在两侧应设置辅道，以满足周边慢速交通的通行。通常两侧用地开发量宜少。

（2）主干路：通常承担长距离的出行，以机动车道为主，由于自行车和步行方式在过街时可能会对机动车的运行产生较大影响，因此其两侧布置的自行车和步行道应弱化，以支路为主。在主干路机动车流量较大且主干路附近有支路时，可以把自行车从主干路上剥离，并以附近的支路承担自行车道路功能。由于以通过性交通为主，在主干路两侧不宜设置大量公共建筑。为减少对机动车通行的影响，交叉口应以立交或平交路口为主。

（3）次干路：通常承担组团内部的主要出行，两侧可布置大量公共建筑。由于人流较大，为减少机动车与自行车和行人之间的干扰，通常应以自行车和步行为主，机动车的通行应退居次要地位。

（4）支路：服务短距离出行，两侧可布置大量公共建筑。由于人流较大，且往往道路设计为一块板，为减少机动车与自行车和行人之间的干扰，自行车和行人的通行应分以次、主功能为主，而机动车通行应退居支路地位。

1. 城市道路网密度

城市道路网密度反映了对用地的划分，较密的路网既增加了用地的临街面，又使机动车能够更方便的到达，因此对街区可达性的提升是显而易见的。《城市道路交通规划设计规范》GB 50220—95 规定了我国城市道路用地的相关指标[①]，以此为指导，我国大多数城市在总体规划中，把道路密度作为一个重要的指标进行控制。由于总体规划阶段未强调支路，而控制性详细规划中虽增加了支路，在"通而不畅"的规划思想指导下支路"连通度"又不够，再加上长期的重干路、轻支路倾向，在此种背景下，我国城市道路网密度与发达国家城市相比显得明显偏低，反映在支路上尤其如此。

---

① 城市道路用地面积应占城市建设用地面积的 8%～15%，对规划人口在 200 万以上的大城市，宜为 15%～20%。规划城市人口人均占有道路用地面积宜为 7～15m²。同时，规范也确定了我国大、中、小城市道路网规划指标。

以上海为例，20 世纪 90 年代以来，上海进行了规模巨大的道路建设，使城市道路面积增加近 60%。根据上海市政道路信息管理系统（GIS）的统计（2001 年数据），外环以内中心城区的道路总里程达到 2307km，道路面积为 43.44km²，道路面积率为 6.36%。道路网密度 3.38km/km²。表 4-7 显示了内、外环不同区域的道路等级结构。虽然浦东新区道路车速要比浦西高，但是考虑到浦西比浦东在人口、出行总量、出行密度上都要高出很多①，显然浦西较高的道路网密度在提高交通效率、增加用地可达性上发挥了很大作用。

同发达国家城市相比，上海中心城区无论是道路的面积率或路网密度指标都存在较大的差距，上海中心城区道路面积率是日本城市的 42%，美国城市的 19%，欧洲城市的 30%；路网密度是日本城市的 18%，美国城市的 21%，欧洲城市的 35%（图 4-7）。

上海市中心城区各等级道路密度（2001 年）　　　　　　　　　表 4-7

区　域	面积 (km²)	道路面积 (km²)	道路面积率	道路长度 (km)	快速路 (km/km²)	主干道 (km/km²)	次干道 (km/km²)	支路 (km/km²)	合计 (km/km²)
内环以内浦东	32	2.94	9.21%	116	0.06	0.66	1.47	1.44	3.63
内环以内浦西	82	15.88	18.13%	933	0.58	1.17	1.99	7.63	11.37
内外环间浦东	261	8.58	3.29%	369	0.20	0.40	0.69	0.25	1.53
内外环间浦西	308	17.04	5.53%	890	0.26	0.80	0.97	0.90	2.93
全区域	683	43.44	6.36%	2307	0.26	0.69	1.01	1.49	3.44

数据来源：根据上海市政道路信息管理系统（GIS）的统计（2001 年）。

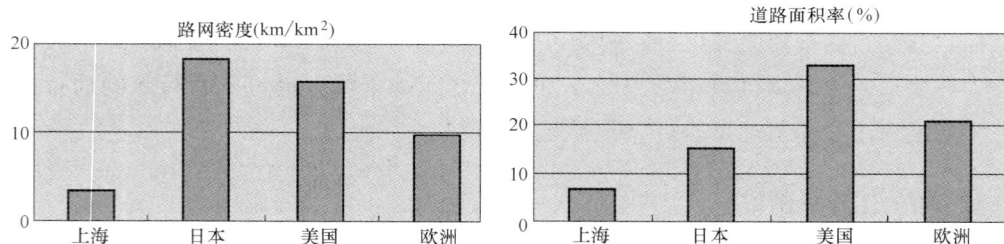

图 4-7　上海市中心城区路网密度与面积率指标比较（2001 年）

2. 公交与道路系统的整合

实际上，上表并未把公交和城市道路的衔接关系表达出来。对公交系统来说，只有与

---

① 据 2004 年上海第三次交通调查的数据显示，2004 年浦西中心区人口 367.7 万，出行总量为 909 万人次，以用地为度量的出行密度为 14.7 万人次/km²，以建筑量为度量的出行密度为 11.2 万人次/km²；浦西外围区人口 412.5 万，出行总量为 934 万人次，以用地为度量的出行密度为 3.3 万人次/km²，以建筑量为度量的出行密度为 6.7 万人次/km²；浦东中心区人口 40.7 万，出行总量为 105 万人次，以用地为度量的出行密度为 5.3 万人次/km²，以建筑量为度量的出行密度为 7.3 万人次/km²；浦东外围区人口 156 万，出行总量为 359 万人次，以用地为度量的出行密度为 1.4 万人次/km²，以建筑量为度量的出行密度为 7.2 万人次/km²。

城市用地和道路系统结合，才可以更好地发挥公交运行的效率。如在城市中心区，如按照主干路 1000m 间距、次干路 500m、支路 250m 的等级来考虑，公共设施布置在次干路的两侧，沿主要发展轴线设置轨道交通（或快速公交），站距 1km；同时，沿外围两侧主干路布置常规公交线，站距 500m；公交线路布置在主、次干路上，则公交线网密度至少可达到 4km/km² 以上。当然，在必要的时候，公交线路也可布置在支路上，以增加公交覆盖率。这种模式既可以使机动车、自行车、步行和公交系统实现良好衔接，也可借助不同速度公交系统（如轨道交通、快速公交与常规公交）的组合提供良好的服务。同时，该模式也可以借助轨道交通（或快速公交）促使城市向外围的扩张更为有序（图 4-8）。

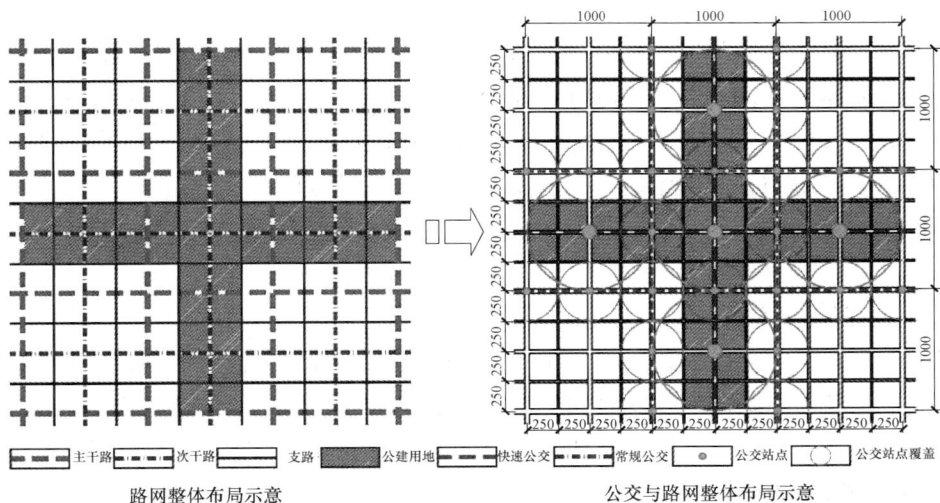

图 4-8　公交与道路系统的整合模式示意

该组合模式的一个突出特点就是体现了"公交道路"的概念，即在城市主要发展轴线上，强调以公交为主（甚至只允许公交和步行方式），其他机动交通可在两侧平行道路通行，这种布局模式可以有效保障沿轴线两侧的高容量开发，并通过公交的优先保障，高效率的提供给大多数人使用。笔者以为，对"公交道路"的推崇，可以有效解决目前我国在交通建设过程中用地（尤其是公共设施）开发与交通设施系统的矛盾。因此，可以考虑在道路等级分类中加入这一级别，以体现"公交优先"，提高交通系统效率，并实现最大限度的公平。

4.3　公交导向的城市用地发展

4.3.1　轨道交通站点地区土地使用控制

面向公共交通的土地开发可以有效控制城市蔓延趋势、削减小汽车使用，促进城市紧凑布局及以自行车、步行为主导非机动化城市交通模式的发展。我国城市人口密度大，具备发展公共交通的先天条件。且目前许多大城市正在规划、建设快速轨道交通，轨道交通将能进一步引导站点附近的土地高强度开发。在功能分区基础上，沿轨道交通站点或公共交通站点发展 TOD，同时实施一定影响范围的土地利用优化与调整，可以提高土地利用价值和利用效率。边经卫（2005）研究了轨道交通站点地区的土地使用控制要求，并提出：在城市建成区以协调土地利用性质和适度提高土地利用强度为目标，在城市新区则以公共设施的集聚为引导，并使轨道交通站点地区实现最大化的有效覆盖和服务。

1. 站点地区影响范围的确定

轨道交通站点的影响范围可分为直接影响范围和间接影响范围。基于步行交通方式的合理距离，轨道交通站点的直接影响范围确定为半径 500m 的区域，对换乘枢纽和城市中心地区站点直接吸引范围可扩大到 750m；间接影响范围主要是考虑车站及枢纽地区土地利用的连续性和交通方式的组织，一般在 750～1500m 区域。

2. 站点周围的土地使用控制

1）用地范围控制

轨道交通站点及换乘枢纽的直接影响范围为控制区、间接影响范围为协调区。在控制区内主要是使用地布局的调整及土地利用优化，进行机动车交通适度分流，组织控制区内的步行系统。在协调区内保持周边用地功能的连续性和协调性，组织轨道交通与其他交通方式的换乘。

2）用地性质的控制

根据轨道交通的集聚效应和运输效能，轨道交通站点及枢纽周围的土地性质一般呈复合功能，按照由内至外（离车站远近）依次布局商业服务、综合办公、居住等，以最大限度的提供轨道交通的服务。

3）用地强度的控制

根据发达国家和地区地铁站点周围土地利用强度分析，以轨道交通站点为中心一般可分为三个用地开发强度圈层：半径 200m 以内为高强度开发，200～500m 范围内为中高强度开发，500m 以外为中低强度开发。借鉴国际经验，一般地块的建筑毛容积率应该达到1.5 以上。这种基于公交社区的布局模式均有利于吸引居民使用公共交通，反过来这种用地又刺激人流集中，进而使建设用地进一步向公交车站周围集中，从而形成新的组团用地。如此不断反复的交互强化作用最终可以保证公共交通在城市中占据支配地位（图 4-9）。

4.3.2 国外的实践

20 世纪 80 年代初，美国俄勒冈州波特兰市政府决定修建一条新的高速公路，以缓解

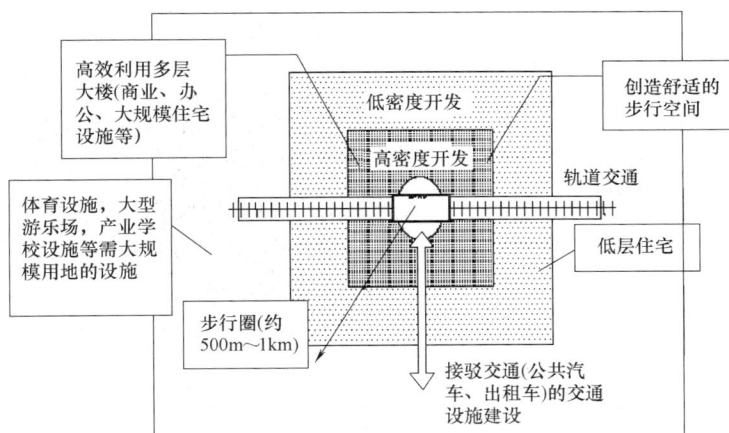

图 4-9　以车站为中心的 TOD 模式示意

资料来源：日本中央复建工程咨询株式会社. 厦门市轨道交通与土地利用规划［R］. 2004

交通压力，但遭到了很多人的反对，于是政府进行了一系列替代方案的研究，1988 年的卢塔克 LUTRAQ（Land Use，Transportation，Air Quality Connection）计划便是其中之一，它的主要目的是解决由于人们对私人小汽车的高度依赖而引发的城市问题，以缓解城市蔓延、减少交通拥堵、提高城市环境质量（李涛等，2005）。具体是要建立起这样一个系统，为居住在郊区的人群提供选择不同交通工具出行的可能性；创造新的商业和居住形态；强调道路的连通和步行道路的建立，保证人们方便的到达公共交通站点；鼓励用地兼容性；创造人性尺度和开放空间。

卢塔克计划提出了用地政策、交通投资和市场策略相结合的原则，来保障计划的顺利实施（图 4-10）。在用地方面，卢塔克计划规定了三级 TOD 开发，并制定了相应的原则（图 4-11）。所有三级 TOD 道路系统强调到核心商业区的出行，而不只是到现有的高速公路；公交站点设在主要商业区附近，紧邻商业建筑而不是停车场。卢塔克计划实施后的20 年后，经政府统计数据表明：单人驾车上下班减少 22.5%；公交、步行和自行车出行增加 27%；高速公路拥堵减少 18%；下午上下班高峰出行时间减少 10.7%；区域内30min 可以到达的工作机会增加 50 万个；减少 7.9% 的能源消费；减少 7.9% 的废气排放；城市的无序蔓延状况得到了有效的控制（李涛等，2005）。

在土地开发与交通导向上做得较好的还有巴西的库里蒂巴。其富有特色的"三元"式道路体系及相应的土地使用政策①保障了土地开发与交通导向的一致性（图 4-12、表 4-8）。

---

① 库里蒂巴"三元"道路体系的土地使用分区制度规定：50% 的迎街建筑的一、二楼用作商店、饭店等，把面向低收入家庭的社会资助的住宅安置在交通走廊上，把购物中心这样一些有大量客流集散的设施安置在交通走廊上，限制面向小汽车的土地开发。

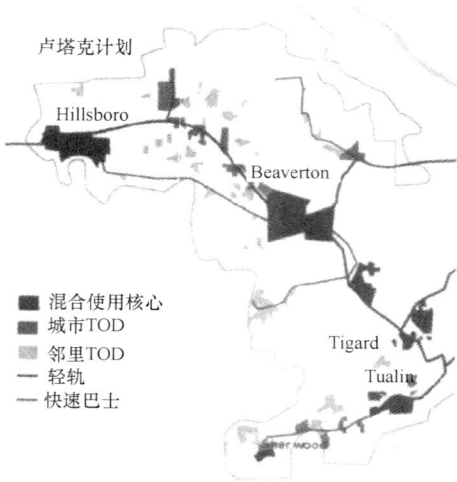

图 4-10 卢塔克计划

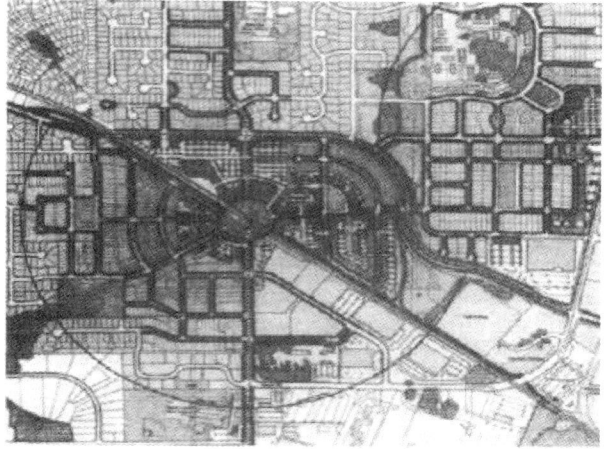

图 4-11 卢塔克计划中的 TOD 节点设计

来源：李涛，陈天. 土地利用与城市协调发展——近代美国"TOD"理论与实践的研究［J］. 南方建筑，2005（5）

库里蒂巴公共交通走廊和邻近社区居住密度对比（1992 年）   表 4-8

居住分区	人口（万人）	居住人口		居住单元	
		每公顷	每英亩	每公顷	每英亩
高层混合居住区	14.07	294	119.0	93	37.6
中高密度居住区（ZR4）	27.13	164	64.4	40	14.2
中等密度居住区（ZR3）	24.08	76	30.8	22	8.5
低密度居住区（ZR2）	41.65	63	24.5	17	4.9

来源：同济大学交通学院. 临港新城交通战略研究［R］. 2004.

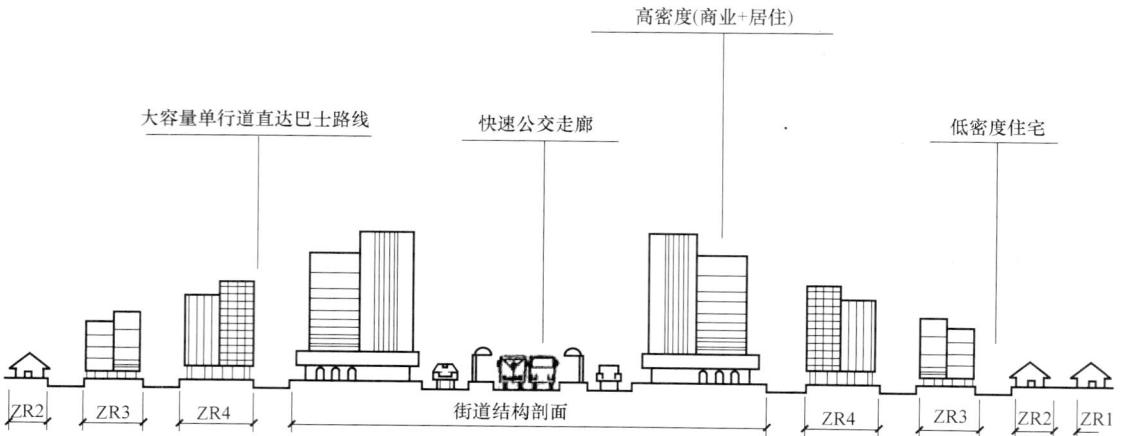

图 4-12 库里蒂巴"三元"道路体系断面图

来源：同济大学交通学院，临港新城交通战略研究［R］. 2004

4.3.3　我国城市公交站点地区土地使用现状与问题

公交导向的土地使用模式有利于集约利用土地资源、最大限度地吸引客流并发挥公交的主导作用，但在我国，由于长期以来规划建设管理体制的粗放以及相关理念的滞后，在城市公交的发展上虽然一直有所强调，也仅仅只是停留在被动地应对城市扩张上，在很多新开发地区甚至公交线路一直未能进入，从而造成出行的不便，因此也更难对城市土地开发进行有效的引导。这一点不论是在轨道交通站点地区还是常规公交站点地区都显示了相同的特征。

潘海啸对上海轨道交通站点地区土地使用情况的调查说明上海轨道交通站点地区存在公共设施用地布局分散的问题，对常规公交站点（场）来说，也存在周边土地使用结构松散的问题。以顺德为例，从其中心城区各组团主要的长途—公交站场现状周边用地布局来看，现状站场周边用地以居住为主、布局较松散，且办公、商业服务等设施相对较少，显示了此种用地布局并没有考虑到充分发挥公共交通的作用（图 4-13）。

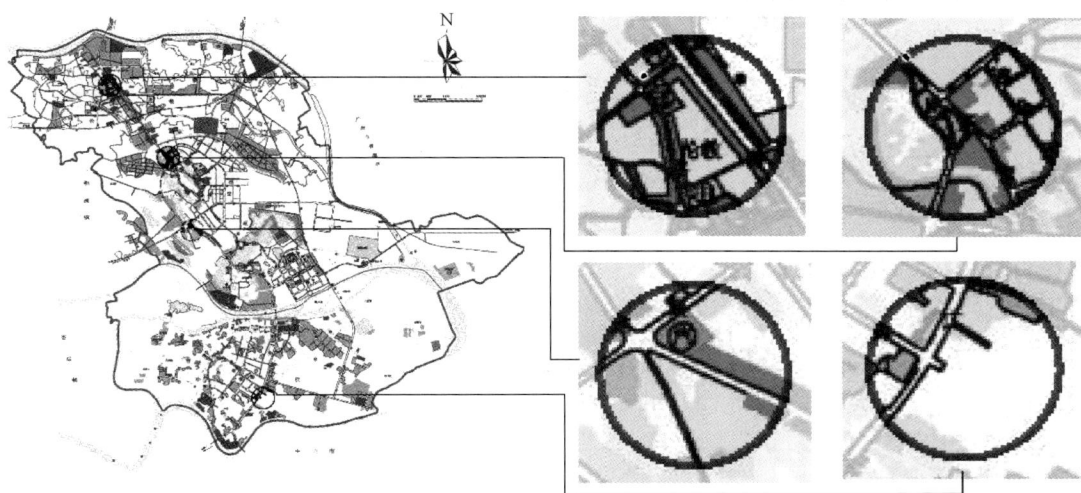

图 4-13　顺德中心城区现状主要公交站点 500m 半径土地使用（2005 年）

除了站点地区用地布局存在的问题以外，虽然公交导向的开发对轨道交通站点地区的土地使用强度提出了较高的要求，但是对国内城市轨道交通站点地区土地使用强度的分析也表明站点周边土地开发还没有考虑到如何缩短居民的出行时间。根据顾保南的研究，轨道交通车站至居民住处或工作单位的出行时间与车站周围的建筑分布形态有关，且在轨道交通站点周边采取放射状路网，并采取距轨道交通站点"近高远低"[①] 的开发模式将大大

---

① 即离站点越近，开发强度越高，离站点越远，开发强度越低。

缩短车站周边的集散时间。在其 2003 年 12 月针对上海三条轨道交通线路部分站点附近的住宅分布情况进行的调查结果也说明：大多数站点周边建筑布局呈现出"平行状"或"远高近低"的态势，表明对轨道交通车站周围的建筑形态分布设计尚没有考虑到对居民出行时间和效率的影响。由此说明，当前我国城市轨道交通站点周边的土地强度开发还有更多潜力可挖。

4.4　面向绿色出行的多类型街区主导环境要素影响机理

公交导向的城市用地发展给我国城市功能街区的发展提供了经验，由于各城市发展现实的复杂性和差异性，在促进公交主导发展的过程中需要结合不同类型城市功能街区的空间要素分布及构成特征，分析其各自有利于绿色出行方式的主导要素及构成机理，并采取差异性的街区优化策略（黄博，2016；郭亮等，2017）。

4.4.1　街区基本类型特征

本研究选取湖北武汉为调查城市，在城市的不同区位和地段，以 300m×300m 为街区选择的基本尺度，结合现有的路网密度和街区开发利用现状，选取了 8 个典型案例作为调查样本街区，于 2013 年 11 月上旬开展了交通出行和街区环境的同步调查。8 个街区的用地现状图如图 4-14 所示，基本情况见表 4-9。针对用地构成的不同方面，拟对街区的用地进行混合度与开发强度两个方面的指标分析，为之后街区环境要素的分析提供参考依据。

各街区基本情况　　　　　　　　　　表 4-9

街区编号	街区名	形成年代	主要用地类型	主要道路
A	六合社区所在地	20 世纪 90 年代	居住、商业	中山大道、胜利街
B	三阳社区所在地	20 世纪 90 年代	居住、行政、商业	中山大道、胜利街、沿江大道、三阳路
C	光谷金融港 A 区	2010 年	商务	金融三路、光谷大道
D	常青花园第五小区	2000 年	居住	金银潭大道
E	付家坡小学所在地	20 世纪 90 年代	居住、学校、商业	武珞路
F	武昌公交六公司所在地	1998 年	交通、商业	和平大道、冶金大道、工业路
G	钟家村商圈	20 世纪 90 年代	居住、行政、商业	汉阳大道、鹦鹉大道
H	长咀工业园	2010 年	工业、居住	高新六路、康魅路

来源：作者根据调研资料整理。

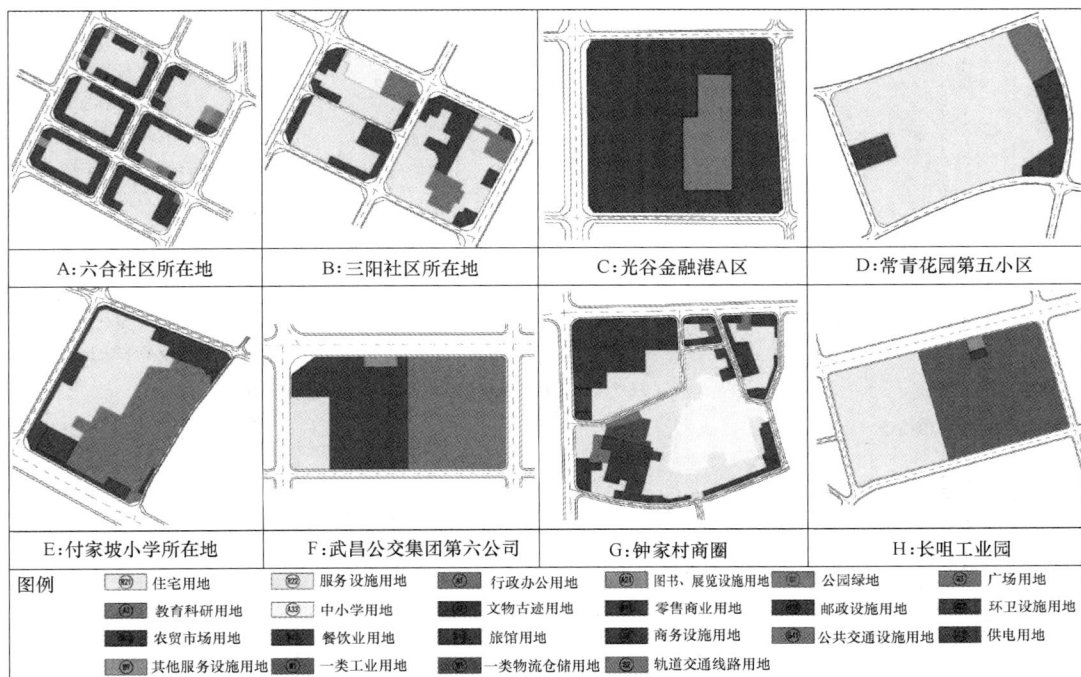

图 4-14　各街区用地现状图

注：出于图片排列的需要统一了图片画幅，各街区采用了不同的显示比例，仅供用地功能构成参考；此处的街区英文代码与后续的"基本用地单元"代码没有关联

研究中，我们把城市用地中的居住、商业服务业、行政办公、教育科研、交通场站、工业仓储六大类用地确认为交通产生的出发点和吸引点。根据每个街区与出行紧密相关的用地占这些用地总面积的构成比（图 4-15），结合 SPSS 聚类分析方法，将 8 个调研街区进行用地类型的划分。

聚类分析结果显示，A、B、G 街区在用地构成类型上有很大相似性，被划分为一类，属于典型的商住混合型街区；而 E、F 街区虽然教育科研和交通场站用地构成比重较高但仍与这 3 个街区较类似，因此可以将这 5 个街区划定为同一类型。其次，结合各街区具体的用地构成，可以发现 C、D、H 街区分别表现出典型的商务主导、居住主导、工业主导的特点。以聚类分析结果和用地构成现状为依据，这 8 个街区被划分为 4 个典型类别——商务主导型、居住主导型、工业主导型以及商住混合型。

4.4.2　确定相关影响要素

影响城市街区出行选择的要素很多，但主要包括三个方面：

（1）与出行直接关联的是出行样本的交通特征。不同的交通工具和出行方式所适用的

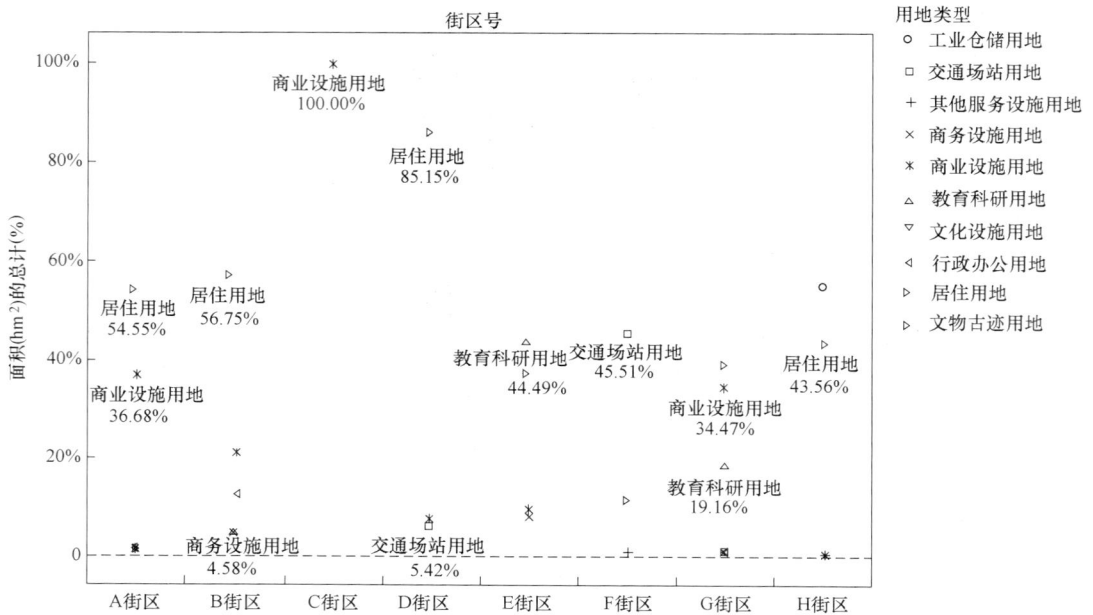

图 4-15　各街区不同类别用地构成结构

范围是不一样的。进行短距离的出行时，人们更愿意选择慢行交通方式，通过步行或者自行车的方式完成出行活动；而当出行距离超出步行或者骑自行车的耐受范围时，人们会采用更加高速的出行工具予以替代，如助动车、公交和小汽车。在出行距离确定时，人们采用何种出行方式则取决于其经济和时间成本的综合考量、交通工具的使用能力，以及出行环境的影响。因此，在子模型建立时，交通特征可以作为一个重要的控制变量，作为进一步细致分析的条件。

（2）个体社会经济属性决定了人们的出行偏好，对出行选择有很大影响。本研究调研的社会经济属性主要包括年龄、性别、职业、收入等方面的要素，不同的出行样本个体社会经济属性其出行决策也有显著差异，这构成了调查对象重要的主观决策背景。

（3）街区空间环境属性是出行选择的空间载体，间接影响了出行活动。本研究整理的环境属性涵盖了所处城市区位、街区用地构成、人口密度、交通设施配置、街区房价等方面多个要素。在现实环境中，这些要素对出行选择的影响是复杂而多样的，多个要素之间本身存在着一定程度的内在关联，他们又共同作用对出行产生新的影响。如公交线网、站点和密度等要素针对公交出行有很大影响，当这些要素得到更好的组合配置时，对促进公交出行是有极大的提升力的。环境属性类要素是出行的客观载体，对出行选择同样拥有重大影响。

4.4.3　模型原理及过程

1. 模型原理

本研究的出行主要分为 5 个类别，分别是步行、自行车、公共交通、轻型机动车和小汽车交通。由于因变量为 2 个以上的类别变量，因此在建立出行选择的模型时，选取多项逻辑回归模型（Multinomial logistic regression model）进行模拟。

模型建立的基本原理为，若因变量有 J 个类别取值，则需以其中一个指定的类别作为参考类别，将其他类别分别与它进行比较，建立 J-1 个 logistic 模型方程。假设选定 $y=J$ 为参考类别，则对于 $y=j$，其回归模型示意如下：

$$\ln(P_j/P_J)=B_{j0}+B_{j1}X_1+B_{j2}X_2+B_{j3}X_3+\cdots+B_{ji}X_i$$

其中，$\ln(P_j/P_J)$ 为两种方式选择优势的自然对数值；J 为参考类别；j 为因变量类别，$j=1, 2, 3, \cdots, J-1$；i 为自变量样本数。

结合本研究的调研目的，针对因变量的 5 个取值，拟将小汽车交通出行（P_5）设定为参考类别，将其他 4 类交通出行选择与其进行对比参照，将回归模型转变为 4 组分析方程，分别代表步行（P_1）与小汽车交通、自行车（P_2）与小汽车交通、公共交通（P_3）与小汽车交通、轻型机动车（P_4）与小汽车交通的出行选择优异比较，如方程（4-1）～（4-4）所示：

$$\ln(P_1/P_5)=B_{a0}+B_{a1}X_1+B_{a2}X_2+B_{a3}X_3+\cdots+B_{ai}X_i \tag{4-1}$$

$$\ln(P_2/P_5)=B_{b0}+B_{b1}X_1+B_{b2}X_2+B_{b3}X_3+\cdots+B_{bj}X_j \tag{4-2}$$

$$\ln(P_3/P_5)=B_{c0}+B_{c1}X_1+B_{c2}X_2+B_{c3}X_3+\cdots+B_{ck}X_k \tag{4-3}$$

$$\ln(P_4/P_5)=B_{d0}+B_{d1}X_1+B_{d2}X_2+B_{d3}X_3+\cdots+B_{dm}X_m \tag{4-4}$$

2. 模拟过程

在三大类别的要素中，相对于个体社会经济属性要素和个体交通特征要素（统称个体属性特征要素），街区空间环境属性要素（简称街区属性要素）对个体出行方式选择的影响显著性相对薄弱，因此在模型建立的过程中，需要手动对该模型进行分步骤模拟。模型的建立过程可以分为两个步骤——个体属性特征模拟和分步骤街区属性模拟。

个体属性特征模拟是模型建立的基础，它通过将个体社会经济属性中的要素和交通特征要素[①]纳入模型当中，评估各要素的显著性，从而最终确立纳入模型的基础要素。同时，个体属性特征要素也是子模型建立时的限定变量，可以通过筛选不同情境下的数据对出行选择进行细致深入分析。

分步骤街区属性模拟是在个体属性特征模拟的基础上，将街区空间环境属性要素依次纳入模型的筛选过程。通过分析各街区环境要素对不同出行选择的影响显著性和影响倾向

---

① 交通特征并不是个体社会经济属性和街区空间环境属性这两类本质属性中的要素，但同样对出行选择有很大影响，因此选用该数据作为总体模型构建的重要控制要素。

参数值，得出模型建立的基本结论。

4.4.4 筛选主导环境要素

借助上述分析可以基本把握多类型街区的社群基本属性，并提炼出影响出行的主导环境要素（表 4-10）。

多类型街区的社群基本属性和出行主导环境要素 表 4-10

街区类型	社群基本属性	出行主导环境要素
商住混合型街区	31 岁以上、学生和自由职业、月收入 4000 元以下的构成比例较高	道路网密度、道路面积率、公交线路条数、公交线网密度、公交站点数、支路网密度、支路网面积率、靠近轨道交通站点
商务主导型街区	全天上班、月收入 2000 元以上的构成比例较高	道路网密度、公交线路条数、公交线网密度、停车位数
居住主导型街区	学生和自由职业构成比例较高	公交线路条数、公交线网密度、公交站点数、用地混合度、道路网密度、停车位数、支路网密度、支路网道路面积率、靠近轨道交通站点
工业主导型街区	男性、全天上班的构成比例较高	公交线路条数、公交线网密度、公交站点数、道路网密度、人口密度、平均房价、道路面积率

来源：作者整理

出行方式选择受到多种要素的影响，如用地模式、交通设施配置、交通管理组织以及周边房产价格等。通过量化研究发现，以上要素确实对出行特征产生一定影响：建成年代较晚且用地混合度较低的用地极易催生私人交通，支路系统、公共交通网络较为完善的地区有助于绿色低碳出行；交通管理主要是停车管理和非机动车管理的规律性有助于出行环境水平提高；职住平衡或相对均衡的地区低碳出行比例也相对较高。由此得出，城市中心区的用地应该注重适度混合，积极利用轨道交通；提高线网密度和公交覆盖度，合理确定道路宽度及停车位数量；注重使用停车收费的杠杆作用，并尝试多种行之有效的交通管理组织方式；还应根据街区职工就近居住的需求程度，合理引导房地产的发展。

具体来说，个体机动化的冲击导致绿色出行方式比重下降在城市街区层面表现得尤为突出，一般认为高建筑密度、多样的用地混合及较高的公交服务水平有利于公共交通出行选择。不同功能主导类型的街区出行环境模式指标与各自出行特征存在特殊关联，并因此得到不同类型街区的布局优化策略。

由于街区尺度相对较小，大城市中的街区由于用地构成不同，形成了多类型特征，多要素的影响机理在不同类型街区存在着差异。根据街区类型划分，对多类型街区的出行选择和环境要素数据进行整理，通过量化的数据把握不同类型街区的出行、环境及其相互关系。

（1）商住混合型街区出行的主导环境要素为道路网密度、道路面积率、公交线路条数、公交线网密度、公交站点数、支路网密度、支路网面积率、靠近轨道交通站点。其基本特点表现为：用地混合度、人口密度、道路网密度和面积率、支路网密度和面积率显著较高，公交线网密度、线路条数和站点数明显较多，停车位数相对较少。

（2）商务主导型街区出行的主导环境要素为道路网密度、公交线路条数、公交线网密度、停车位数。其基本特点表现为：商务主导型街区用地混合度显著较低，道路网密度、公交线网密度、停车位数较低，但道路面积率较高，平均房价显著较高。

（3）居住主导型街区出行的主导环境要素为公交线路条数、公交线网密度、公交站点数、用地混合度、道路网密度、停车位数、支路网密度、支路网道路面积率、靠近轨道交通站点。其基本特点表现为：居住主导型街区用地混合度、道路网密度和面积率、显著较低，支路网密度和面积率、公交线网密度、站点数和线路条数、停车位相对较高。

（4）工业主导型街区出行的主导环境要素为公交线路条数、公交线网密度、公交站点数、道路网密度、人口密度、平均房价、道路面积率。其基本特点表现为：工业主导型街区道路网密度较低，但道路面积率较高，停车位数相对较少，公交线网密度、站点数和线路条数、人口密度、平均房价显著较低。

4.4.5　多类型街区出行环境模式构建

根据多类型街区样本的现状特征，抽象整理出五个模式。其中，商住混合型街区由于不同的道路—用地构成，提炼出的出行环境模式有两种典型代表形式；而其余三种类型街区则分别提炼出一种形式。每个模式包括用地构成、道路系统结构、公共交通这三个层次的指标（表 4-11），各指标值都是由调研街区的样本数据提炼而来的。最终整理出多类型街区的出行环境模式（图 4-16）。

多类型街区出行环境模式现状指标　　　　　　　　表 4-11

街区类型	用地构成	道路系统结构			公共交通			
	用地混合度	道路面积率	道路网密度 km/km²	停车位数量（个/hm²）	公交线网密度 km/km²	公交线路条数	公交站点数	轨交站点数
小街廓商住混合型	1～1.5	20%～28%	20～28	20～40	7～10	30	8	0
大街廓商住混合型	1～1.5	15%～24%	10～16	30～50	7～12	25	8	1
商务主导型	0～0.5	9%～15%	6～10	50～70	3～5	10	2	0
居住主导型	0～0.5	5%～9%	6～10	70～100	4～7	20	6	0
工业主导型	0～0.5	9%～15%	6～10	50～70	3～5	5	2	0

来源：作者整理。

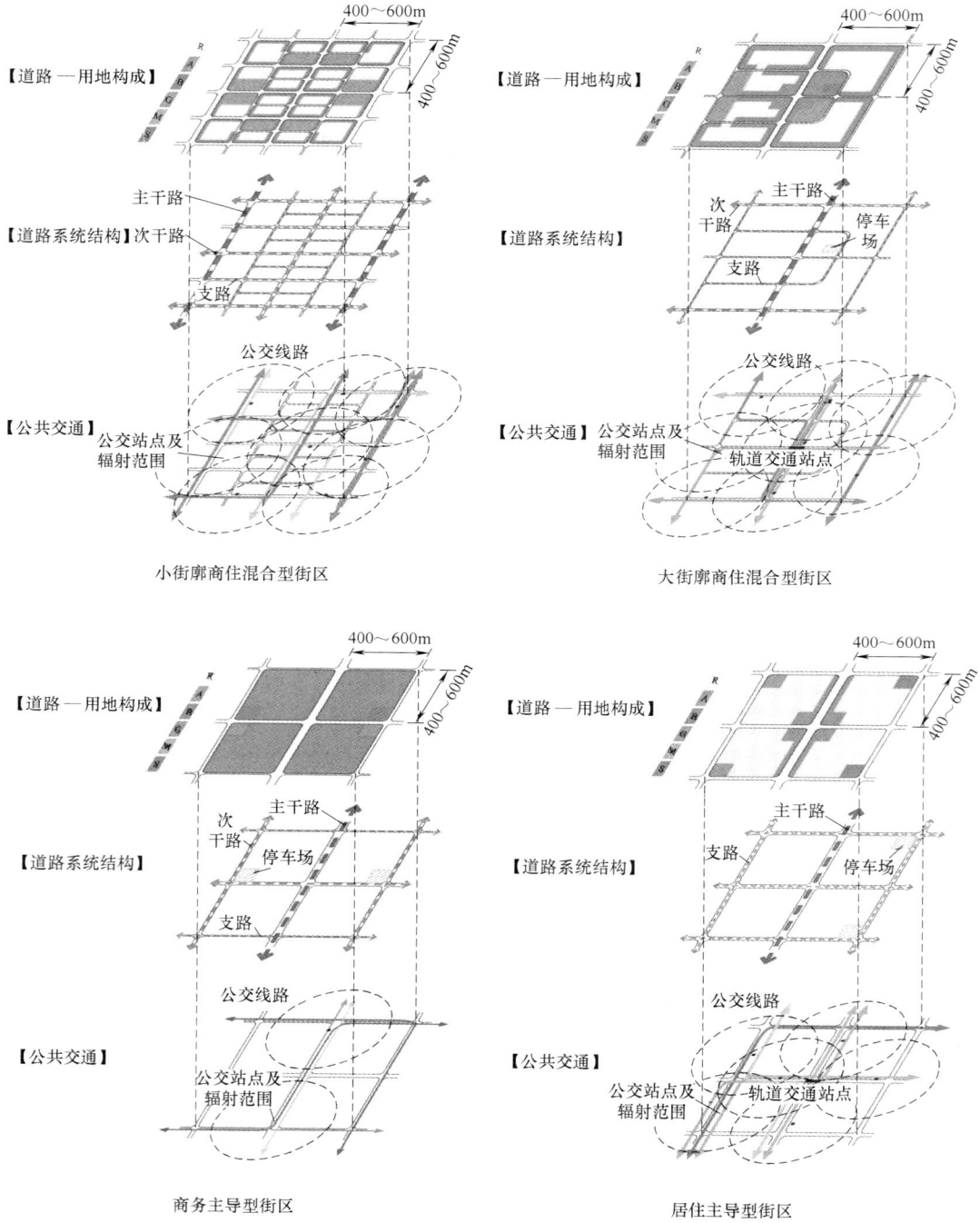

【道路—用地构成】

【道路系统结构】

主干路
次干路
支路

【公共交通】

公交线路
公交站点及
辐射范围

小街廓商住混合型街区

【道路—用地构成】

【道路系统结构】

次
干路
主干路
停车场
支路

【公共交通】

公交线路
公交站点及
辐射范围
轨道交通站点

大街廓商住混合型街区

【道路—用地构成】

【道路系统结构】

次
干路
主干路
停车场
支路

【公共交通】

公交线路
公交站点及
辐射范围

商务主导型街区

【道路—用地构成】

【道路系统结构】

主干路
支路
停车场

【公共交通】

公交线路
公交站点及
辐射范围
轨道交通站点

居住主导型街区

图 4-16　多类型街区出行环境现状模式（一）

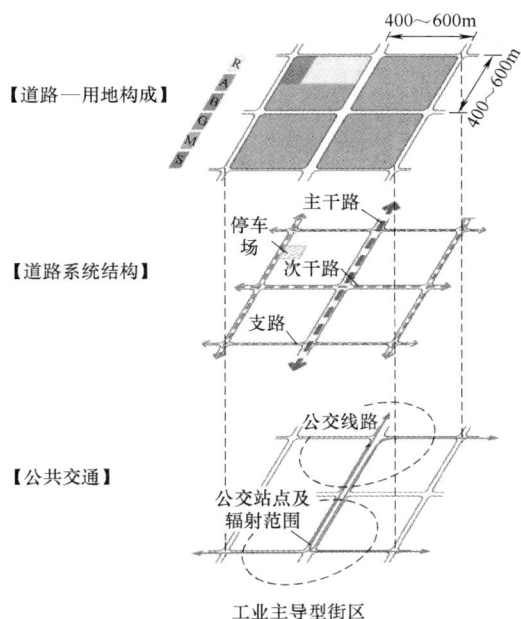

图 4-16　多类型街区出行环境现状模式（二）

4.4.6　多类型街区出行环境模式优化

针对各类型街区的不同建设现状，其优化策略也有很大差异，总体上来说，出行环境的改善策略包括四个方面：

（1）用地构成优化方面，提出了控制周边居住用地的住房供应结构、用地混合度调整等措施。

（2）道路系统结构优化方面，提出了发展立体停车、设立非机动车专用道、P＋R 模式建设等措施。

（3）公共交通优化方面，提出了发展支路小公交、设置简易公交站点、设立高峰期公交专用道、设立轨道交通站点或公交枢纽站点等措施。

（4）交通管理组织优化方面，提出了组织单向交通、实施拥堵收费、停车收费、组织停车空间共享、建设开放式住区等措施。

其中，交通管理组织方面的措施对实体的环境空间改动较少，仅通过管理方式的改变，实现出行软环境的改善，是非常重要的一个方面。

（1）针对小街廓商住混合型街区（图 4-17），重点需要考虑的出行环境优化目标是，解决在高密度窄路幅路网情况下公共交通线路和站点安排的难题，优化公共交通出行环境，提升公共交通出行选择率，控制小汽车交通的出行。具体改善策略是：一是组织单向交通，提升道路通行能力；实行拥堵收费，控制交通流量；二是发展支路小公交，设置简易站点和专用车道；三是引入轨道交通站点，鼓励轨道交通出行。

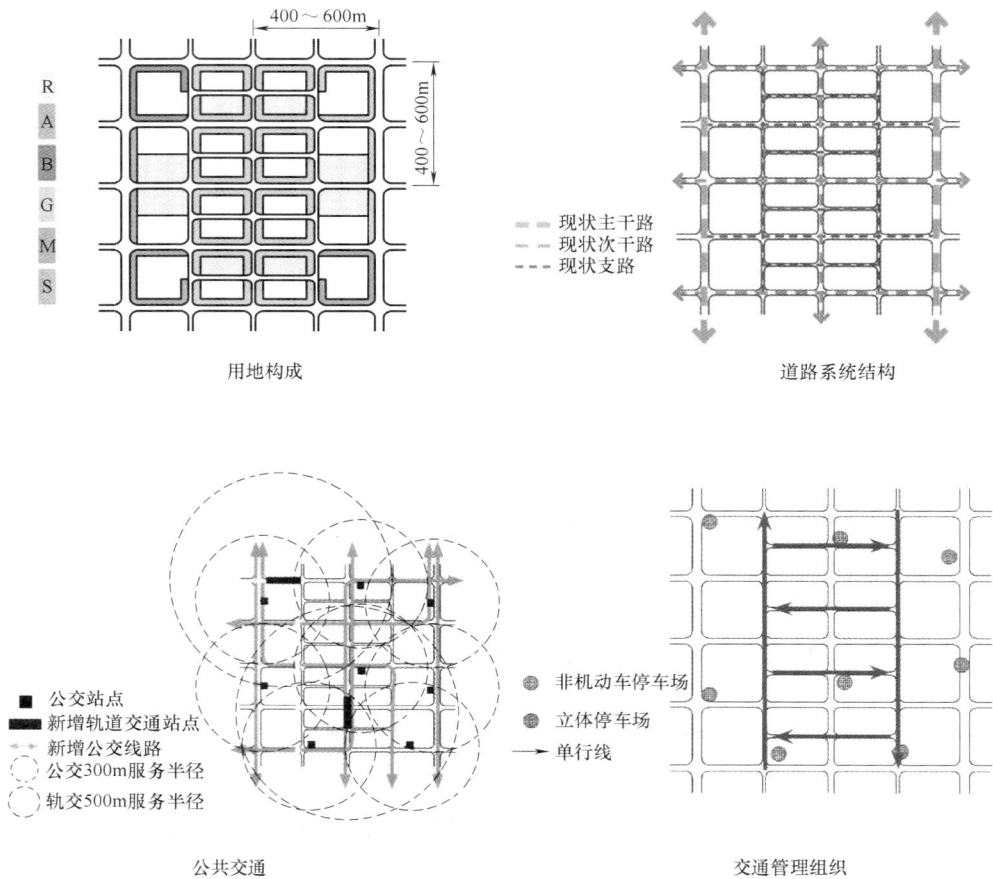

400～600m

400～600m

R
A
B
G
M
S

用地构成

现状主干路
现状次干路
现状支路

道路系统结构

公交站点
新增轨道交通站点
新增公交线路
公交300m服务半径
轨交500m服务半径

公共交通

非机动车停车场
立体停车场
单行线

交通管理组织

图 4-17　小街廓商住混合型街区出行环境模式优化

（2）针对大街廓商住混合型街区（图 4-18），该类型街区出行环境优化的重点目标是，优化自行车出行环境，提升自行车出行选择率；控制小汽车交通的出行。具体改善策略是：一是发展立体停车，鼓励停车空间共享；二是设立非机动车专用道；三是结合公共交通站点设立小型换乘停车场，鼓励自行车和大运量公共交通间的换乘。

（3）针对商务主导型街区（图 4-19），该类型街区出行环境优化的重点目标是，优化慢行出行环境，提升自行车出行选择率；提升公共交通出行环境，控制小汽车交通的出行。具体改善策略是：一是应调整周边居住用地的住房供应结构，鼓励小户型开发，促进

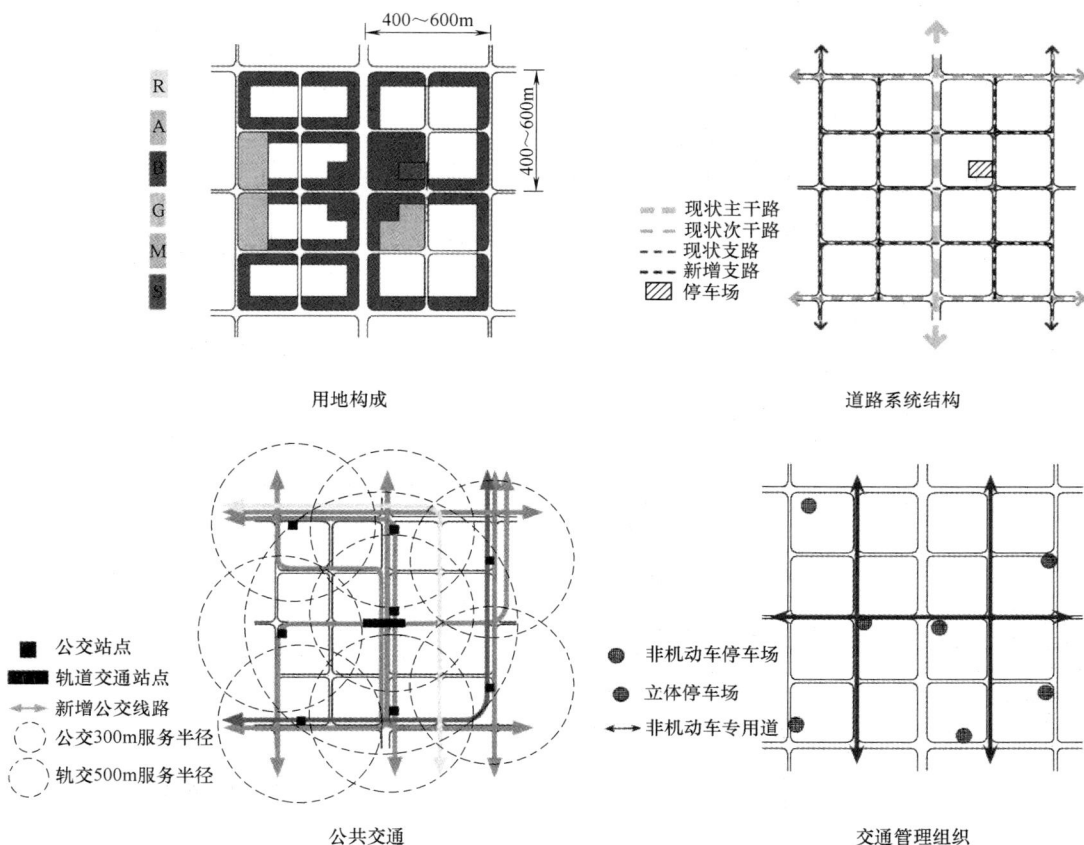

用地构成

道路系统结构

公共交通

交通管理组织

图 4-18　大街廓商住混合型街区出行环境模式优化

职住平衡；二是设立公共交通枢纽，建设 P＋R 模式；三是调整停车收费，设立非机动车专用道。

（4）针对居住主导型街区（图 4-20），该类型街区出行环境优化的重点目标是，优化用地和道路环境，缩短通勤出行距离；改善慢行出行环境，提高步行和自行车出行选择率，同时控制小汽车交通出行。具体改善策略是：一是调整用地混合度，促进实现职住平衡；二是建设开放住区，引入公共交通，提高可达性；三是 P＋R 模式构建，鼓励公共交通。

（5）针对工业主导型街区（图 4-21），该类型街区出行环境优化的重点目标是，优化公共交通和自行车出行环境，提升绿色交通出行选择率。具体改善策略是：一是优化公共交通站点和线路安排；二是保证用地适度混合，增加小户型住房供应；三是结合公共交通站点设立换乘停车场。

用地构成

道路系统结构

R
A
B
G
M
S

400～600m

400～600m

现状主干路
现状次干路
现状支路
新增支路
停车场

公交站点
新增公交站点
新增轨道交通站点
新增公交线路
公交300m服务半径
轨交500m服务半径

公共交通

P+R停车场
非机动车停车场
非机动车专用道

交通管理组织

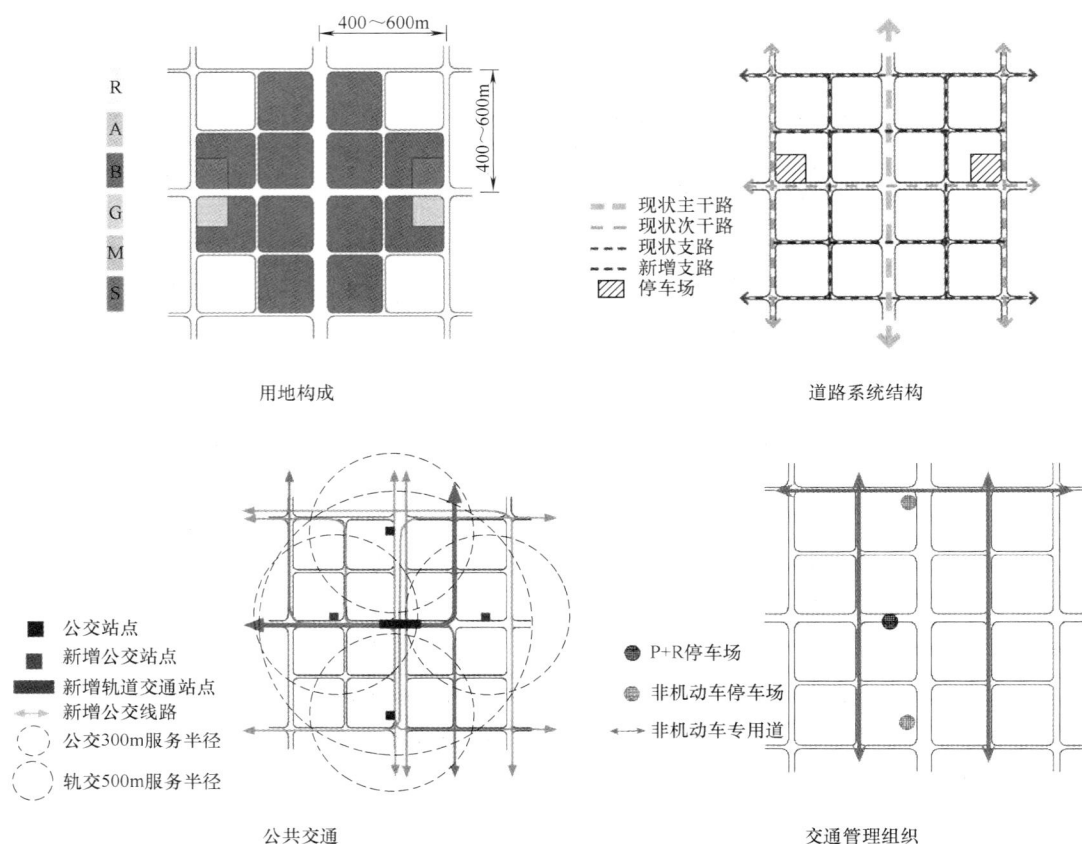

图 4-19　商务主导型街区出行环境模式优化

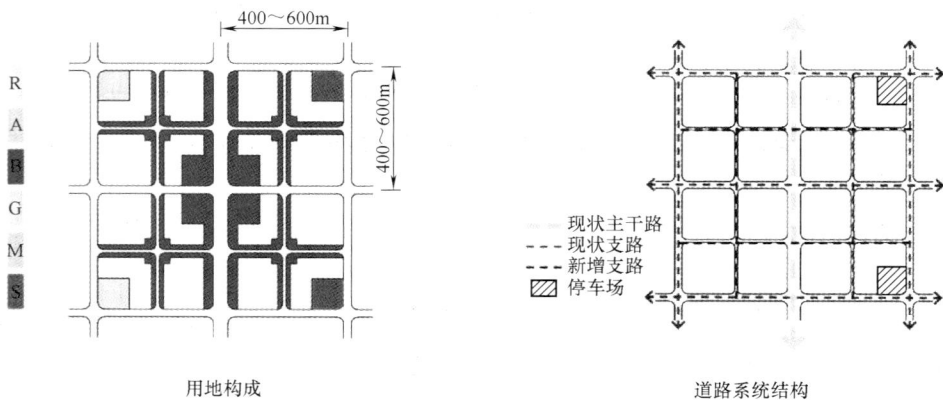

用地构成

道路系统结构

R
A
B
G
M
S

400～600m

400～600m

现状主干路
现状支路
新增支路
停车场

图 4-20　居住主导型街区出行环境模式优化（一）

公交站点
轨道交通站点
新增公交站点
新增公交线路
公交300m服务半径
轨交500m服务半径

P+R停车场
非机动车停车场
非机动车专用道

公共交通　　　　　　　　　　　　　　交通管理组织

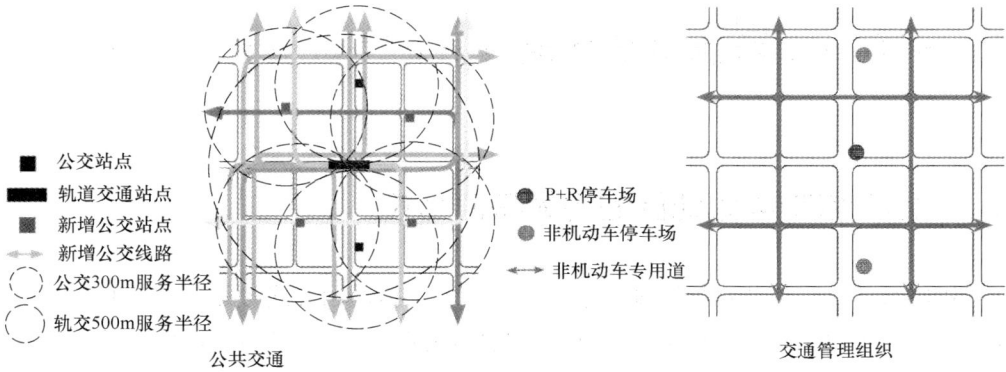

图 4-20　居住主导型街区出行环境模式优化（二）

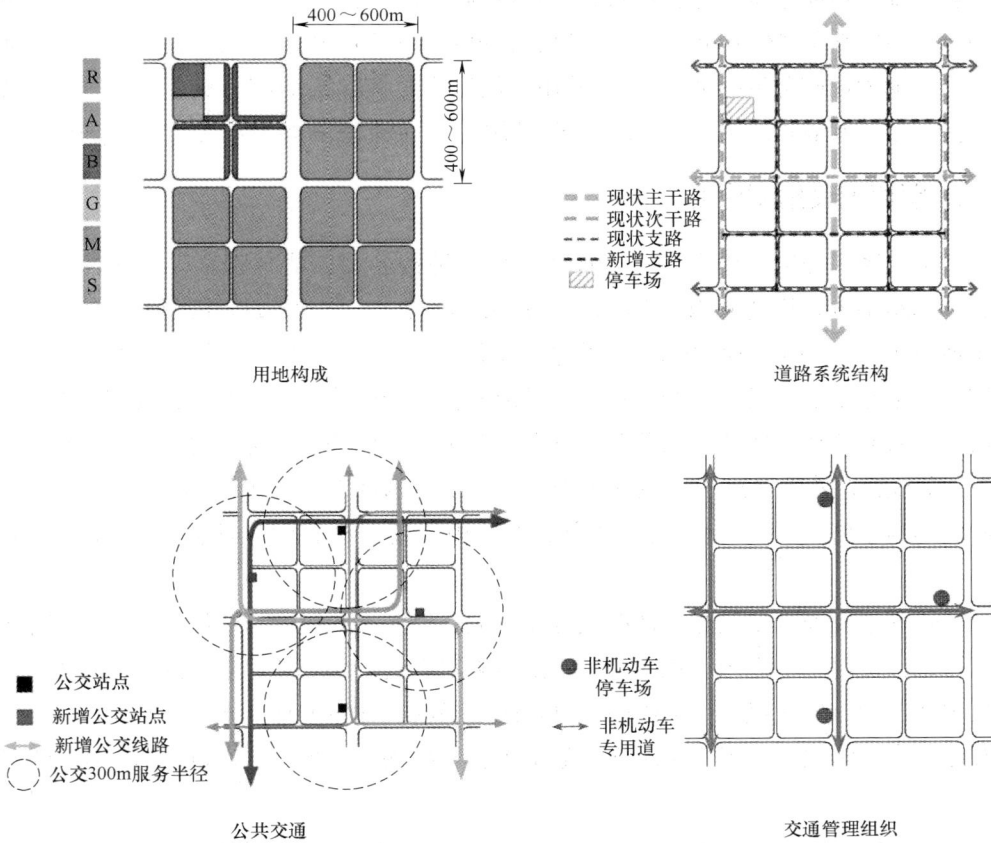

400～600m
400～600m

R
A
B
G
M
S

现状主干路
现状次干路
现状支路
新增支路
停车场

用地构成　　　　　　　　　　　　　　道路系统结构

公交站点
新增公交站点
新增公交线路
公交300m服务半径

非机动车
停车场

非机动车
专用道

公共交通　　　　　　　　　　　　　　交通管理组织

图 4-21　工业主导型街区出行环境模式优化

4.5　城市重要功能街区交通与土地使用模式的对比

4.5.1　四个城市中心地区的相关特征比较

一般城市主要交通节点地区都位于中心区，其土地使用方式较复杂，由此带来的交通问题较多。为了便于比较，以下选取顺德大良中心区、遵义丁字口、眉山老城区、重庆沙坪坝三峡广场等四个城市的中心区域作为研究对象，把其用地开发使用情况作为研究基础，结合周边交通设施的分布，与当时的交通状况进行对比分析，以期了解城市用地发展与其周边交通设施协调发展的相关特征。主要对比特征为土地使用特征（包括用地结构、土地开发强度、用地混合程度）、公共交通特征（公交线路、公交站点、公交运营）、道路交通和设施（道路结构、道路运行、停车设施）等。其中，对土地开发情况的调查可通过Google-earth图像进行分析[①]，对用地混合程度的分析可通过"土地利用破碎度指数"来衡量。土地利用破碎度指数[②]（C）常用于测度土地被分割的破碎程度，即不同类型土地斑块的数量，其表达式为：$C = \sum n_i / F$，其中，F为土地总面积（赵延峰，2006）。

1. 顺德大良组团中心

大良组团中心区该中心区位于凤岭公园、钟楼公园和清晖园之间，被凤山路、清晖路、鉴海路围合，用地面积约73hm^2（图4-22）。其中，公共设施用地约占65%，住宅设施用地占10%，绿化用地占8%，道路设施用地占17%；用地开发强度虽比周边地区相对较高，但是由于中间还夹杂一些中、低层商住混合的建筑，故开发强度只能算中等；由于用地相对来说比较完整，因此其"混合度"为中；此外，周边道路共有11条公交线路、7处公交站点；外围道路为一主（凤山路）二次（清晖路、鉴海路），目前周边三条道路饱和度均为道路0.5～0.8，运行情况良好；用地范围内有两处社会停车场，共有65个车位。

结合周边交通设施运行的情况，可以对大良组团中心区的形成结构作一个基本判断：

顺德大良组团中心用地规模较小，虽然被次干路东西分离，但实际上主要的商业活动都集中在西侧，这大概与大良组团本身空间布局的"非集聚化"有关。在中心区内部的跨路交通不多的情况下，周边道路交通显示了良好的秩序。当然，通过周边道路的公交线路

[①]　其主要评判标准为看高层建筑开发是否"集聚"，如是则为"高"，如高层建筑较少而多层、低层建筑较多则为"中"，如高层建筑虽多但较分散则为"中高"。

[②]　空间布局指数的大小反映了人类活动对土地使用的干扰程度，一般随着城市的发展和混合用地程度的增加，土地利用的多样性、均匀度、破碎度提高。

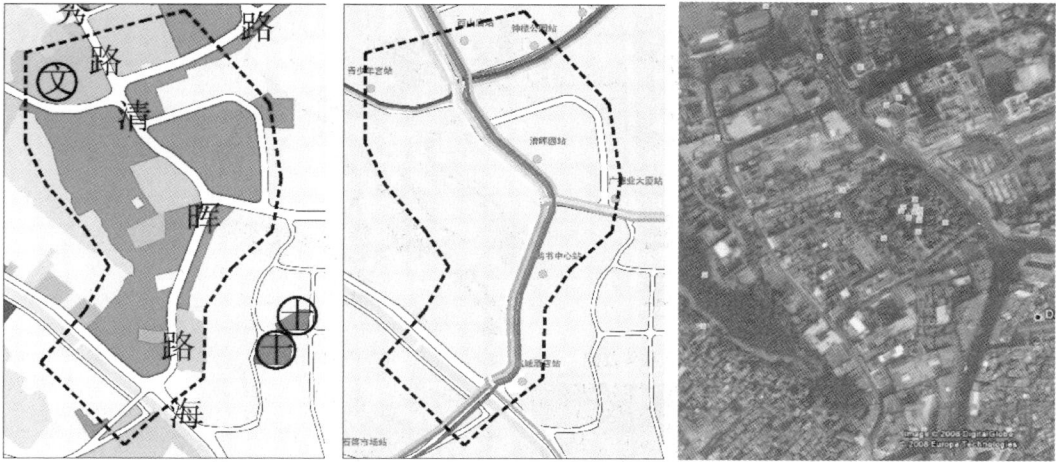

图 4-22　顺德大良中心区用地、公交、开发的基本情况

多达 11 条，这给中心区人流的集散提供了保障。同时，由于摩托车、小汽车拥有量较高，在其周边布置的公共停车场发挥了一定的作用。

2. 遵义丁字口地区

遵义丁字口地区是由原遵义县城的中心发展而来，因此周边商业、办公、住宅相互混合，由于道路多是劈山得来，故两侧用地开发强度较高、间距较小，人口密度相当高（约为 2 万～3 万/km²）；由于用地"破碎度"较高，因此其功能混合程度也较高（表 4-12）。

丁字口地区整体范围各类用地面积　　　　　　　　　　表 4-12

用地类别	居住用地	商业	行政办公	文化体育	教育	医疗	市政	文物古迹
占地面积(m²)	588344	137851	6504	6754	31519	17556	2072	11558

在丁字口节点范围内，有 18 条公交线路通过，沿"Y"形交叉口每条道路有一处公交站点。目前，节点地区交通非常拥堵，"Y"形交叉口三条道路饱和度达到 0.8～1.0，显示此处交通拥堵相当严重。

就上述情况，可以对遵义丁字口地区形成结构作一个基本判断：

遵义丁字口地区是整个遵义市的中心，由于道路稀缺，几乎大量的公共建筑都临主要道路，因此，主要道路经常承担着交通、商业等综合性功能，加上道路两侧建筑开发量大，给道路交通增加了很大压力。在此情况下，公交的发展就成为必然的选择。但是由于用地条件的限制，公交都是占路停车，在公交车流较大时，就会对道路的运行造成很大的干扰。同时，主要道路两侧的商业开发给行人提供了穿越道路的理由，而平面过街的解决方式更加加剧了交通的拥堵（图 4-23）。

3. 眉山老城区

眉山市的中心区实际上就是老城区，由于路网较密集，出于保持完整形态的考虑，可

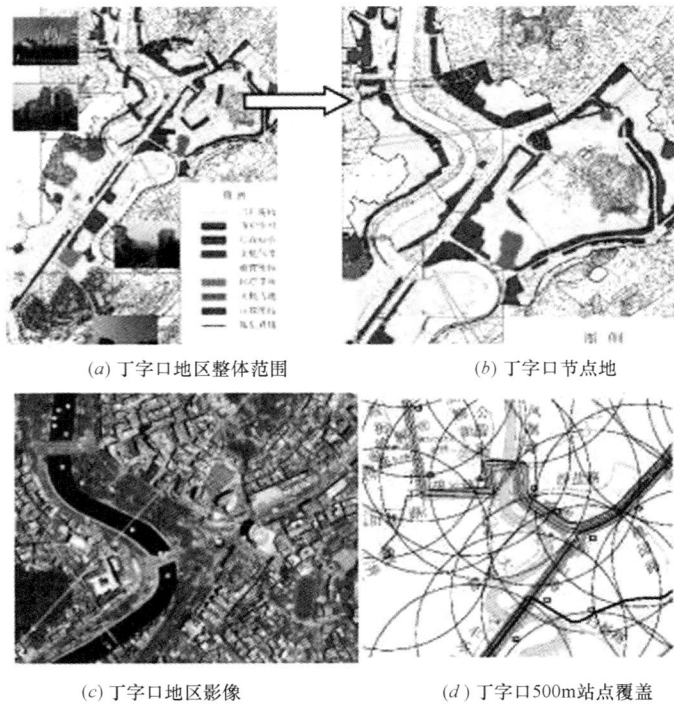

(a) 丁字口地区整体范围   (b) 丁字口节点地

(c) 丁字口地区影像   (d) 丁字口500m站点覆盖

图 4-23 丁字口节点地区用地和公交情况

把整个老城区作为研究的对象。因此，这里需要与其他几个城市在中心区范围的选取上有所不同，相对范围较大。但并不是说眉山市的中心区就比其他城市要大，这是需要特别说明的。

选取的眉山老城区的占地面积约为 222.5hm²，其中，居住用地约占 42%，公共设施用地约占 32%，区内道路约占 18%，其他类用地约占 8%。由于用地"破碎度"较高，显示了用地的混合程度也较高。其北部外围为一条东西向主干道，另有三条次干路组成的环线。

从老城区内部及周边道路饱和度来看，除了几条道路因较窄而饱和度较大以外，其他道路运行情况都较好。此外，眉山公交在出行中所占的比重达 11.36%，采用公交的出行时耗为 23.13min，而平均出行时耗为 18.38min，显示公交的服务水平较高。

就上述情况，可以对眉山老城区形成结构做一个基本判断：眉山中心区与前面两个城市的特征不一样，是以老城为基础发展起来的中心区，这一特点是其他小城市的共性。虽然老城道路密集，但路宽较窄，这给减少公交车的进入提供了理由。在范围不太大的时候，依靠在老城区外围周边布置的公交线路和站点（300m 半径就覆盖了整个中心区）就可以解决区内的出行，从另一方面也说明这一区域具有良好的可达性。但是就小汽车而言，仍然会有不少进入本身狭窄的道路，这对其内部交通环境和停车方式提出了挑战（图 4-24）。

(a) 地城区用地示意　　　　(b) 老城区周边公交示意　　　　(c) 老城区道路饱和度

图 4-24　眉山老城区土地使用和公交布局示意

4. 重庆沙坪坝三峡广场

重庆沙坪坝的中心区就位于现在的三峡广场，其周边交通与用地的发展更具有代表性（图 4-25）。

核心区现状用地以教育、商业和居住为主，其中，公共设施类用地占到 36.4%，居住用地占 28.5%，道路广场设施占 16.8%，其他用地占 18.5%；此外，由于很多建筑年代较近，因此用地混合程度为"中等"。

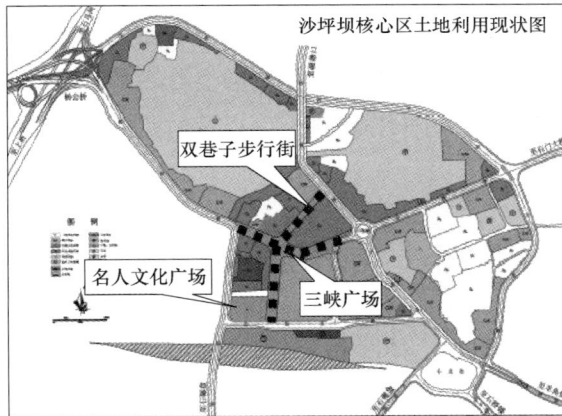

图 4-25　重庆三峡广场步行街建设阶段示意

沙坪坝核心区是重庆市的主要交通枢纽，公交线路比较密集，除常规的公交车（大巴）外，还有中巴车和小巴车。现状通过或始发于中心区的公交线路共 62 条（大巴 52 条，中巴、小巴 10 条），核心区公交网密度较高，达 4.5km/km²，300m 半径的车站服务面积率为 87%；就道路交通的运行情况来说，沙坪坝中心区主要道路路段平均饱和度为 0.62，处于 C 级水平。其中：汉渝路（石门大桥—龙泉路）、石小路、渝碚路（天梨路—

杨公桥立交）、嘉陵路、天梨路的负荷较大，超过了 0.8，高峰期接近饱和状态（图 4-26）。

图 4-26　沙坪坝中心区主要道路饱和度示意

就上述情况，可以对沙坪坝核心区的形成结构作一个基本判断：沙坪坝三峡广场的形成有着特殊的背景。其建设大致经历了三个阶段，即由 1998 年双巷子步行街建设→1999年名人文化广场建设→2001 年三峡广场建设这几个阶段。实际上在建设步行街之前，原有的东西向和南北向的两条街都是主要的城市道路，尤其是东西向的道路发挥着重要的交通功能。但是随着步行街的建设，区内主要的交通被截断，而大量的外围交通只能绕行。事实证明，三峡广场建好后，虽然吸引了大量的人气，促进了商业的繁荣，但是沙坪坝中心区的交通也由此变得更为拥堵，区内建筑的高强度开发是产生大量交通的直接原因，尤其是主要交通干道被截断导致的路网密度降低，以及由此产生的过多交通绕行更是"罪魁祸首"。

4.5.2　城市中心区用地布局和交通模式比较

前面对几个城市中心区的用地情况和交通情况的描述可以汇总成表 4-13，以此为基础可展开进一步对比。

通过以上对几个城市中心区现状的分析，可以把当前城市中心区的发展模式进行归类（图 4-27）。

其中，顺德和遵义是以 A 模式为主（实际上邯郸也是如此），眉山是以 B 模式为主，重庆沙坪坝是以 C 模式为主。各模式的主要特征如下：

（1）A 模式是目前国内城市较常见的用地发展模式，所带来的弊端也相当大，虽然沿主要道路布设的公交会比较发达，也有助于解决相当一部分的出行。当公交过多时，港湾站的不足会导致过多的路抛式停车，再加上人行过街的数量较多，都会对正常的道路行车

几个城市中心区的用地和交通特征汇总　　　　　　　表 4-13

	用地面积 (hm²)	用地结构（%）				用地特征		公交情况			道路和停车		
		公共设施	住宅	其他	内部道路	开发强度	混合度	公交线路	公交站点	公交运营	外围道路	道路运行	停车设施
顺德大良中心区	70	75	12	10	3	中高	中	11	7	—	1主、2次	良好	2 处
遵义丁字口地区	80.22	26.7	73.3	—	—	高	高	18	3	较好	3 主	道路拥堵	路边停车
眉山老城区	222.5	32	32	5	18	中	高	3	—	较好	1主、3次	良好	路边停车
重庆三峡广场	125.5	36.4	28.5	16.6	18.5	高	中	62	多	好	5 主	道路拥堵	配建停车

注：重庆沙坪坝核心区中道路指标之所以较高是因为把外围道路计算在内。实际上但就内部道路而言，所占比重相当低，这一点可以从用地现状图上看出来。

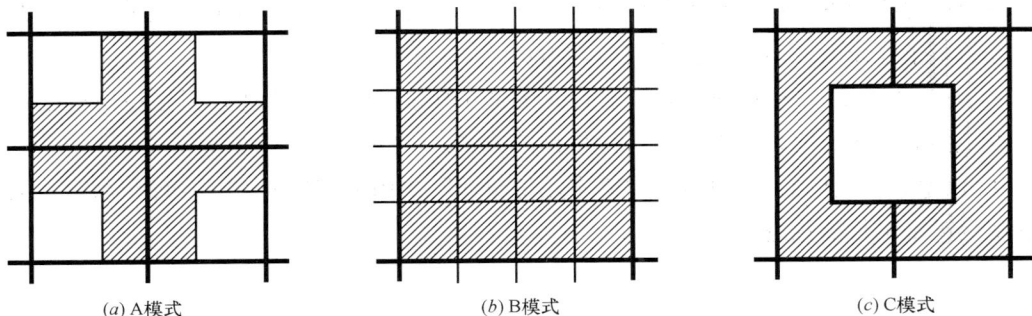

(a) A模式　　　　　　　(b) B模式　　　　　　　(c) C模式

注：此处及本章以后的功能街区编号与前述 4.4 节中的编号没有关联

图 4-27　几种现状功能街区发展模式示意

秩序造成影响。因此，如非迫不得已，这种城市中心的布局方式应该尽早被"抛弃"。但是，考虑到我国很多城市中心区的发展都是以这种模式开始起步，探讨对这种布局模式的改进方法就显得很有意义。

（2）B 模式在很多小城市的老城区经常可见。虽然有着良好的街区尺度和路网密度，但是在机动化快速发展的今天也不得不忍受着日益激烈的冲击。尤其是对街区内部而言，增加其交通可达性就显得非常重要。

（3）C 模式通常是在 20 世纪 90 年代后期建设"步行街"的风潮影响下应运而生的。不可否认，这种处理方式所带来的效益是很大的，但是在不顾建设条件的基础上盲目建设所带来的负面影响也不容小视。

4.5.3　相关特征对比分析结论和启示

结合各模式相应的交通策略及效果的对比，可得出如下结论：

（1）把眉山与顺德、重庆作比较，遵义与顺德、重庆作对比，可以得出关于用地混合度的基本趋势：即规模较大的城市其用地功能分区特征会更为明显，越是小城市混合度越高。由于较高的混合度对减少长距离出行有着重要作用，目前在用地的混合使用上还有很大推进空间。当然，这可能与大城市在土地开发过程中整体用地出让的规模过大有关。

（2）从开发强度来看，较高的开发强度会带来大量的人流、车流，并对周边交通产生强大压力。顺德的经验说明在一定的开发强度下，较多的公交线路配置可以满足机动化水平较高时的出行需求。而重庆的经验说明高强度的开发仅仅依靠公交的大量发展并不够，较高的道路网密度更是满足高强度交通需求的重要手段。

（3）眉山老城区较窄的路网难以经受机动化的冲击，但是如果老城区规模较大，则相应的老城区内部的交通可达性就较差，这就需要在有条件的道路上适当引入公交，甚至采取单向交通的方式解决机动车的通行问题。

（4）不论采取何种用地发展模式，公交的发展都必不可少，但是过多的公交站点在中心区及周边道路上的无序布局严重的影响了交通的运行，也不利于人们的换乘，因此在规模稍大的城市建设交通枢纽的需求就非常迫切。

（5）停车场的配置和布局对城市中心区交通的有序运行非常重要，但是在现有已经形成基本结构的地区，应该寻找更具可操作性的方法。

在上述结论的基础上，可以对"基本用地单元"的用地和交通进行合理布局，并根据发展现状提出可行的推进策略。

4.6 "基本用地单元"的规划和推进策略

"基本用地单元"的形成离不开较高的道路网密度。

4.6.1 道路网密度的确定

衡量道路网规划的一个重要指标就是路网密度。在道路分级的基础上，适当的路网密度可以提高公交的覆盖率，也可以给人们的出行提供更多的方式和路径选择。

城市道路分为三个等级：主干道，次干道和支路，道路宽度设置参考《城市道路交通规划设计规范》，其中主干道道路红线宽度为44m，次干道道路红线宽度为30m，支路道路红线宽度为20m。根据《城市道路设计规范》按其完全的方格网反算得出快速路，主干路，次干路，支路的间距分别为 $5000\sim6000m$、$1600\sim2400m$、$1400\sim1600m$ 和 $500\sim600m$。规范中指出大城市干道网密度为 $2.4\sim3km/km^2$，中等城市为 $2.2\sim2.6km/km^2$，建议大城市取值 $3\sim5km/km^2$，中小城市取值 $2.5\sim4km/km^2$，大城市道路网密度为 $5\sim7km/km^2$，中等城市为 $5\sim6km/km^2$，建议取值为 $6\sim8m/km^2$。由于是大中城市的简化模型，三类城市的道路宽度，道路间距均采用相同的标准，其中，中心城区主次干道间距分别为 1000m，支路间距控制在 500m，城市边缘区支路间距有所降低。一般规定，城市快、主、次、支四级道路的等级结构控制在 1∶2∶3∶6 的情况下，就可以形成较为合理的路网结构。在目前城市道路系统局部功能失效的前提下，很多学者开始进一步探讨我国城市道路等级和密度相关指标的合理性。干路网和支路网密度的大小可以反映可达性的优劣，而道路网可达性的优劣则直接反映了交通的人性化程度。

1. 干路网密度

杨佩昆教授（2003）从道路网络的"供"与"求"的平衡分析出发，认为满足基本要求的路网密度或道路数量是规划合理功能结构路网的基础。由此指出：除从远景交通需求来分析合理路网密度外，尚应从合理公共交通网密度的要求和交通信号控制系统能见实效的要求来分析合理的路网密度。在考虑道路系统与公交协同的角度得出：现有规范中建议大城市的干道网密度 2.4～3.14km/km² 偏低、中等城市干道网密度 2.2～2.64km/km² 相对偏低，建议把大、中城市干道网密度提高到 4km/km²。

杨涛（2004）认为，要使现代化城市交通控制系统（UTCS）和智能化交通系统（UITS）发挥功效，必须具备足够的路网密度，主次干路的合理间距应不超过 400m。提供足够的路网密度和系统性要比单纯追求干路的车道数、宽度重要得多。

王召森（2004）认为，合理的干道网密度为 3.3～5.0km/km²。但是，若按此密度推算，则干路以上级别的道路所占用地面积已达到或超过 8%～15% 的范围，若再加上支路所占面积，必然会接近 20%，这还未加上停车场、广场用地。因此应协调不同等级道路的宽度，使之由"宽而稀"向"窄而密"转变。

郭大忠等人（2002）通过分析一些已经完成的控制性详细规划实例，分析了城市中规划路网密度的合理性以及在设计的车速下可以容纳的机动车数量。

蔡军（2005）认为，城市路网上的十字形灯控交叉口的间距应为 400～600m，而适合组织单向交通的路网间距宜在 350m 以下。

从以上专家学者的分析可以看出，规范中对于城市干路及以上级别的道路密度控制相对较低（规范中规定，200 万人口以上的大城市干路以上道路网密度为 2.4～3.1km/km²，200 万人口以下大城市干路以上道路网密度为 2.3～3.0km/km²，中等城市干路以上道路网密度为 2.2～2.6km/km²）。综合考虑干路网与公交网络、交通控制系统的协同可知，400～600m 的干路网间距较为合适，对应的干道网密度为 3.3～5.0km/km²。同时，由于有些支路和次干路的差异不大，在打通和改造的前提下，一些支路就可以发挥次干路的作用。在这种情况下，即使不增加干路密度，也可以在这些支路上开辟公交线路，以进一步增加公交线网密度。

2. 支路网密度

《城市道路交通规划设计规范》GB 50220—95 规定支路网密度为 3～4km/km²，根据密度定义支路网所占长度比例约为 56％～57％，而以规范规定道路宽度中值（支路 17.5～22.5m）计算面积比例时发现支路所占比例降低为 37％～38％，再加上实际状况中支路宽度远小于这个标准，因此实际的支路网密度需要高于这个理论值。当支路网发挥疏散城市交通和方便居民出行的功能时，支路网面积比例应占城市道路面积一半左右较为合理。

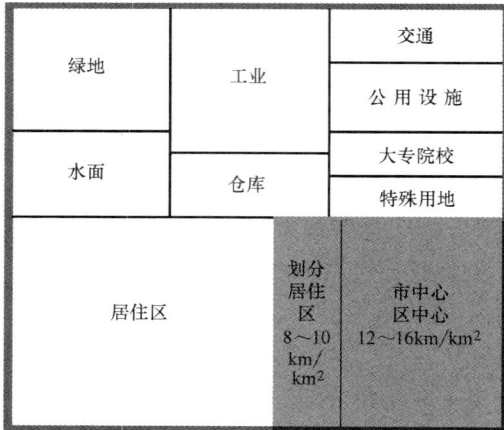

图 4-28　城市支路分布的区域

来源：徐循初. 城市道路网系统规划思想及
实例解析 [J]. 城市交通，2006（1）

《城市道路交通规划设计规范》GB 50220—95 中虽然确定了我国大中城市支路网密度要达到 3～4km/km²，但不可否认的是，在总体规划只确定到次干路的情况下，仅仅依靠城市中分片编制的控制性详细规划是难以形成有效支路网的。有的即使在指标上能够满足，但是由于在规划方法上强求互相错位，以致支路互不贯通，难以发挥分流的作用。

实际上支路网密度在 3～4km/km² 是比较高的。因为，城市中并非所有的用地都需要建设支路，包括绿地、水面、工业、开发区、仓库、交通设施、火车站等，还有公用设施，这些用地里的道路没有城市支路，剩下的另一半要有支路（徐循初，2006）。这样实际上在这些区域支路网密度要扩大一倍，即达到 6～8km/km²。再加上干道网密度（以规范规定的干道网密度计算），我国大城市道路网密度可以达到 8.3～11.1km/km²，相应的道路间距为 180～240m。如果以 200～250m 的间距控制支路，则支路网就可以很好地与 400～500m 的干路网配合起来（图 4-28）。因此，建议城市支路间距宜控制在 200～250m 左右（徐循初，2006）。

而随着开放街区及用地混合的推进，支路网密度以及支路网交通效率成为关注重点，相比增加道路面积或者说路网密度，合理地开发利用已有道路（包含原小区道路），形成有效的路网体系，并加强交通运行组织管理可能是更为挑战的方向。

4.6.2　"基本用地单元"的规划模式

在前面对三种主要的现状发展模式讨论的基础上，根据路网组合的特征，可以形成以下三种新的规划模式。为与前面的几种模式相对应，特叫作 D 模式、E 模式、F 模式（图 4-29）。

（1）D 模式：主要针对新建地区，利用次干路服务公共设施的功能，在其两侧布置主要的公共设施，主要公交线路配置在次干路上，以服务两侧的客流。这样，在中间的交叉

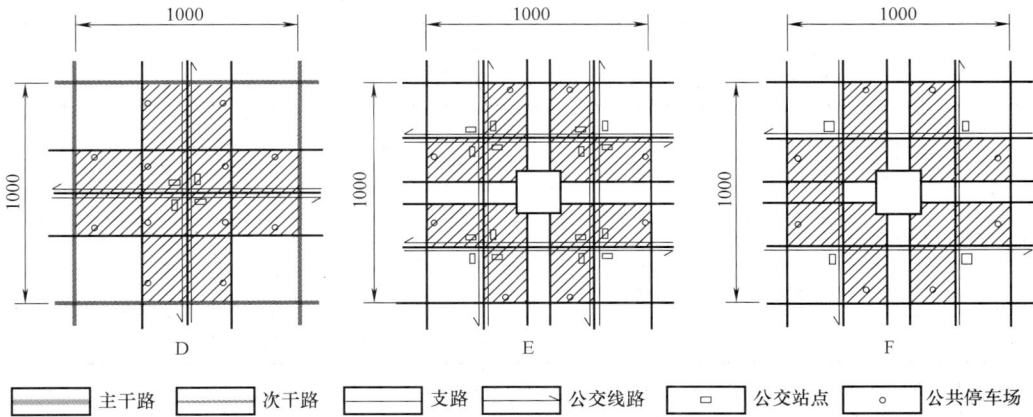

图 4-29　基于"基于用地单元"的功能街区发展模式

口上就可以形成主要的公交换乘枢纽，显然采用这种模式就需要对该交叉口四个象限的建筑后退提出更多的要求，以满足客流集散的需要，同时也可形成主要的公共空间。对公共停车场来说则主要布置在支路靠近主次干路的位置，以便于机动车的进出，又不会对主要道路上的交通造成较大影响。

（2）E 模式：在一些新建地区为了突出步行环境的需要，可以利用两条主次干路之间用地的轴向发展来实现，中间可全步行化。这样可以在核心区外围主要道路的十个交叉口处形成四个公交换乘枢纽，这种模式既可以兼顾步行环境的需要，又不会对机动交通运行产生影响。由于公交换乘枢纽功能较为强大，公共停车场可考虑布置在外围道路上，以减少对区内主要道路的影响。

（3）F 模式：此模式实际上是 E 模式的变异。在 E 模式状态下，当区内用地强度进一步加强时，在不损害原有步行环境的前提下，为满足区内外的交通集散需求，可以对交通组织采取单向策略。在单向交通仍不能满足需求时，对主导交通方式的变革就在所难免，如通过增加轴向的快速交通以满足客流快速集散需求。此时在原有公交换乘枢纽的基础上，可形成 1～2 个综合换乘枢纽。

公共交通向快速公交的转换需要一定的条件。美国国家交通研究署（Transportation Research Board，TRB）对四类公共汽车专用道进行了专门的研究，并提出了规划建议（表 4-14）。虽然在不同城市和城市内不同地区有不同的最低公共汽车流量和乘客量要求，但表 4-14 中的规划建议仍有重要参考价值。

很显然，除了公共汽车街以外，这里要求的道路机动车道单向至少都应为 3 车道且因都需要设置专门的港湾停靠站而对道路断面宽度提出了较高要求。因此，在规划中不论采取上述 D、E、F 哪种模式，在主要交通轴线上预留将来改造为快速公交的可能都是必须加以考虑的。

地面道路公共汽车专用道的公共汽车流量要求　　　　表 4-14

类型	最低高峰小时单向公共汽车流量	最低高峰小时单向公共汽车乘客量	说　明
公共汽车街	80～100	3200～4000	位于商业繁华地段
沿街公共汽车专用道	30～40	1200～1600	除了公共汽车专用道以外，一个方向至少要有 2 条混合流车道
街中间公共汽车专用道	60～90	2400～3600	除了公共汽车专用道以外，一个方向至少要有 2 条混合流车道
逆向公共汽车专用道	40～60	1600～2400	除了公共汽车专用道以外，一个方向至少要有 2 条混合流车道

来源：Kittelson & Associates, Inc. Transit Capacity and Quality of Service Manual. Prepared for Transit Cooperative Research Program, Transportation Research Board, National Research Council［R］. 1999：2-35.

4.6.3　现状发展模式的改善

D、E、F 模式主要是针对新建地区展开的，对 A、B、C 三种现状模式来说，如何加以改善也是很重要的问题。

（1）A 模式：沿主干路发展的模式难以长期持续，当主干路交通过大时，在没有其他道路分流的情况下就会产生严重交通拥堵。因此，改善这种模式的首要方法就是增加道路网密度（如打通一些支路），这也可以解决主干路上过多路边停车的问题。在此基础上，考虑到此主干道上公交线路很多的情况，在条件允许的时候可以考虑改进交通工具，即把原有主要线路上的常规公交替换成快速公交，可以减少道路公交的数量，减缓道路拥挤度；同时，鉴于快速公交站距大的特点，也要保留部分短驳公交以免对原有的出行模式造成影响；结合快速公交的设置，可对原有公交站点进行调整，以增加枢纽的换乘功能。需要指出，这种方式主要适合于大中城市的主要道路与两侧用地的改善。

（2）B 模式：由于道路较窄而密，为改善内部的交通可达性，在条件允许时，应考虑设置单向交通，同时，在外围地区选择合适的地点设置公共停车场也是保护老城区交通环境的重要举措。

（3）C 模式：道路资源的有限性决定了不可能再采取常规的增加道路网密度的方式来解决矛盾，除了整合交通资源、设置公交枢纽以外，采取单向交通也成为无可奈何的选择（图 4-30）。

4.6.4　规划方法的应用

上述针对不同城市街区与交通设施布局的几种模式的探讨，有助于在城市新区和老城等局部地区进行交通改善的实践。

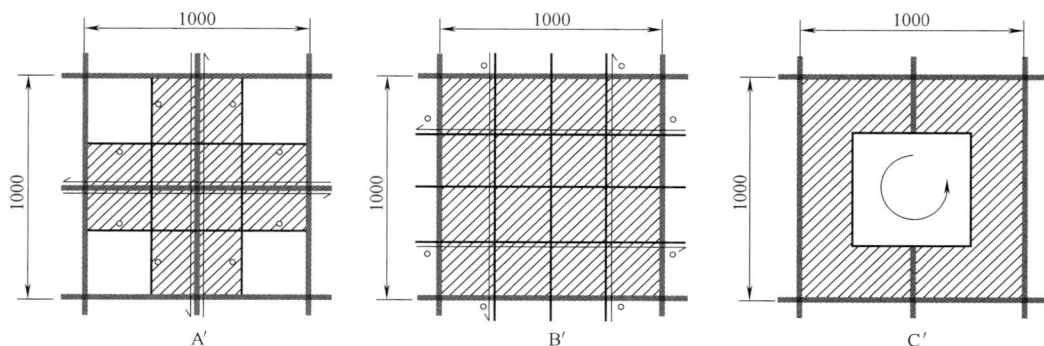

图 4-30　对几种列状街区发展模式的改善

1. 城市新区

以四川眉山为例，其城市路网格局恰似一个" ⌐ "形态，但是在城区的东南还打算开发一块位于岷江旧河道与新河道之间的东坡湖用地（图 4-31）。

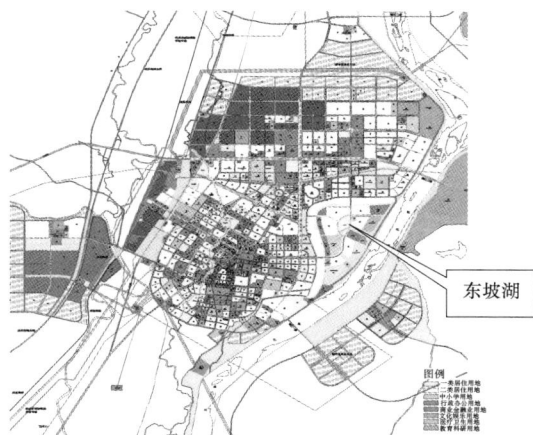

图 4-31　眉山城区土地利用规划图

从用地情况来看，这块用地将来很适合作为市民度假休闲的地点，这就对交通发展模式提出了要求。通过对远期交通流量的模拟可知，由于城区南→北→东的流量较大，因此对城区东部的南北向干道形成了较大压力。在这种情况下，建设南部老城区与东北部新区之间直接的联系通道势在必行。通过模拟相应的交通流量和饱和度可知，在增加东坡湖连接通道的情况下，其路网饱和度可以控制在较合理的范围内（图 4-32）。

但是从另外一个角度来看，由于东坡湖特殊的地理位置，如通过本区的交通量太大则

135

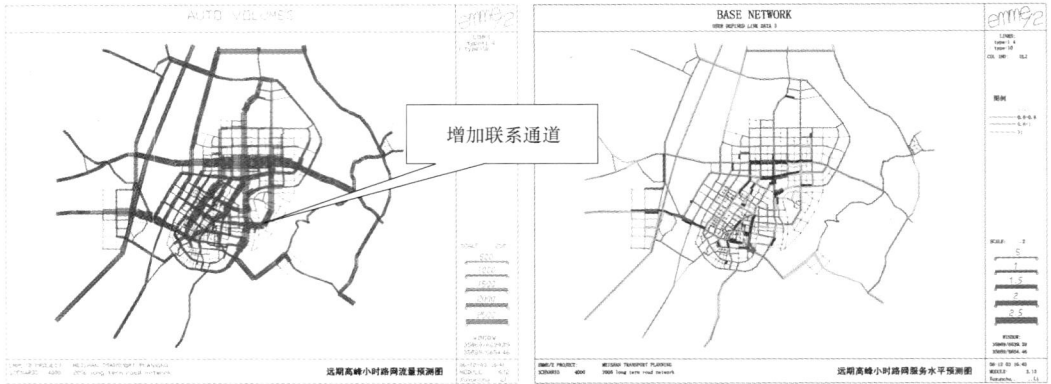

图 4-32　眉山城区远期道路流量与饱和度示意图

会对其本身的旅游度假功能造成很大冲击，这种情况下，效率（尤其是机动车的通行效率）就不是最主要的目标了。如果在保证东坡湖联系通道的同时，对其交通方式进行限制，即鼓励以公交方式发挥联络作用，限制小汽车方式的进出，则无疑可以起到兼顾公平和效率的作用。这也说明，在城市重要地区，预留以公交为主的交通发展模式对实现交通效率与公平有着重要作用。

2. 城市老城区

在道路较窄的老城商业区，在公交客流较大时可以考虑把机动车道作为公交专用。当然，在同时通过的非机动车流量较大时，还需对非机动车流进行有效分流。如眉山老城区小北街——大南街上机动车饱和度较高、非机动车饱和度较低。作为老城中心区，其两侧有着大量商业建筑，吸引了大量人流，现状也有两条公交线路通过。考虑到这一路段是老城区重要的南北向交通通道，规划确定把这一路段改造成以步行和公交通行为主（图4-33）。

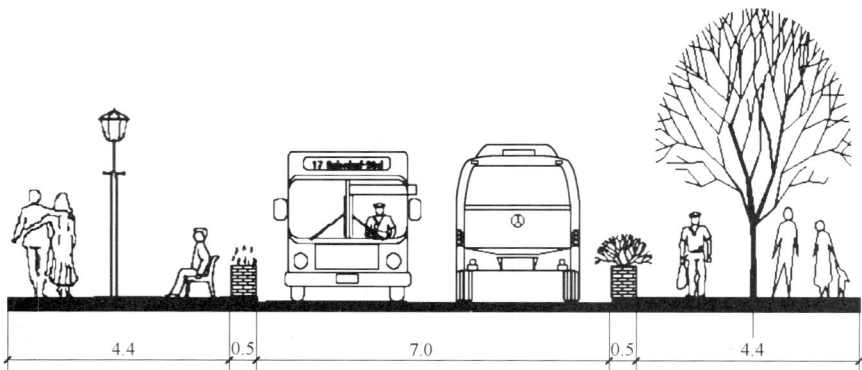

图 4-33　眉山市小北街改造断面示意

4.7　小结

　　城市功能街区用地的混合使用、开发强度与城市交通设施和运行效率之间有着重要的相互影响，这种影响也关系到城市功能街区用地交通可达性的提升，功能街区的用地布局和交通系统组织也会对街区居民的出行方式选择产生直接影响。本章通过分析大城市多类型功能街区环境要素对出行方式的影响机理，再进一步筛选主导环境要素，构建了面向绿色出行的多类型街区环境模式，并提出优化建议。在此基础上，结合我国现有几个城市重要地区周边交通设施的配置和交通运行情况、用地发展情况等相关因素的比对，探讨了以"基本用地单元"为基础的城市中心功能街区用地和公共交通协调发展模式，指出"基本用地单元"的形成离不开较高的道路网密度，且公共交通线路和枢纽的布局对提高城市街区的可达性有着重要作用。在此基础上，针对几种现状模式的交通发展提出了改进的方法，这为以人为本城市功能街区的发展提供了基础。

第5章 城市交通设施与用地环境控制

在微观用地环境中，人、自行车、机动车、交通设施、周围的建筑形成了一个环境整体，因此要保障微观环境的运行协调，首要的就是要减少各种交通方式间的干扰，使之各得其所，保障不同方式出行者的安全和出行效率。由于"人"是环境的主体，在此基础上更要考虑整合交通设施和建筑空间，为"人"的出行提供一个舒适的环境。这也是微观交通设施与用地环境以人为本的基础。

5.1 微观交通设施与用地环境要素及相互影响

交通方式要素包括步行、自行车、机动车、交通设施等，各方式要素自身不同的运行特点形成了对交通设施的不同需求，其最终目的都是为了满足人的出行需要。正如前面所讨论的，人在微观交通设施环境中需要满足安全、效率和舒适的需求，但是在实践中一些方式间的干扰大量存在，影响到人们出行需求的满足。

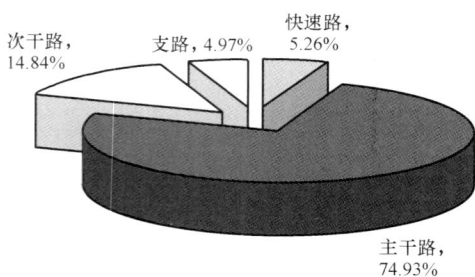

图 5-1 交通事故发生次数百分比
来源：陈宽民，王玉萍. 城市道路交通事故
分布特点及预防对策 [J]. 交通
运输工程学报，2003，3（1）：84-87

5.1.1 交通方式间的干扰

在微观交通设施环境中，如果能减少交通方式之间的干扰，无疑可以大大提高交通设施的运行效率。就目前我国大部分城市交通总体运行情况来看，机非混行、摊贩占道、行人违章以及路边停车等都对道路运行的畅通产生不利影响。尤其在交叉口，这种影响表现得更为突出，其直接表现就是交叉口延误增加，在针对很多城市交通现状的调查中都可以发现这一特征①。

---

① 根据对邯郸 37 个灯控交叉口的调查结果显示，市区大部分交叉口的延误时间在 10～60s 内；农林路、陵园路、浴新大街、建设大街、中华大街、人民路沿线交叉口延误时间在 60～120s 左右；个别交叉口如光明—丛台口、中华—丛台口、中华—和平口、人民—滏东口延误时间达到 150s 以上。而路段高峰小时机动车混合流量均小于设计通行能力，且大部分路段饱和度小于 0.5，说明目前邯郸市各主要干道的实际通行能力远小于设计通行能力，而影响道路通行能力的主要原因在于交叉口。因此，改善交叉口的通行状况可以促进交通的畅通。

交通方式间的干扰也导致我国城市道路交通事故率一直居高不下。诚然，造成交通事故的原因很多，既有驾驶员和行人的原因，也有道路设计上的原因，但是其根本原因都在于各种交通方式在速度上的差异而导致在运行中的冲突所形成。很多城市由于道路设施建设和管理水平的高低，相应的造成交通事故的原因就有所不同。据陈宽民等人（2003）对西安市城市道路交通事故的分析，现有的道路交通事故约 3/4 发生在主干路（图 5-1）。其原因主要有：

（1）城市主干路上交通繁忙，机动车、非机动车流量比较大，因此发生交通事故的概率也远高于其他等级道路。

（2）道路交通工程设施不健全，我国大部分城市主干路交通渠化不够或未加渠化，而使机非、机行之间侧向干扰大；同时，主干路通常既具有交通性功能，又具有商业性功能，造成主干路上行人穿越需求较大，由于缺乏必要的行人过街设施，使得行人违章穿越行车道，增加了主干路上的交通安全隐患。

（3）交通视距不足。在城市道路的有些地方，过高的、过密的绿化树及广告牌的设置阻挡了驾驶员的视线，造成不能及时掌握交通状况。

除了主干路以外，平面交叉口往往也是交通事故的高发点。统计资料表明，平交路口的交通事故约占全部事故的 50％ 左右，这是由于交叉口附近的交通流既有会聚又有分散，不同方向的车流在交叉口处形成了较多的冲突点和交织点。其数量随着平交路口支路数的增加而急剧增加。日本对 1013 个交叉口进行的交通事故调查表明：除了交通冲突点以外，影响交叉口交通事故的主要因素还有交通量的大小、交叉口有无信号控制、交叉方式、交叉口长度及车道宽度等（张志刚，2000）。

上述数据分析在不同城市虽然都有着自身的特点，但也带有一定的普遍意义。目前，我国大多数城市道路交通设施建设仍未走出人车干扰的困境，这种相互干扰在交叉口更是达到了极致。因此，在处理交通设施、交通工具与人之间的关系时，要尽量使人能得到应有的保护。

5.1.2　交通设施环境与用地环境的影响

交通设施与其所服务的用地有着相互影响。从第 4 章的分析可知，路网密度越高、公共交通的运能越大，所能支撑的用地开发量就越大。反过来说，由于交通设施的限制，用地的开发强度就难以上去。这种相互影响的存在促使了"交通环境影响评价"措施的出台。其基本程序是对拟新建项目在建成后可能对基地周边交通设施未来可能增加的交通吸发量进行预估、并对其可能对周边交通设施造成何种影响进行评价，在此基础上，提出对周边交通设施的改善方案。在周边交通设施难以满足这种需求时，对用地的开发量进行限制就显得尤为必要。从这一过程来看，实际上反映了交通设施与用地使用之间的反馈机制。

5.1.3　交通设施环境对交往行为的影响

除了对出行效率的考虑以外，交通设施环境对出行者的影响主要表现在对人们的交往行为。

1972 年艾普尔亚德（Appleyard）与林特尔（Lintell）作的一项研究表明，交通量的大小直接影响到人们的交往活动，并与邻里关系的强弱有很大的关系。以住区道路为例，当住区交通（包括小汽车拥有率）逐渐增加时，住区内部道路就会逐渐被小汽车所占据，而成为小汽车的专用道和临时停车场。在这种情况下，为了安全，人们逐渐远离了街道，而使住区的街道变得没有生机。

他们以三条街上的邻里关系作为研究对象，发现交通量的大小与邻里关系的好坏有很大关系。住在交通量中等与最少的两条街上的住户，其朋友扩展到街对面，其活动范围也扩展到街对面；而住在交通量最大的街上的住户，仅仅与住在自己一边的少数住户相熟，其活动范围至多扩展到所住的整栋公寓（图 5-2）（李道增，1999）。

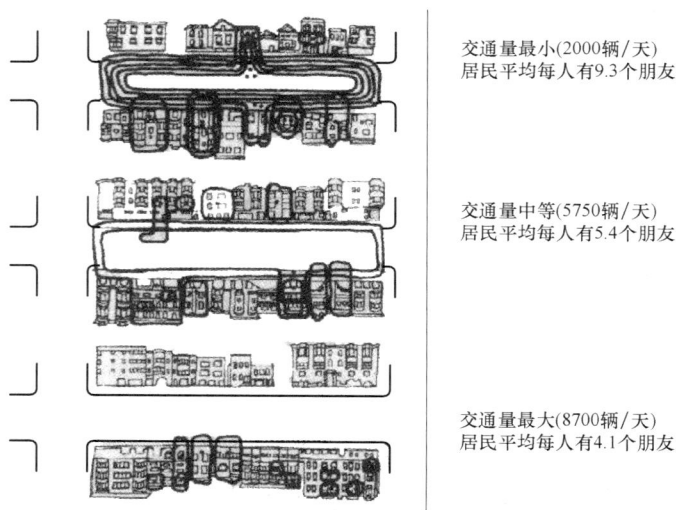

图 5-2　交通量大小与居民交往领域示意图

来源：李道增. 环境行为学概论［M］. 北京：清华大学出版社，1999

因此，降低各种交通方式间的干扰以提高交通效率、在城市特定地段减少机动交通的速度和流量以增强人们的交往行为就成为微观交通环境建设的重要内容。

5.1.4　交通设施环境对街道空间品质的影响

目前我国的经济发展已经进入转型时期，在由增量规划转向存量规划的过程中，城市公共空间品质得到前所未有的重视。作为城市公共空间的线性要素，街道是人们社会生活与交往的重要载体。街道品质测度主要是研究人群活动与物质空间构成要素之间的关系，即微观的交通设施环境如空间尺度感、功能多样性、便捷性等方面对人群需求的满足能力。鉴于城市道路交通环境所具有的空间属性和相应的功能特征（柳权，1999），道路交通环境的美观，从空间景观的构成上来说，需要道路与沿街建筑的适宜比例、沿街建筑的空间韵律与变化、道路交通空间的对比与协调。街道和住区公共空间是城市中占比最大的公共空间类型，因此，改善街道交通的可达性、连通性、人行道的愉悦体验度和步行空间的丰富度来提升不同类型人群的参与度，改善住区的公共空间微观交通环境均是提升城市公共空间品质的重要内容。总体来看，在交通设施环境中强化针对人的情感设计，可以使交通场所环境对使用者来说更具吸引力，从而相应的也增加了交通场所空间的活力。

5.2　相关的理念与实践

在微观交通环境中，慢行交通（包括步行和自行车）逐渐成为关注的主体，这不同于从整体上对大运量机动化方式的关注。因此，在微观环境中需要重点关注步行、自行车方式，通过降低步行、自行车与其他机动交通方式的干扰来达到改善慢行交通环境、提高整体交通效率的目的。以下对相关规划的理念和规范指导下的实践进行探讨。

5.2.1　步行交通系统化

从"交通分流"的理论开始，人们就在探讨如何减少机动化交通对步行和自行车交通的影响。从邻里居住单位、雷德伯恩人车分流系统，到行人优先区、居住环境区、分区交通系统、庭园式道路以及商业步行街以及街道共享，这些理论中主导思想的发展经历了从"完全分离"到"共享共存"的过程。由于城市机动化的不断发展，使人们的生活不可避免的与机动化交通发生越来越紧密的联系，由此人们也认识到片面的"步行化"也会加重周边道路的压力，并希望通过多样化、综合性的手段来保障步行者交通的安全。这个过程显示了在现代生活节奏下人们对交通环境认识的不断深化，而"人"作为交通环境主体的地位不断得到加强。有关道路和空间景观环境的相关理论更是希望通过对微观步行空间的设计创造适合人们生理、心理需求的交通环境。

在这些理论指导下，人们进行了多方面的实践。北美一些大城市在城市中心区建设立体步行街的做法很值得借鉴。在美国的明尼阿波利斯、加拿大的卡尔加里等城市，在城市中广泛建设冬季封闭的人行步道系统，而多伦多、蒙特利尔等城市则修建了完善的地下城市人行系统，这些系统以建筑物为连接体，把百货商店、银行、火车站、写字楼等公共设施连接起来，由于环境舒适，这类行人系统在冬季利用率很高（马强，2004）；而中国香港中环地区的"空中街道系统"[①] 也是其中的典范（叶嘉安，2005），其全天候的行人系统降低了天气原因对行人的影响，这一点在南方多雨城市显得尤为重要。这些经验对我国城市行人交通系统的建设无疑具有重要的借鉴意义。

此外，就道路步行设施来说，也存在很多问题。2007 年通过对上海一些典型道路的调查分析可知，由于步行设施系统的不完善和管理不严给步行者带来了不便，普遍存在的"人车冲突"也影响了机动车的通行效率（李青等，2008）。主要表现为：①步行空间路权不明，人行道上违章占用、公共设施设置不规范、步行空间不足等问题突出。②人行过街问题突出。人行过街时的人、车冲突，尤其是与转弯车辆冲突严重；人行过街设施间距过大、过街信号等待时间过长等使得行人不便，引发违章乱穿马路带来的交通问题；许多干道上人行过街距离较长，路中缺乏二次过街安全岛；人行过街时街角驻足空间或过街宽度不足或者其他设施设置不合理，使得行人违规停留在机动车道上或者直接在机动车道上行走。③部分步行设施由于养护不足功能逐渐弱化或丧失，带来安全隐患。无障碍设施的缺乏更是对残疾人的出行造成了极大的困扰。

5.2.2　步行商业街与空间活力

与发达国家和地区在城市中心区建成完整的空中步行平台（或地下步道系统）不同，我国目前在城市步行区做得比较成功的例子是分散的商业步行街建设。如北京的王府井、上海南京路、重庆的解放碑、沙坪坝三峡广场步行街等，这些步行街无一例外都通过人、车分离，使人、车、货各得其所，给步行交通一个完整、合理、独立的空间。

但是，在步行商业街的建设过程中出现了一些不顾自身条件盲目仓促上马的情况。如截断主要道路建设步行街，建成后造成了严重的交通拥堵。虽然采用单向环形道路可以提高车速，但会带来因绕行距离过长而降低效率的问题，而对交叉口的展宽渠化虽然可以有效提高交叉口的通行能力，在周边疏散道路不畅的情况下，单纯对广场周边道路交叉口的改善难以对缓解整体的交通拥堵发挥更大作用。这也说明，在强调商业步行街建设优点的同时，也要注意是否存在建设的条件。在周边没有其他道路可以替代拟被改建成商业步行街的道路本身的交通功能时（或者在难以对步行商业街建成后对周边道路所增加的压力进行疏解时），对步行街的建设宜采取谨慎的态度。

近十九年，国内出于对步行环境的喜好，各地陆续建设了不少步行商业街、广场，并为人们提供了良好的城市公共空间。但是从相关实践来看，由于不同类型人群的行为活动特征差异，使大量步行商业街区公共空间设计品质还有一定的提升空间。贺慧等人

---

① 在香港的 CBD 地带（中环—金钟—湾仔），主要建筑物、广场、车站、码头及其他重要地点相互连通，使之成为独立于地面街道系统之外的空中行人专用通道。这些行人走廊都有防雨棚的遮盖，基本可以保证行人在雨天不用雨伞也可以通行无阻。加之有大量路标、指示牌指引方向，因而令行人感觉非常方便。

（2018）针对武汉市具有代表性的两条商业街道空间进行的调查研究，发现两条街道的品质产生差异的主要原因包括街道与周边的连通性以及驱动与停留行为的空间分布。从实际活动行为观察发现，楚河汉街室外公共空间缺乏能满足人们活动需求的设计，使用者的大部分行为都发生在室内场所。而中山大道存在许多口袋空间，这些空间可以是袖珍公园或微型广场，能够容纳穿行的人们发生短暂的停留行为并主动做出下一步的选择，这将会极大地提升步行体验感。而坐落在中山大道上的武汉市美术馆，其门前三角地带的微型广场时常成为夜晚的活动热点区域，许多人喜欢坐在广场的台阶上，看着迎面而来的车流却并没有任何的胁迫感，因此停留行为发生在车水马龙的街道公共空间中成了一种可能，从而使空间更富活力。

5.2.3　城市住区与交通安宁

城市住区在提供给人们生活、休息居所的同时，也提供了人们交往、游憩的场所，不管是老人、儿童，还是上班一族，都需要在其中寻找到属于自己的生活空间。然而随着机动车逐步进入家庭，住区的这种宁静逐渐被打破。为解决机动化给住区交通带来的冲击，人们提出了雷德伯恩人车分流系统和邻里单元的规划思想，这些思想至今还在影响着住区的规划设计。而布恰南报告（1963 年）则提出，对任何街道网均要规定一种环境标准（在噪声、废气及安全性、方便性等方面规定标准），并按此标准确定容许通过的机动车交通量，以解决提高交通容量和保护居住环境之间的矛盾。这实际上形成了"交通安宁"的基础。

1. 人车共存道路

在居住区中进行"交通安宁"的实践来自荷兰的庭院道路（Woonerf）的人车共存道路（卢柯等，2011）。1972 年，这种庭院式道路被代尔夫特（Delft）市政当局采纳。其典型规划是在宽为 10m 左右的有人行道的道路上的试验。如果不采取措施，这条路由于人行道与车行道分离，车行道线形又良好，行车速度很高，而且通过地区的过境交通也相当多。为此，决定在这条路采取一些措施以限制车速：①将道路的连接处改成 U 形或做成尽端路，并在地区的进口设置横向突起路障；②改变人行道宽度以代替单纯的使人行道和车行道分离的办法，进行适当的绿化，以保证湿润的环境。设置停车空间，以改善人与车的接续关系；③车行道宽度缩减为 2.8m，设置停车空间或绿化，将车行道做成多弯的线形。这些做法广受欢迎，进而推广开来（图 5-3）。

1976 年 9 月，由荷兰交通及公共事务部颁布"居住区最低设计标准"，庭院式道路取得了合法地位。之后其他欧洲国家很快加入了这一行列。并纷纷制定自己的居住区交通规划标准。在上述人车共存道路建设的基础上，"交通安宁"作为一个系统的政策，于 20 世纪 80 年代后发展起来而成为一种综合性的交通策略（黄建中，2006）。

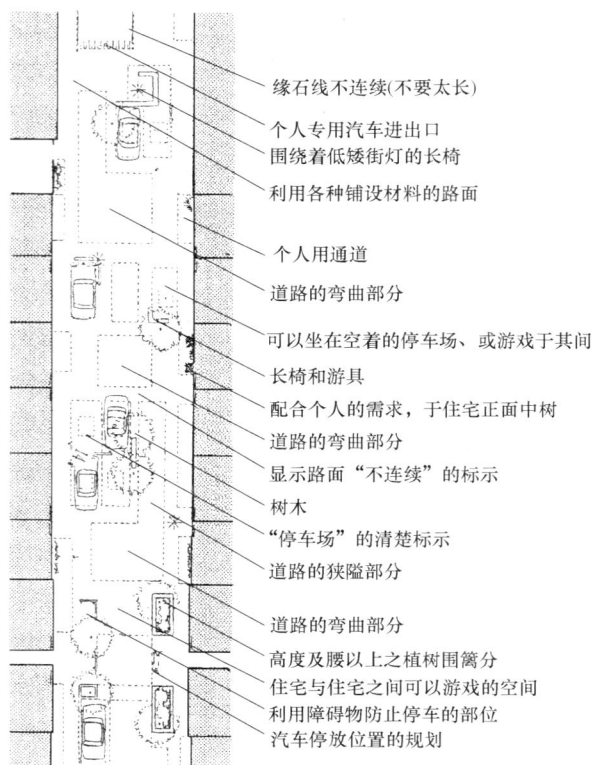

缘石线不连续(不要太长)
个人专用汽车进出口
围绕着低矮街灯的长椅
利用各种铺设材料的路面

个人用通道
道路的弯曲部分
可以坐在空着的停车场、或游戏于其间
长椅和游具
配合个人的需求，于住宅正面中树
道路的弯曲部分
显示路面"不连续"的标示
树木
"停车场"的清楚标示
道路的狭隘部分

道路的弯曲部分
高度及腰以上之植树围篱分
住宅与住宅之间可以游戏的空间
利用障碍物防止停车的部位
汽车停放位置的规划

图 5-3　代尔夫特的街心公园规划

来源：黄建中，特大城市用地发展与客运交通模
式［M］. 北京：中国建筑工业出版社，2006

2. 交通安宁

在很长一段时间内，人们对"交通安宁"的内涵和界定众说纷纭。1997 年 5 月在美国佛罗里达州坦帕召开的国际交通工程协会（ITE）大会中，由其小组委员会讨论正式提出了交通安宁的定义：交通安宁是指包括减少机动车辆带来的消极影响、改变驾驶者的行为方式和改善非机动道路使用者的状况在内的所有措施。包括道路规划、路面设计、道路设施设计、景观设计、交通管理和交通政策等方方面面的内容。

至此，"交通安宁"作为一个规划标准，已经成为共识。如今的"交通安宁"在西方国家的道路交通领域中已上升为一种规划理念。它从一个全新的视点对居住区交通环境规划设计问题进行综合探讨，许多国家和地区由此出发，形成一套从道路交通微观环境入手的类似规划指引的管理方式。它通过一系列政策性和工程性措施的实施来控制车流、限制车速、管制路边停车场等，以换取居民更多的活动空间（马强，2004）。如将道路的平面线性设计成蛇形或锯齿形，以迫使进入的车辆降低车速，也使外来车辆因线路曲折不愿进入而达到控制车流的目的，同时曲线形道路对居民而言趣味性更强，景观更丰富；在道路的边缘或中间左右交错种植树木，从而产生不易进入的氛围，以减少不必要车辆的驶入。同时道路上种植的树木改善了道路景观，美化了居住区的环境；在道路交叉口处将道路设计成凹凸状，即将路面部分的抬高或降低，使车辆驶过时产生振动感，给驾驶者以警示；在确保车辆可以通过的前提下间断性的缩小车行道的宽度，从而造成不易通过的视觉效果；在道路铺设上采用不同的颜色和材质，在视觉上形成印象驼峰、印象槽化岛，一方面是为了引起驾驶者的注意减速行驶，另一方面也使生活性的道路更有趣味；通过在交叉口设置斜路障、路端上设置通行路障来限制车辆的转弯与前行；在居住区入口或道路交叉口设置形象的交通标志传达限速、禁转等交通信息。

需要指出，"交通安宁"是一种规划和交通政策，有广泛的规划、交通和环境政策目标。把"交通安宁"纯粹当成一种道路工程措施是一种错误理解，仅针对一些居住区街道设计成庭院道路的做法也不可取。这种形式的"交通安宁"将减少进行设置的街道的机动车数量或机动车平均速度，但交通会被重新分配到其他街道，从而加重其他街道的交通压力。因此，"交通安宁"并不是简单的反对小汽车，而可以理解成一种综合的交通政策，包括在建成区降低速度以鼓励步行、自行车和公共交通，根据建成环境的需要对机动车采取不同措施进行限制，如道路收费或禁止停车等。从这一角度来看，这是对步行者的一种解放，更是对公共交通和自行车交通的一种呼吁（黄建中，2006）。

3. 街道共享

大规模步行化的推进缓解了城市交通压力，改善了城市环境，也不可避免地带来了一些负面影响。首先步行化并没有消除机动交通，而只是将它们转移到了其他地区，道路面积率因此而明显增加；其次纯步行化影响了地区的可达性，削弱了商业，尤其是与机动车交通联系紧密的商业的吸引力；另外，由于欧美国家人口密度较低，机动车和步行道的完全分离致使汽车道安全性下降，而步行道也因此减少了活动的多样性，影响了城市活力。

基于上述原因，并受交通安宁概念的启发，20 世纪 80 年代以来，人们开始了共享理论的研究。街道共享是西方汽车社会方兴未艾的一种交通规划和设计的新课题，步行与机动车辆之争发生了质的变化，人和车辆平等共存的概念逐渐取代人车分离的概念。人们试图寻求一种合理的规划设计管理措施，为所有的道路使用者改善道路环境，使街道中步行者和机动车能够平等共存，各类交通和谐相处，减少步行者、骑车者和机动车之间的冲突并增强沿街商业的经济效益，即恢复目前受交通支配的道路的人类尺度而无须将交通限制到不能接受的水平[①]。由于欧美国家居住人口密度较低，研究者认为，限制交通的人车共存形式比人车分离更有利于增加居民交往，提高街区公共空间活力。

[①]　这方面的研究包括道路交通、沿街活动的规划设计管理和道路环境的设计管理等方面，具体涉及街道的物理特征、沿街活动、步行活动、交通功能、机动车速度、交通安全、停车管理、街道景观、街道质量和社会经济环境等内容。

虽然国外有关住区"交通宁静"的理论很早就被引进来，但是由于我国前些年机动化发展缓慢，相关的矛盾并不突出，所以在《城市道路交通规划设计规范》GB 50220—95与《城市居住区规划设计规范》GB 50180—93中都没有对住区的交通环境设计提出相应的规定，相关理论一直以来也都没有得到广泛应用，通常用得较多的是针对居住区的"人车分流"设计，对其他"交通宁静"措施的应用则相对较少。

"交通宁静"技术措施根据其产生的影响可分为两大类：流量控制措施和速度控制措施。流量控制措施主要通过控制某些交通出行行为，将部分交通引导到其他道路上以便于管理。流量控制措施主要包括全封闭、半封闭、斜向分流以及强行转弯岛等方式；速度控制措施主要通过改变道路垂直和水平方向的布局以及改变道路线形、缩小道路宽度等来解决车速问题。主要措施包括：抬升路面、设置交通岛、改变道路平面线形等，具体见表5-1所列。

"交通宁静"技术措施的类型和适用范围　　　　　表 5-1

措　　施		主　要　手　段	适　用　范　围
流量控制措施	全封闭流量控制措施（Full Closures）	采用一条全封闭式的街道横跨另一条街道，这条全封闭的街道完全关闭了所跨街道的直行交通，通常只留下一条行人道作为入口	交通量问题相当严重其他方法都无效的地方
	半封闭流量控制措施（Half Closures）	在双向道路的一个方向上设置很短的一段障碍，禁止该方向上机动车驶入	交通量问题很严重，而其他非限制的手段没有明显效果的地方
	交叉口斜向分流措施（Diagonal Diverters）	交叉口斜向分流是在交叉口设置斜向穿越的障碍，阻断直行交通，形成两个独立的"L"型的道路。像半封闭流量控制措施一样，斜向分流通常在整个居住社区范围内造成一定的绕行，为当地居民保留通道的同时阻碍了非当地的交通	用于非当地交通量比较大而造成内部交通问题较突出的社区内部
	强行转弯渠化岛措施（Forced Turns）	强行转弯渠化岛是在交叉口的进口道上设置一个凸起的小岛来限制特定方向交通流的行驶	与直行交通量较大的主要道路相连的次要道路；左转或者最外侧车道直行不够安全的主要道路
速度控制措施	抬升路面措施	减速槛（Speed Humps）	减速槛依托道路路面的凸起部分进行设置。通常路面凸起部分长 3.0～4.2m（行车方向上），高 0.9～1.2m，且在接近道路两端路缘石时高度逐渐降低，以满足排水要求	低速行驶，噪声和废气不是主要考虑因素的区域
		减速板（Speed Tables）	减速板是一种变形的减速槛（平顶的减速槛）。通常是在平坦的地段用砖或者其他有纹理的材料建筑而成。一般减速板的长度（行车方向）达到了小汽车前后轴距长度，可以供小汽车在上面停留。一段长的平台加上比减速槛平缓一些的坡道，使得减速板的设计车速比减速槛高	低速行驶，但是需要为大车提供平滑一些铺面的区域

续表

措　　施			主要手段	适用范围
速度控制措施	抬升路面措施	凸起的人行横道（Raised Crosswalks）	凸起的人行横道是为减速板或减速槛配上人行横道的标志标线，将行人过街的通道分隔开来，为行人提供一个专门高度的过街通道。同时，抬高了行人过街的高度之后，机动车驾驶员更加容易看到行人	行人过街位置不固定的地方以及车速比较高的区域
		凸起的交叉口（Raised Intersections）	凸起的交叉口是将整个交叉口抬升，使其在各个方向上均形成一定的坡度。凸起交叉口的平台部分常用砖或者其他的有纹理的材料进行铺装。在抬升交叉口的同时一般也将交叉口人行横道同时抬高，使其更容易被机动车驾驶员察觉，继而成为一个"行人保护区"	行人活动频繁的交叉口；由于缺乏停车空间而不能采取其他交通宁静措施的地区
	设置交通岛	交通圈（Traffic Circles）	交通圈是设置在道路交叉口部分的一个安全岛，交通流沿着交通圈行驶一段后继续沿着原来的行驶方向前进	在大型车的交通影响不大，但是车速、流量以及安全是很重要的问题的社区内部
		交叉口环岛（Roundabouts）	和交通圈不同，环岛比交通圈面积大，且要求交通流围绕环岛做逆时针行驶	不规则进口道的交叉口；用低成本的交通控制措施代替交通信号；调头比例比较大；有多种通行权的地方
		道路中心岛（Center Island Narrowing）	道路中心岛是沿着道路中线设置一个凸起的小岛，使得一部分的车道变窄。这种中心岛一般还具有美化环境的效果。道路中心岛通常设置在一个新社区的入口处，并且与有纹理的铺面材料相连接，因而其经常被称为"进门岛"	居民区的入口；有行人穿越的路幅较宽的街道
	改变道路线形	路段反向曲线（Chicanes）	通过路缘石、地面划线等手段，在道路路段某一部分形成"S"形的行车轨迹曲线（反向曲线）	车速问题比较重要，但是减速槛所带来的噪声以及相关的措施无法接受的地方
		交叉口颈缩（Neck downs）	交叉口颈缩是通过缩窄交叉口进、出口道路缘石之间道路宽度，进而缩短行人过街的距离，保障行人过街安全，同时降低车速。颈缩的交叉口还尽量减小转角处路缘石的半径，以减小车辆转弯的速度	行人比较多的交叉口；由于噪声较大而使得垂直方向上的交通宁静措施不可行的区域
		道路中央颈缩（Chokers）	通过路缘石的延伸，使道路某一路段的绿化带或人行道加宽，而相应部分的行车道宽度变窄。为易于错车，道路中央颈缩应禁止部分交叉口附近的路边停车	车速问题重要并且不缺乏路边停车（须占用部分路边停车空间）的区域

注：叶建宏. 城市大型综合居住社区整体交通品质设计研究［D］. 上海：同济大学，2005。根据叶建宏的硕士论文整理.

　　2001 年，上海在新江湾城的规划中就引入了"交通宁静"的有关措施，并通过对其中一条支路的示范提出了在城市住区营造微观交通环境的方法（叶建宏，2005）。主要包括在支路沿线的主要机动车交通和行人交通出入口设置减速槛或减速板、为减少机动车交通的进入而在道路中央作颈缩设计、为降低车速而在道路交叉口设置交通圈等措施。

虽然上述措施对营造良好住区交通环境有着重要作用，然而由于"交通宁静"的相关举措会对实施该措施的道路上的交通有着限制作用，因此原有的交通可能会分流到周边道路上并会产生更多的压力，在没有统筹考虑区域交通分流措施的情况下就会对周边道路的交通运行效率产生较大影响。同时，在城市中，并非仅仅只有住区需要对机动交通进行限制，在一些主要分布在居民住宅区、商业区和小学学校附近以及菜市场附近的城市支路，为了保证行人的安全和优先权，通常机动车限速在 15km/h。但是如果缺乏交通限制措施的话仍然会使相关要求形同虚设。因此，对这些城市支路也应该采用一些"交通宁静"的措施。

当然，针对在一些混行道路采取交通限制措施的情况也有相反的例子。在荷兰北部小城哈伦的市中心，街道上没有交通信号灯或道路标志，人车用道也不设界。但是，小城交通并不见拥堵：汽车一辆辆缓慢有序地行进，自行车、行人近在咫尺从旁驶过，并无险情，行人、自行车和机动车驾驶者往往用一个眼神或一个手势，"协商决定"谁先通过。这一切得益于"街道共享"的理念，当然更重要的是交通流量并不大。其原因在于过多的交通标志会让机动车形成一种依赖而忽视危险的存在，而交通标志的取消会让每个人更加小心翼翼（刘黎，2007）。对我国国情而言，由于正处于机动化快速发展时期，这种理念的被认同并不能完全取决于人们认识的提高，在很多情况下，通过一些物理手段来阻滞机动车的行驶速度是更为必要的一种辅助手段。但是，必须从更大的范围考虑交通安宁化措施的应用，并平衡由此所产生的对其他道路设施的压力。

5.2.4　交叉口的效率与安全

交通设施的设计主要为了保障不同出行主体微观交通运行的安全、效率和舒适感，这就需要体现针对机动车、自行车、行人和残障者等不同使用者的设计。由于城市交叉口是微观环境中各种交通流矛盾的汇集点，提高交叉口的效率对改善整体交通效率有着重要意义，因此对交叉口环境的改善就成为交通设施环境改善的重要内容。

很多时候，由于用地开发强度过大，或者周边路网结构不够完善，都会导致局部地区的交通量超过路网的容量，并由于路网结构的缺陷而使局部的饱和流量没法在短时间内通过其他路径分流，而使大量的机动车流量在几个主要的路口集中，在流量超过路口的通行能力时，就会造成交通拥堵，随着城市的发展这种状况也表现得越来越突出。① 在这种情况下，增加道路节点的通行能力也是改善交通拥堵、提高交通运行效率的主要措施。当

---

① 以北京为例，1986 年机动车高峰小时流量超过 4000 辆的路口为 19 个，而 1999 年为 98 个，14 年间增加了约 4 倍，高峰小时流量超过 10000 辆的路口 52 个。

然，需要说明的是这里并非指仅仅通过提高道路节点的通行能力就可以达到提高交通效率的目的（如果我们研究流—密—速曲线，可以看到速度与通行能力的关系并不是直线的），但显然的是由于减少了交叉口的延误而会大大改善节点的交通拥堵。长期的实践证明：借鉴国内外先进的道路设计方法和成功设计经验，从时间到空间上合理地进行道路交叉口的规划和设计，可以在有限的投资量情况下，额外地获得相当可观的交通效益[①]。

目前，国内指导交叉口设计的规范主要有国家规范《城市道路交通规划设计规范》GB 50220—95 和上海市规范《城市道路平面交叉口规划与设计规程（2001）》。其中，《城市道路交通规划设计规范》GB 50220—95 对道路交叉口的形式、人行过街的形式都提出了指导性要求，上海市的工程建设规范《城市道路平面交叉口规划与设计规程（2001）》对城市道路平面交叉口的设计提出了详细的设计指导。此外，杨晓光（2003）以城市道路交通的通畅、安全为目标，从交通设计层面系统归纳总结了城市交通改善的方法和技术，为微观交通设施环境的规划设计提供了有效的指导。如针对行人过街设施，《城市道路交通规划设计规范》GB 50220—95 规定："为满足机动车的通行要求并解决非机动车与行人的安全过街问题，除在快速路上非机动车、行人需要以立交方式通过以外，针对其他等级道路的交叉口，必须达到一定的要求才可以设置人行天桥。"[②] 在步行者交通流未达到《城市道路交通规划设计规范》GB 50220—95 规定而难以设置人行天桥或地道时，对平面交叉口进行展宽渠化、对自行车交通进行分流、设置行人安全岛就成为提高微观交通效率、保障交通安全的重要手段。

5.3　城市微观交通设施环境的实例分析

城市微观环境中的人车矛盾、公交站点布置、人行天桥的设置与周边建筑的布置方式都着重要的相关性。在没有衔接好时，就会对正常的机动车通行、对行人的安全、对公交的使用造成影响。以下通过对几个案例的研究进行说明。

5.3.1　武汉市街道口亚贸广场人行天桥

有关交叉口改善的方法虽然在很多情况下都起到了较好的效果，但是由于交通设施建

---

① 研究证明，交叉口渠化效益极大，主干路交叉口全部渠化展宽，可使道路网容量提高约 20%，主次干路交叉口全部渠化展宽，可使道路网容量比交叉口不渠化展宽时提高约 35%，交叉口渠化展宽相当于使规划路网的干路宽度增加了 1/3。

② 如《城市道路交通规划设计规范》GB 50220—95 规定，属于下列情况之一时，宜设置人行天桥或地道：横过交叉口的一个路口的步行人流量大于 5000 人次/h，且同时进入该路口的当量小汽车交通量大于 1200 辆/h 时；通过环形交叉口的步行人流总量达 18000 人次/h，且同时进入环形交叉的当量小汽车交通量达到 2000 辆/h 时；铁路与城市道路相交道口，因列车通过一次阻塞步行人流超过 1000 人次或道口关闭的时间超过 15min 时。

设缺乏前瞻性，在城市道路的建设与其两侧用地的开发分属不同的部门管理，因此对建成后道路两侧用地的开发情况难以做到有效控制，这就形成了在城市道路（快速路除外）建成后的很长一段时间内，其交叉口处的行人过街都是以平面过街形式解决的。只有当两侧建筑建成且交叉口处的行人过街流量达到或超过《城市道路交通规划设计规范》GB 50220—95 规定时，才会考虑再建设行人天桥或地道。在这种背景下，很多城市建成的行人天桥或地道通常都会由于用地条件的限制而使过街人流的连接不畅，有的甚至远离主要的人流交通汇集点，这些都造成了过街天桥在使用上的不便。

以武汉亚贸广场人行天桥为例[①]，由于所处位置为区域商业中心，人流量非常大，相应的过街人流也很大，并影响到了武珞路的机动车通行（通过此路口的机动车流量也很大），因此建设人行天桥是解决人车矛盾的必要手段。但是在调查中发现，该人行天桥在使用上存在如下问题：①由于天桥设置位置的原因，仍然有相当多的人横穿马路（图 5-4）；②因自行车过马路也需通过天桥，在上下天桥距离过长的情况下，很多骑自行车者更倾向于横穿马路；③由于公交站点未能与人行天桥良好衔接，且上下行站点相距过远，出于体力消耗的原因，促使换乘的人流倾向于横穿马路（图 5-5）；④天桥没有顶棚，无法遮挡风雨。当然，最近几年在道路两侧加装了分隔栏以后，行人直接横穿马路的现象大为减少，但过马路上下天桥的不便依然存在。

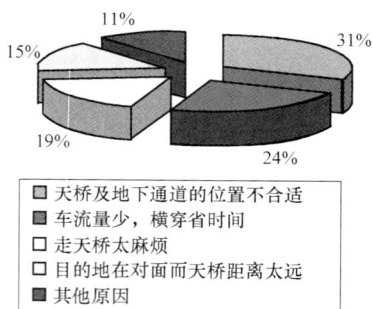

图 5-4　行人穿越马路原因调查

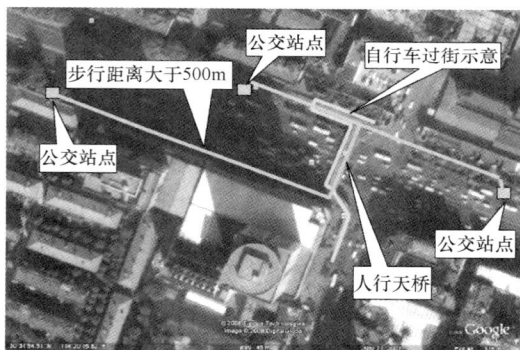

图 5-5　武汉武珞路亚贸天桥步行行为示意

因此，虽然人行天桥的设置有助于降低人车混行所带来的危险，但是在具体设计中由于两侧用地的限制使步行桥的设置没有考虑到满足过街的使用要求，从而降低了其使用效果。

5.3.2　遵义丁字口节点

正如前面所介绍的情况，这个交叉口节点两侧的建筑已经相当密集，由于车流量大，已

---

①　相关数据来源于华中科技大学建筑与城规学院孔惟洁、黄妮等同学（指导教师为贺慧讲师）于 2008 年 4 月所作的调查。

无法给行人提供平面过街的空间，因此在"Y"字形节点的三边分别设置了行人过街地道。这有效地缓解了节点周边行人过街与机动车的冲突。但是从现状用地分布来看，虽建筑密集、开发强度高，但布局无序的现象仍严重，这一点可以从主要人流的分布看出（图 5-6 中椭圆形标记区域代表人流集中的地点），在这种分布状态下，周边公交站点（图 5-6 中圆形区域）的布局也分布较散，造成了换乘的不便；由于用地紧张，公交到站通常采用路抛制，这给原本较低的道路面积增加了更大的负担；同时，行人穿越主要道路的情况仍然比较严重（除"Y"字形节点采用地道过街以外），给正常的行车秩序造成了很大影响，如图 5-6 所示。这两年在道路两侧加装分隔栏，减少了交通干扰，但同样存在过马路的不便。

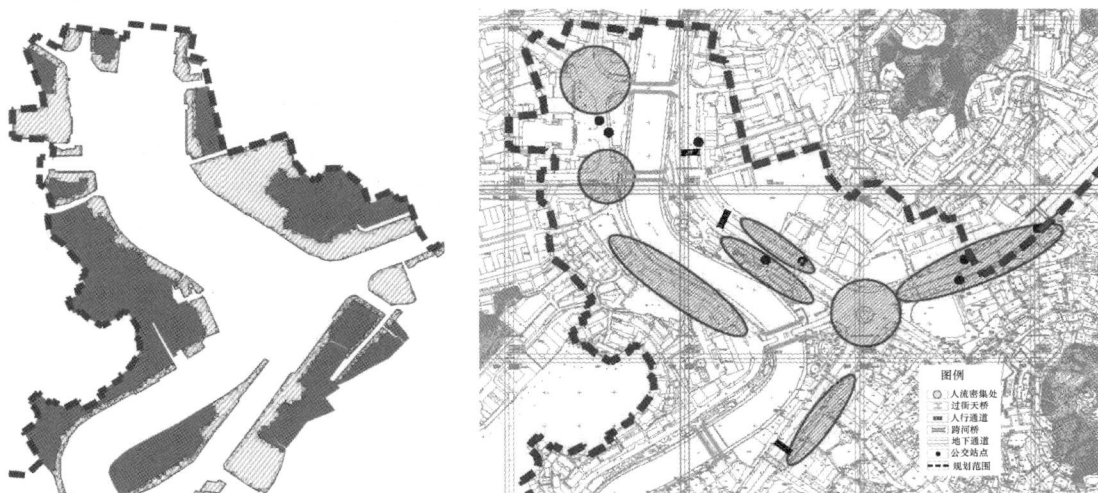

图 5-6　遵义丁字口节点用地、人流和交流设施情况示意（2005 年）

5.3.3　重庆沙坪坝中心区主要交通节点

对重庆沙坪坝中心区主要交通节点的调查显示其主要交叉口平均延误为 36s，处于 D 级水平。其中：渝碚路—杨梨路交叉口、石碾盘、石小路—天马路交叉口延误较大，高峰小时处于 E 级服务水平，三角碑、天马路—凤天路交叉口、汉渝路立交、天陈路—站东路高峰小时延误也较大。主要交叉口延误如图 5-7 所示。

从图 5-7 来看，核心区外围的几个节点（图中五边形节点）延误最大，达 56s 以上，显示其外围的交通拥堵较为严重，具体见表 5-2。

图 5-7　沙坪坝中心区主要交叉口延误
（2005 年）

沙坪坝中心区主要交叉口延误（2005 年）　　　　表 5-2

交叉口名称	延误	交叉口名称	延误（s）
天陈路—站东路	37.00	石碾盘	75.00
站北路—站东路	14.66	羊角堡	15.00
站东路—小新街	17.15	滨江路—磁童路	6.00
小新街—小新路	25.00	磁童路—渝碚路	24.85
石小路—小龙坎	30.80	渝碚路—杨梨路	82.00
龙泉路立交	27.00	杨梨路—天梨路	31.00
三角碑	52.00	天星桥	25.00
沙磁路—思源路	14.66	天马路—凤天路	54.60
汉渝路立交	37.60	石小路—天马路	62.40

同时，就路段饱和度来看，主要道路路段平均饱和度为 0.62，处于 C 级水平。其中：汉渝路（石门大桥—龙泉路）、石小路、渝碚路（天梨路—杨公桥立交）、嘉陵路、天梨路的负荷较大，超过了 0.8，高峰期接近饱和状态，如图 5-8 所示。中心区主要路段的饱和度见表 5-3 所列。

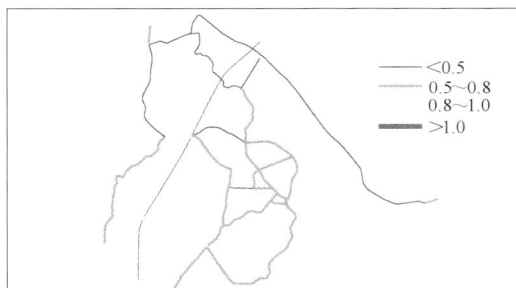

图 5-8　沙坪坝中心区主要路段饱和度（2005 度）

中心区主要路段的饱和度（2005 年）　　　　表 5-3

路段名称	饱和度	路段名称	饱和度
渝碚路（双碑—磁童路）	0.63	嘉陵路	0.81
渝碚路（磁童路—杨梨路）	0.47	红岩路	0.74
渝碚路（杨梨路—杨公桥立交）	0.81	小新街（三角碑—站东路）	0.59
渝碚路（杨公桥立交—陈家湾）	0.66	小新街（站东路—小龙坎）	0.66
磁童路	0.38	站北路	0.68
滨江路	0.28	站东路（天陈路—站北路）	0.48
杨梨路	0.71	站东路（站北路—小新街）	0.59
沙杨路	0.46	天陈路	0.71
沙中路	0.63	小新路（小龙坎—石碾盘）	0.61

路段名称	饱和度	路段名称	饱和度
沙磁路（思源路—三角碑）	0.78	小新路（石碾盘—天星桥）	0.68
沙磁路（磁童路—思源路）	0.33	小新路（天星桥—新桥）	0.62
思源路	0.39	石小路（小龙坎—天马路）	0.56
汉渝路（石门大桥—龙泉路）	0.83	石小路（天马路—石桥铺）	0.84
汉渝路（龙泉路—三角碑）	0.52	天梨路	0.88
龙泉路	0.65	天马路	0.56

对比路段饱和度与交叉口延误可知，中心区外围主要节点和路段的交通拥堵相对其内部来说更为严重，这当然有外围道路较少而交通流量较大的原因，当然其内部主要道路被截断作步行街迫使更多车辆在外围绕行也是原因之一。针对这些现状，较好的解决思路是要增加外围的交通通道，以分流绕行交通。在此基础上，需要对主要的交通节点进行展宽渠化，必要的时候采取立交以提高效率。应该说，这些方法和措施的实施对缓解和改善区内的交通拥堵状况会起到很好的效果。但是，在外部交通没有得到很好疏解的前提下，对核心区主要节点的交叉口改造所取得的效益也相当有限。考虑到内部交叉口的改善在提高交叉口效率的同时会给外部的主要节点和路段带来更多的拥堵可能，在外部交通未得到明显改善之前，内部交通节点的改善就需要更为慎重。这也说明，对道路交叉口的改善方法和时机需要从系统的角度来加以确定。

5.3.4　武汉市典型住区交通环境研究

研究选取了武汉内环至三环外已建成的高、中、低三档三种类型住区，从居民活动需求出发对住区公共空间及微观交通环境展开分析（图 5-9）。

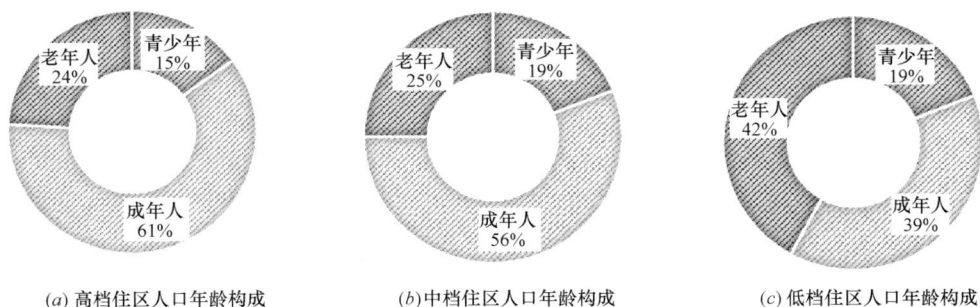

(a) 高档住区人口年龄构成　　　(b) 中档住区人口年龄构成　　　(c) 低档住区人口年龄构成

图 5-9　不同档次住区居民人口年龄构成（2018）

来源：作者调查整理

在使用人群上，中高档住区采用了现代化的进出管理技术，对住区内部车辆信息记录完整，路网私有化程度高，为内部居民所使用。低档住区出入口无专门的人员管理，且无路障设置，因此常有在周边上班、购物的外来人员将车开到小区内部掉头、回车、停放，增加了对社区内部的交通干扰，同时导致安全事故频发，噪声污染严重。在使用时间上，三档住区大致相似，在早晚高峰时间，道路使用频率最高。在使用特点上，高档住区道路等级明确，出入口数量多，居民出行路线选择多，交通流畅性高。但出入口通道闸机的设置影响交通的畅通。中低档住区由于车行出入口有限，居民可选择道路少，车辆集中，内部交通流畅性低。路网组织布局见表5-4。

武汉市几个典型住区公共空间布局示意图（2018 年）　　　　　　　　表 5-4

路网布局模式	交通组织方式	对外交通	慢行交通	住区公共空间平面布局结构	
高档住区	内环式	人车分行	出入口接入城市干道，与城市道路交通流冲突	自成体系，形成点对点模式	水岸星城B区 / 锦绣江南二期
中档住区	混合式	人车混行	出入口接入城市干道，与城市道路交通流冲突	与车行交通吻合	万科城市花园 / 楚天丽园
低档住区	混合式	人车混行	出入口接入城市支路，无冲突	与车行交通吻合	安居苑 / 汽发社区

来源：根据华中科技大学 2017 级城乡规划专业研究生调查作业整理。

在静态交通空间使用上，三档住区居民车辆出行时间规律，早出晚归，静态交通空间夜间使用频率高。中高档住区虽设有地下停车场，但其高昂的停车收费标准导致汽车入库率低。在水岸星城 B 区中，地面属于公共停车位，地下停车位价格超过 10 万元。同时，尽管大部分车辆停车入位，但由于管理的不完善，仍有不少车停在路边或居民楼下。在万科城市花园中，甚至有车辆停放在消防通道的交通出入口处。低档住区以单一的路边停车方式为主，在夜间停车集中的时段，住区道路上通常车满为患。并且由于低档住区内部停车无管理体系，外来车辆可以随意进出停放，且不收取任何费用，本就紧张的停车位经常被小区外人员占用。在汽发社区中，乱停乱放的私家车造成了小区行车拥堵，导致住户间产生矛盾冲突。

目前，道路阻塞已成为住区动态交通亟待解决的问题。不同行驶方向的相互冲突、集中的出行时间、不同的出行方式都会造成车辆停滞在住区内部，其中出入口及出入口附近的交叉口是道路拥堵问题的高发地带。由于住区内部交通的唯一性，无法像城市道路可以通过不同路网进行分流，因此，住区内部道路拥堵对居民生活的影响甚至高于外部道路拥堵。

5.3.5　当前实践中的主要问题

从对相关理论和实践的分析可以得出如下结论：

（1）有关城市交通空间环境设计的相关理论是与城市机动交通通行的效率紧密联系的。在无法改善机动车效率的情况下，对相关交通环境控制措施的采用应该采取较为谨慎的态度。西方国家对"交通安宁化"和"街区共享"理论地推崇较多地建立在小规模、低密度的社区发展实践基础上，就我国的国情来说，由于人多、车多的特点，该策略的实施会对其周边道路交通产生较大影响，要在保障机动化交通效率的基础上为采用不同交通方式的出行者提供更为友好的交通环境，就必须根据城市发展的现实，从更大的范围来考虑交通安宁化措施的合理应用，即从系统层面平衡提高交通效率和保持交通环境的相关举措。

（2）由于在城市不同区域对交通需求的不同而使交叉口的展宽也应该有所区别。在改善交叉口的环境以后会明显提高通行能力的情况下，还应该从系统层面判断交叉口改善的时机选择，以免造成拥堵状况的转移。而在有些基于功能要求而必须限制所进入机动车流量的路口（如城市历史保护区），甚至需要对路口进行缩窄，以进一步限制车流的速度和通过量。因此，就需要对城市不同区域的道路交叉口的处理形式提供进一步的条件选择。

（3）当前针对微观交通设施环境的相关理论研究和实践虽然立足于减少各种交通方式干扰并保障交通安全，但是在实施过程中更多地体现为保障机动车的运行效率，并对其他自行车和步行交通的通行造成影响。尤其是在因步行过街人流太大而对正常的机动车通行造成过大干扰的情况下，虽然改设人行天桥（或地道）在理论上可以起到通过交通分流提高交通效率的目的，但是在人行天桥（或地道）的设置没有与道路两侧主要的人流集散点和主要建筑形成良好关系的前提下，这种改善方式所能起到舒解交叉口步行和自行车交通的作用显得极为有限，其原因就在于这种布置方式使人们过街需花费较多的时间和精力，使过街的过程成为一个"非舒适"的过程，从而降低了步行方式的吸引力。

5.4 人本导向的交通环境设计对策

上述针对不同目标的相关因素对交通设施设计产生了重要的影响，并通过人本导向的交通环境设计促使交通设施更加有利于交通出行、更加方便人的使用，由此形成的交通设施空间也更加贴近人的情感需求。

5.4.1 安全的交通组织与供应

1. 交通分流

要保障出行人的安全，最主要的措施就是减少机动车与非机动车、人行系统的干扰，为此，可以通过两种方式进行分流组织，一种是路网分流，另一种为断面分流。前者主要根据机动车、非机动车以及步行的不同特征从路网上进行组织，以充分利用公交和自行车的优势，扩大路网容量，发挥整体路网效率。后者是目前国内较为传统的做法，即机、非、人集中在同一断面上，重点需要通过交叉口对不同交通方式进行组织（郭亮，2010）。

对于路网分流而言，由于存在不同交通工具的选取、不同交通方式的运行速度、交通控制方式以及组合形式的不同，其形成的路网模式也有较多的变化形式。如蔡军在其博士论文《城市路网结构体系研究》中对此进行了深入的分析研究，并提出了多种路网组合形式，这种方法减少了不同交通方式间的干扰，对交叉口进行了简化。而对断面分流模式来说，由于在路段和交叉口存在着各种交通方式可能的干扰，同时考虑到这种模式目前在我国的使用还相当普遍，由此所带来的交通问题也很多，尤其是在交通安全方面的隐患更大。因此，对交叉口和路段上人行和自行车过街的组织就显得很重要。

1）交叉口展宽渠化设计

保持交通的安全，除了在路段上通过相应的隔离措施促进交通分离以外，交叉口是决定城市道路网通行能力的关键。

交叉口通行能力必须与路段通行能力相匹配，不然将制约整个道路网的通行能力。因此，除在快速路上非机动车、行人需要以立交方式通过以外，针对其他等级道路的平面交叉口，在满足机动车的通行能力以外，最重要的就是解决非机动车与行人的安全过街问题。

从我国城市道路设计发展历程来看，过去由于忽视运用交通分析与设计的方法来设计道路交叉口，致使许多道路交叉口通行效率低，无法适应混合交通运行的要求，而且成为交通事故的多发点。中国香港地区在这一方面就有很好的经验。中国香港地区的道路交叉口，通常渠化得很好，且道路中间都设有安全岛，以保障行人过街安全。因此对平面交叉口人性化设计的首要前提就是要展宽渠化，以有效分隔人流、车流。同时，交叉口应设置专门的红绿灯，且有过街时间和音响提示，以保障行人、自行车过街安全。

通常交叉口的设计主要针对性平面交叉口、环形交叉口与立体交叉口，根据不同的特征可采取不同的对策。如平面交叉口主要考虑分时和换向两个方面，为减少非机动车干扰、保障行人过街安全，需要展宽渠化交叉口，以缓解交叉口矛盾[①]（图 5-10）；环形交叉口主要解决交织段的问题[②]；而立体交叉口除了应处理好立交下面的非机动车和机动车的转弯设计外，最重要的就是利用苜蓿叶的半边设置公共汽车站，以利公交和行人换乘（图 5-11）。

图 5-10　交叉口内划线

2）路口自行车分流和优先

在机动车、非机动车道分离的道路上，两者之间的干扰主要在道路的交叉口上。如果充分利用自行车机动灵活、反应速度快的特性，在交叉口上对自行车采取一定的分流和优先措施的话，将大大提高路口的通行能力和自行车过街的安全性。通常可根据路口自行车、机动车的车流量、交叉口的几何形状、信号系统的装备情况等，采用下列一种或几种措施：停车错位法、两次绿灯法、绿灯时禁止机动车左转、在路口设自

---

①　现状我国城市大多数交叉口都很大，且对机动车和行人的行车路线未加以组织，造成了行人过街的不便及机动车组织的混乱。因此，对交叉口的处理除需要按前述的要求对交叉口进行展宽处理以外，还需对现状用地较大的交叉口通过划线进行渠化组织，以规范行车轨迹和行人过街。此种做法，在发生事故时，也容易认定责任。

②　从环形交叉口车辆交织速度和交织的关系来看，相交道路的条数越多，交叉口中分担的长度就越短，而且还有夹角，车辆通行就会不顺畅，通行效率低。环形交叉口机动车通行能力一般能达到 4000 辆/h，加设信号灯管理以后，通行能力可以达到 1 万辆/h；此外，在环岛的设计中导向岛尤为重要。做导向岛对机动车来说，可以很明确的知道行驶方向，不容易违反交通规则；同时对行人过街也很安全。

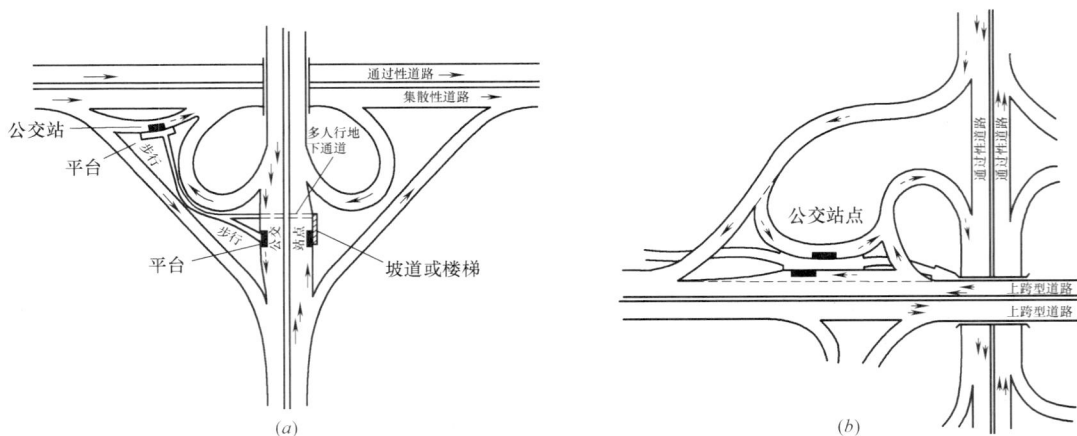

图 5-11　立体交叉口换乘组织

行车左转专用车道、路口增设自行车右转车道、路口的机动车道上增设自行车左转区、设地道和天桥。

3）行人过街安全

对于交叉口行人过街问题，当某个方向没有设置左转专用相位，绿灯时左转机动车受过街行人干扰不能顺畅通过交叉口，进而影响对向直行机动车的通行，降低了交叉口的通行能力，同时造成了人车冲突现象，行人被动闯红灯，事故责任不清。造成这种现象的原因是行人过街横道设计不合理，没有考虑行人二次过街的可能（徐循初，2006）。因此，在道路平交路口都应该采取行人二次过街的设计，给行人保留停驻的空间[①]（图 5-12、图 5-13）。

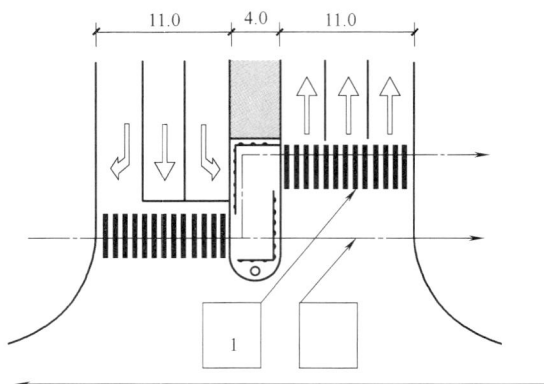

图 5-12　行人二次过街图

图 5-13　行人过街安全岛

来源：徐循初. 城市交通设计问题总结和经验借鉴［J］. 城市交通，2006（3）

---

①　应将人行道位置退后，使左转机动车和行人的冲突点移至交叉口中心范围之外，即把人行横道从位置 a 退到位置 b，以避免影响对向直行车的通行，同时给行人留有二次过街的余地。同时，在中央分隔带处增加安全岛，提供给行人一个站立区，以保护行人安全。

2. 多模式供应、多路径选择

交通系统的多模式供应、多路径选择是保持交通系统运行安全的主要手段。

1）多模式供应

多模式对于城市交通系统运行安全有着重要的作用。尤其是针对同一种目的地的出行而言，人们可以根据个人的经济承受能力和对出行时间的要求选择不同速度、不同服务水平的交通工具来完成出行。同时，除了交通工具之间的替代作用以外，还需强化不同交通方式之间的良好衔接，以发挥多模式的整体效能，这恰恰也是保持城市生活多样化的重要方面。

2）多路径选择

除了在路网资源有限的情况下，利用相关的政策和管理手段对公交和小汽车的优先进行调控以保障交通设施供应安全以外，多路径选择也反映了路网的灵活性。目前，很多城市在发生交通拥堵的情况下，后续车辆明知前面拥堵，但仍然只有继续跟进，而没有其他路径可以绕行，这说明了我们的道路设施弹性不够，其主要原因就是路网密度较低，且断头路过多而不能成网。实际上，网状的道路更容易平衡交通流量，从而减少交通拥堵。因此，通常在规划路网时，要尽量保证路网的密度和道路的连通度。尤其在城市道路网改造时，更应该打通断头路，以增加连通度。

5.4.2　舒适的交通设施

交通系统给人的舒适感，除了体现在交通工具的舒适度以外，也包括针对机动车、自行车、行人、残障者的设计，尤其是交通信息指引系统的设计，更是体现了人性化的关怀。

1. 公共交通工具设计

除了针对交通设施的舒适性设计以外，交通工具的设计也是满足人们出行舒适性的重要环节。近年来，针对交通工具的设计有了很大的改善。如基于人体工程学原理的私人小汽车设计在舒适性上就有了很大提升，使驾驶人的操控更为方便；而针对公共交通工具的设计也在乘坐舒适性上有了很大改观。

如采用新型底盘系统的公共汽车可以最经济、最快捷地达到最高车速，有利于提高公共汽车的平均行驶速度。在这个过程中，驾驶员操作大大地简化，提高了车辆加速时的平顺性，增加了乘客的舒适度。

同时，低底板公共汽车已经进入了实际应用阶段，以 ZF 低底板车桥系统为基础的超低底板公共汽车也已进入我国。[①] 超低底板公共汽车通过采用公共汽车专用底盘，大幅度

---

① 我国首辆低底板公共汽车在中国长江客车制造公司制造成功，并在上海浦东世纪大道投入运营，这是中国公共汽车制造应用与欧美公共汽车技术首次真正意义上的接轨。

降低公共汽车底板高度，使第一级踏板高度只有 200mm，车内没有台阶，这样，大大方便了乘客上车，尤其为老人、妇幼的安全、快捷、舒适上车提供了方便，在与城市公交基础设施相配合，可使婴儿推车甚至是轮椅车都能方便地上下车，体现了城市公共汽车以人为本的人性化设计理念①。

2. 差异化的道路设计

《城市道路设计规范》CJJ 37—2012 中针对国内大、中、小城市以及大城市的卫星城等规划区内的道路、广场、停车场设计提出了具体的设计标准及要求。理论上讲，道路设计只要和规范的要求相一致，就应算是合格的设计。但是合格的设计并非一定就是好的设计。考虑到规范中的一些要素存在最小值或最大值的要求，过多仅能满足极限条件下要求的设计将有可能导致道路使用上的不便，甚至容易酿成事故。因此，对不同等级道路的设计应着重考虑使用对象的要求。具体如下：

（1）城市快速路或高速公路应避免长直线设计，若受周围环境限制必须采取长距离直线设计时，应当在道路上以一定的密度设置刺激设施，使交通参与者的视觉和知觉能保持一定的活跃。

（2）主、次干路因通常每隔 400～600m 就有信号灯控制的交叉口，故要求线形设计宜顺畅和规整。其中，在有地形的情况下主干路可对地形进行适当改造，而次干路则可线形稍活泼。

（3）对支路来说，线形可以更自由，在满足规范要求的前提下尽量结合地形设计。

此外，道路线型和三维空间的设计也要尽量满足人的舒适性和视觉要求②（路楠，2006）。

3. 全天候行人交通系统设计

在人行道的设计中，除了要保持系统的连续性，以连续的引导和保持步行者的通行行为以外，最能体现人的舒适性的就是全天候行人交通系统（All-weather Pedestrian Transport System）。所谓全天候行人交通系统就是能够将天气变化，如雨、雪、风等对人的出行活动的影响减至最低的一系列交通设施的总称。这里最主要考虑的是降雨天气对行人交通的影响。在多雨的南方城市，如果能够通过适当的城市设计，对行人流量较大的

---

① 我国客车制造业——底盘系统舒适化趋势［EB/OL］. http：//www.52bus.com/bustec/2007/0927/article_38.html。

② 道路应当具有优美的三维空间外观，道路线形的设计应当保证其线形顺畅连续，对前景要有一定的预知，并且与周围的环境保持一定的比例；对平面曲线与纵断面曲线应有一定的整合，最理想的是平、竖曲线的顶点相重合，或者是竖曲线的起、讫点最好分别放在 2 个缓和曲线之间；在保证安全的前提下，线形要有动态平顺性，设计线形应当使驾驶员的视图不会产生波浪式起伏或急剧的转折；在符合安全要求的情况下，尽可能使道路线形适应地形和自然景观的变化，力求使道路与周围环境融为一体；借助道路路面标线、护栏等设施的视觉诱导作用，突出道路线形，以保持线形的连续性。见：路楠. 论道路交通设施人性化设计理论的构建［J］. 道路交通与安全，2006（1）。

重点地段，如 CBD、购物区、交通换乘点的城市设施进行改进，使人们的出行活动能够少受风雨之苦，将会为市民和游客提供很大的便利，真正体现"以人为本"的原则（叶嘉安，2005）。

1）完善的全天候行人走廊系统

在建筑物密集的商业中心区，在条件具备时应考虑建设一个完整独立的高架行人走廊，既可以使行人交通系统与机动车交通系统在空间上相分离，实现城市交通立体化，也可大大节约用地，缓解中心区土地资源紧张状况，给行人创造一个方便、安全的步行环境。同时，这样一个增加了防雨设施遮盖的行人走廊系统也可以为行人提供一个更方便舒适、更人性化的步行空间，在这方面中国香港地区提供了一个良好的示范（图 5-14）[①]。

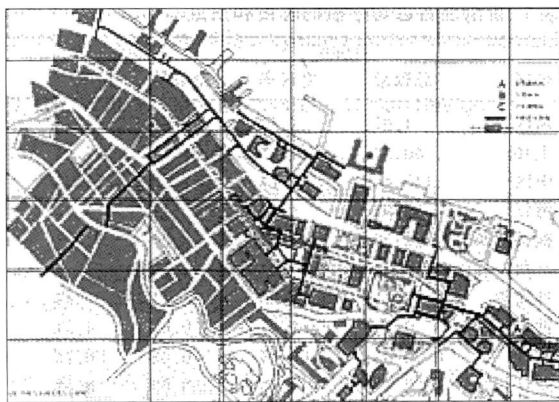

图 5-14　中国香港中环地区"空中街道系统"行人交通路线示意

来源：叶朋. 香港的 CBD 与天桥步行系统 [J]. 规划师，1999（4）

2）步行街的全天候设计

通常，全天候的步行街设计可分为五种，即：两侧遮蔽、跨街遮蔽、混合式遮蔽、整体遮蔽及开合式整体遮蔽（图 5-15）。这五种方式都从不同层面满足了行人全天候交通出行的要求，并可以根据不同的情况分别采纳。

3）行人交通接驳系统的全天候设计

行人交通接驳设施主要有两类：一类是综合交通换乘枢纽（汇集多种机动交通方式，如地铁、公共汽车、出租车等），一类是小型交通站点（包括公共汽车站和出租车停靠站等）。为了保障行人在从一种交通方式转驳到另一种交通方式的过程中尽量免受天气变化的影响，无论是大型综合换乘点还是小型站点都应该有良好的遮蔽设施，让行人在候车或

---

① 在中国香港地区的 CBD 地带（中环—金钟—湾仔），主要建筑物、广场、车站、码头及其他重要地点相互连通，使之成为独立于地面街道系统之外的空中行人专用通道。这些行人走廊都有防雨棚的遮盖，基本可以保证行人在雨天不用雨伞也可以通行无阻。加之有大量路标、指示牌指引方向，因而令行人感觉非常方便。

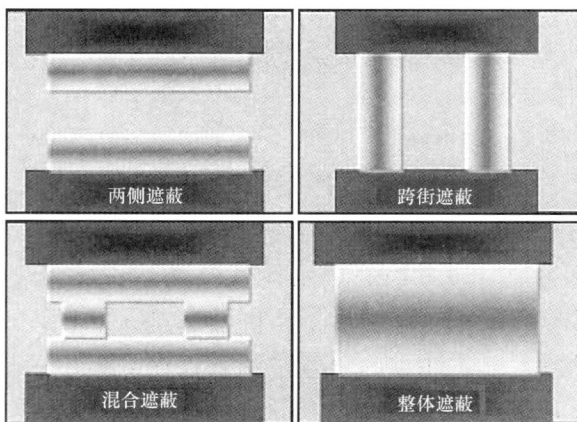

图 5-15　步行街檐棚遮蔽的几种设计

来源：叶嘉安. 以人为本的人行系统城市设计 [J]. 城市规划，2005（6）

转乘时免受风吹雨打之苦，真正体现城市"以人为本"的特点①（图 5-16）。

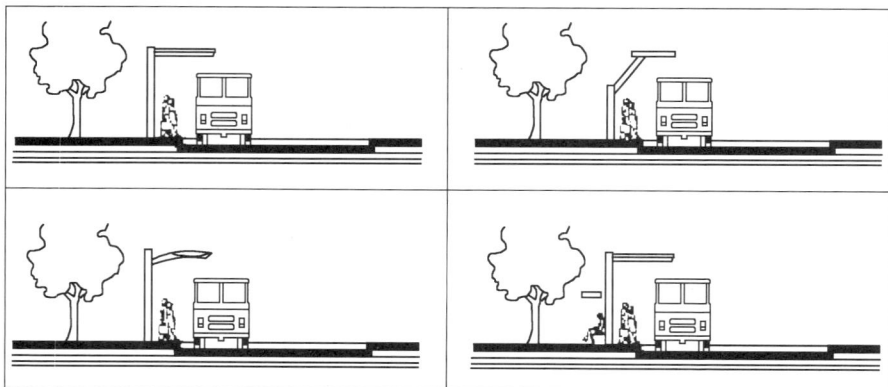

图 5-16　公交站候车亭的遮蔽设计

来源：叶嘉安. 以人为本的人行系统城市设计 [J]. 城市规划，2005（6）

　　城市层面的步行系统和针对重点地区的全天候行人交通系统设计对以人为本城市交通建设意义重大。将这些微观层面的设计纳入到"以人为本"城市交通设计的技术框架当中，将对"以人为本"的城市交通环境建设产生直接影响。

---

　　① 　如香港的综合交通换乘设施大多与大型商业或居住建筑物综合兴建，且通常位于建筑物的底层，建筑物对换乘空间形成自然的遮蔽，使行人可以不受外界天气变化的影响就可以非常方便地换乘不同的交通工具。对小型公交站点和出租车站来说，由于量大面广，通常都是紧临街道设置，没有建筑物可以直接提供遮蔽，因此为这些小"孤岛"加建候车亭，为行人提供全天候遮蔽，可以真正体现城市设计"以人为本"的特点。

4. 人行过街设计

在步行交通需穿越城市道路时，通常采用人行横道（地面斑马线）、人行天桥和人行地道等形式。

在穿越交通量大的城市干道时，人行天桥和人行地道是一种安全有效的措施。但是通常在设计的时候机动车均是水平通过，而步行和自行车则上跨或下穿。由于人上下天桥或地道均比较费劲，尤其是在夏季炎热地区，这种上下楼梯的方式更让人望而却步。而且，从体力型交通方式（步行和自行车）和机械驱动型方式（机动车）的对比来看，显然后者更省力。因此，从人本的角度来看，在具体设计中宜考虑结合地形将机动车道设计成半挖或半抬的形式，而人行天桥或地道相应设计成半抬或半挖的形式，必要时结合自动扶梯设置，这样既可发挥机动车的动力优势，又可使行人过街更为省时省力。

5. 无障碍设施设计

无障碍设施是指为保障残疾人、伤病人、老年人和其他社会成员充分参与社会生活，方便走出家门时能通行安全、使用便利，在道路、公共建筑、居住建筑和居住区等建设工程中配套的服务设施。它体现了"以人为本"的理念，同时是反映一个城市社会文明程度的重要标志。

国际上对无障碍设施的设计研究是在 20 世纪 30 年代开始的。当时在瑞典、丹麦就有专供残疾人使用的设施。联合国成立后，曾先后发布《残疾人权利宣言》《关于残疾人的世界行动纲领》等国际文件，均强调残疾人无障碍设施问题。至 1961 年，美国制定世界上第一个《无障碍标准》（邹南昌，2003）。在此之后，无障碍设施的设计逐渐在世界范围内得到推广。需要指出的是，虽然无障碍设计给残疾人的出行提供了方便，但是从使用者心理来说，残疾人更希望作为一个正常的群体受到公平而普通的对待，由此要求我们把无障碍设计提高到通用化的程度。因此，通用化设计的考量对象不应仅仅局限于特定的人群，而应在设计之初以满足全体大众的使用为出发点，让设计的环境、空间与设施能满足所有人的使用。这种目标导向要求建立一个不分年龄、体格、生理、心理状态，让所有人都能同样方便使用或参与的通用化环境[①]。在这方面，我们有更多的路要走。

无障碍设施的设计既要求体现环境的可及性，即无障碍设施对残疾人的可感知性、可达性、可操作性，同时也要考虑能保证残疾人的安全使用。最为重要的，由于无障碍设计是一个全面系统的工程，不能仅局限于残疾人和老年人的住宅或某些建筑的入口、坡道、电梯和卫生间等局部，关键是系统化、体系化、达到城市建成环境的全面无障碍。这就要求用系统化的观点来进行无障碍环境设计，使无障碍设施连成点、线、面、立体网络，实现全面的无障碍环境。目前，无障碍设施主要体现在城市道路无障碍和建筑物无障碍两方面。

---

① 徐渊静，杨淑芬. 都市交通的通用化设计［EB/OL］. http://www.cit.org.tw/discuss/r15.htm。

1）城市道路无障碍设计

城市道路无障碍设计的范围包括人行道、人行横道、人行天桥、人行地道、公交车站、桥梁、隧道和立体交叉部位。人行道路的无障碍设施有缘石坡道、梯道、盲道、人行横道、标志等。主要商业街、交通繁忙的十字路口，应设有方便盲人行走的交通音响信号。

缘石坡道设置在人行道的交叉路口、街坊路口、居住区入口、单位入口和人行横道等处，形式可采用单面坡和三面坡。单面坡缘石坡道的坡度不应大于 1∶20。三面坡缘石坡道的宽度不应小于 1200mm，坡度不应大于 1∶12。

人行道设置的盲道应方便视残者安全行走和顺利到达无障碍设施为止，指引残疾者向前行走的盲道为条形行进盲道，在行进盲道的起点、终点及拐弯处应设圆点形的提示盲道。盲道应连续，中途不得有障碍物，颜色宜为中黄色。公交车站在城市主要道路和居住区处应设提示盲道和盲文站牌。人行天桥和人行地道应设计成具有平缓坡道和阶梯相结合的形式且应防滑，可使乘轮椅者和老年人安全方便地通过，在坡道和梯道两侧应设扶手（图 5-17、图 5-18）。

图 5-17　人行道与人行横道口无障碍做法

图 5-18　人行道与踏步连接处的做法

2）建筑物无障碍设计

建筑物是城市建设的主要组成部分，不论规模大小，其设计内容、使用功能与配套设施都应符合乘轮椅者、拄拐杖者、视残者及老年人在通行和使用上的需求（宋海燕等，2006）。通常需要满足：商业、服务业、公共设施、娱乐场所的出入口，应设有方便残疾人行走的坡道；住宅、宾馆内应有供残疾人使用的房间和相应设施；公共设施的停车场应设残疾人车位并有明显标志；自行操作的电梯内，应设方便残疾人使用的按钮和扶手栏杆；各文化、体育、娱乐场所，在出入方便处应设有残疾人使用的轮椅席等。

6. 交通信息指引系统设计

从环境心理学的角度来看，"舒适"也代表了设施空间的"可识别性"。交通信息指引系统包括机动车信息指引系统、非机动车信息指引系统、行人信息指引系统以及枢纽信息指引系统。目前对于机动车信息指引系统都强调的很多，而对于自行车、行人和交通枢纽信息系统来说则较缺乏。

1）行人道路指引系统

初到一个城市，人们都想了解到城市的风貌与建筑格局，这时候地图成了不可或缺的工具。但是当人们在街头漫步时，对于手提行李的人、老年人或残疾人来说，手持地图就显得很不方便。因此，完善的行人道路指引系统就显得尤为重要（田中直人等，2004）。

行人道路指引系统是指引导行人从某一地点前往其他地点的一系列交通指方式及设施的统称，包括路标、指示牌、地图位置图以及其他各种信息服务手段，如资讯亭等。由于行人道路指引系统是直接为行人提供信息服务的，因而其规划和设计必须要充分考虑人的需要，以清晰、方便、舒适、美观为依据（叶嘉安，2005）。针对目前行人道路指引系统缺乏系统性、清晰性、规范性以及语言指引不完善和设计不足的问题，行人道路指引系统的设计要强调：① 道路指引的系统性（图 5-19）。即应该进行系统的规划和布局，提高清晰性和规范性，保持设置的连续性以加强引导性。② 信息表达的清晰性。即道路指引设施除了设置位置、数量等方面的要求，其所要表达的信息还必须要做到清晰、准确、全面，让人一目了然、容易判断。③ 系统设计的规范化。即同一类型、同一地区的道路指引信息，应该保持一致的外观设计，对其外形、色彩、尺寸、字体、制作材料等进行统一化处理，从而增强信息传达的整体效率。④ 文字指引的多样化。即在城市窗口地带，应当有系统、有规划地设置双语指示标识（部分地区根据需要甚至应设多语标识，比如机场及主要车站等地），让外籍人士真正感受到便利，有宾至如归的感觉。⑤ 设计效果的人性化。即行人道路指引系统设计要充分考虑人的生理和心理特点，使设计出来的设施能够合

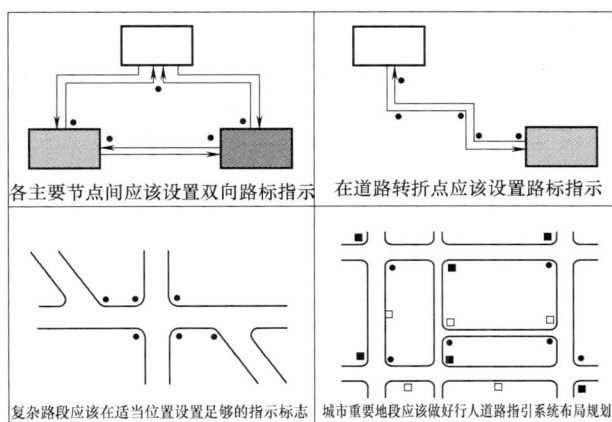

各主要节点间应该设置双向路标指示　在道路转折点应该设置路标指示

复杂路段应该在适当位置设置足够的指示标志　城市重要地段应该做好行人道路指引系统布局规划

图 5-19　行人道路指引系统的系统性原则

来源：叶嘉安. 以人为本的人行系统城市设计［J］. 城市规划，2005（6）

人所用、宜人所感。这样，就要求在颜色、字体大小和设置的高度、距离等方面更要符合人的要求。

2）交通枢纽信息系统

通常在交通枢纽（包括机场、地铁站、公交枢纽或长途客运站），一般人都需先了解航班、列车、公交或班车信息，也包括换乘信息。然后根据方向指引系统决定方向，然后边走边确认方向和道路，最后到达目的地。此时对乘客正确到达目的地发挥作用的主要有枢纽信息指引系统、方向诱导标识和残疾人指示系统。

5.4.3 愉悦的交通空间

城市交通设施所创造的场所空间包括城市道路、广场空间和住区道路空间等，同时作为主要交通换乘场所——交通枢纽的内部空间设计也创造了富有特色的交通空间，这些都丰富了城市生活的内涵，并给了人们愉悦的享受。

1. 人性化尺度的道路空间

1）D/H 值

对道路空间尺度的描述，最直观的就是 D/H 值，其中 $D=W+S$（W 指道路红线宽度，S 指建筑后退红线距离，H 指建筑高度）。

目前，我国很多城市都编制了《城市规划管理技术规定》，其中通常提出城市道路沿线建筑一般的限高要求是 $H \leqslant 1.5(W+S)$，此公式规定了不同等级道路沿街建筑高度与建筑后退红线距离之间的关系。但是通常在各城市单独编制的《城市规划管理技术规定》或局部地段的控制性详细规划中，其成果往往也单独提出针对不同等级道路的建筑后退规定。《上海市城市规划管理技术规定》中的相关内容见表 5-5。

上海城市道路两侧新建、改建建筑高度与后退红线关系　　　　表 5-5

道路红线宽 建筑高度	$W \leqslant 24m$	$W > 24m$
$H \leqslant 24m$	3	5
$24 < H \leqslant 60m$	8	10
$60 < H \leqslant 100m$	10	15
$H > 100m$	15	20

注：①表中规定仅指沿城市道路两侧新建、改建建筑，除经批准的详细规划另有规定外，其后退道路规划红线的距离不得小于上表所列值。②原表中道路宽度以 D 表示，为免混淆，特改为 W。

表 5-5 中规定：在道路红线宽度小于 24m 时，对高度在 $24 < h \leqslant 60m$ 的建筑后退红线 8m。实际上，按照 $H \leqslant 1.5(W+S)$ 计算，此处 H 应小于 48m，显然规定的 60m 限高过

高；同样计算，在道路红线若取值为 40m，后退红线距离为 10m 时的，H 值应小于 75m，而此时规定的 60m 限高显得过低。由此可见，上表中规定的几项对应指标与 $H \leqslant 1.5(W+S)$ 的规定不尽相符。

同样，武汉市在《武汉市城市建筑规划管理技术规定（2003）》第十七条中规定：沿城市规划道路新建建筑物，其后退规划道路红线的距离由城市规划行政主管部门根据城市道路等级、建筑物建设规模、使用性质等情况确定，但最小距离应符合下列要求：

（1）建筑高度 24m 以下的居住建筑后退规划道路红线不少于 3m。

（2）建筑高度 24m 以上的居住建筑、建筑高度 24m 以下底层带商业用房的建筑物及小型公共建筑后退规划道路红线不少于 5m。

（3）新建有大量人流、车流集散的大型公共建筑、建筑高度 24m 以上的公共建筑，后退规划道路红线不少于 15m。

由以上要求可以看出，不同城市对此的规定有较大区别，这当然和各城市自身的特征（尤其是各地不同的日照条件）有关。同样，考虑到我国城市由于历史发展的积累，各城市往往都存在着道路断面形式繁杂，宽度不一的情况。因此，为保障规范的有效实施并简化相关程序，因此一些城市往往对建筑高度与建筑后退道路红线之间的关系作简化处理。

尽管如此，从构建和谐的道路与沿路建筑空间关系的角度出发，仍然需要以不同等级道路的 D/H 值（即沿路建筑之间间距与建筑高度）为主要参考要素，并综合考虑城市自身的特色与操作统一性的要求。一般，对 D/H 值的建议如下：

（1）建议主干路的 D/H 值以大于 2 为宜。

（2）次干路的 D/H 值在 1～2 之间。

（3）支路的 D/H 值在 0.7～1 之间为宜。其中，在传统历史街道，D/H 值可缩小为在 0.5～0.7 之间。

除 D/H 值外，沿街建筑的围合与空间渗透性也是道路空间尺度需要重点考虑的内容。

2）沿街建筑的围合和空间渗透性

由快速路→支路，由于所服务的对象由机动车→行人的转变，由此对沿路建筑空间围合的要求也不同。

（1）快速路沿线，由于机动车都是快速通过，通常其两侧的建筑与道路相互分割，并宜增加建筑群体大体量的对比，以丰富沿路景观；

（2）主干路沿线，建筑布局宜以体块变化为主，在重点节点或地段可适当强化细部变化，使重点的节点空间具有一定渗透性；

（3）次干路沿线，在丰富的形体布局变化基础上，强调不同的节点地段的细部处理。同时，空间渗透性较好，在较多的路段可以实现道路与建筑的融合；

（4）支路沿线，建筑强调细部处理，以丰富的变化吸引人，空间渗透性好，道路与周围建筑融合。

3）街具的设计

道路空间提供了人们日常生活中的交往空间。通常，人们的交往活动发生在散步、购物的过程中，因此，需要针对不同的道路性质提供不同的街具，以营造不同的道路交往空间。

"街具"，指城市街头上的各种地景设施，即城市中的环境小品，城市景观中的公共"生活道具"（杨琳等，2002）。其按实用价值，主要可分为以下几种类型：

（1）满足交通需要的小品，如交通指示灯、候车亭、车栏、自行车架等。

（2）满足人体需要的小品，如坐凳、凉亭、柱廊构架等。

（3）满足人们所需信息的小品，如路标、时钟、广告牌、电话亭等。

（4）满足点景需要的景观要素，如雕塑、花坛、喷泉、叠水瀑布等。

（5）满足人们健身娱乐需要的小品，如嬉水池、儿童游乐设施、锻炼器械等。

（6）满足人们生活的必需品，如垃圾箱、路灯、邮筒等。

针对不同的等级的道路，其街具设计应该有所不同：

（1）快速路，主要设置交通标志、路灯或大型广告牌。

（2）主干路，以交通指示标志为主，在重点地段少量点缀一些景观性街具小品。

（3）次干路，在交通指示标志的基础上，可适当设置一些交往、休息、信息类街具，以利交往。

（4）支路，可设置较多类型的街具，以增加人们停驻时间，并营造良好的交往氛围。

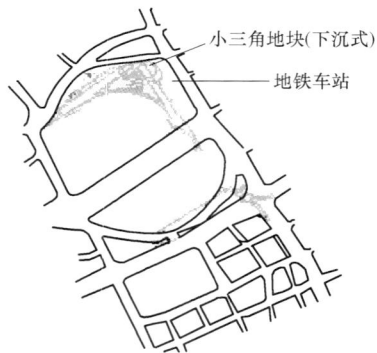

小三角地块(下沉式)
地铁车站

**图 5-20　上海人民广场
武胜路枢纽站方案**

2. 人性化的城市广场空间

为了市民集会、娱乐、游憩的需要，城市中往往会规划一系列的广场。这些广场通常包括游憩集会广场、交通集散广场，也有包括一些纪念广场、商业广场等。由于城市人群分布的不均匀特征，在城市不同地区的居民都有不同的集会、娱乐、游憩需要，这就要求城市广场的布置要符合市民的使用要求。前几年国内很多城市盲目学习大连的广场建设经验，陆续建设了不少大广场。尤其是在城市新区都不约而同的建设超大的行政广场，这种完全不考虑使用需要的广场建设造成了巨大的土地资源浪费，由此引发了建设部对"大广场"建设歪风的批评。① 实际上，从满足人们就近使

---

　① 建设部在 2004 年第 29 号文件中，针对一些城市在建设工作中出现的一些不顾客观实际，盲目攀比，建设超标准的大广场、宽马路的问题提出了严厉的批评，并对各类广场、道路的建设提出了更严格的要求。

用、活动的角度来看，更多小且布局分散的广场比大而集中的广场更容易吸引人气，更利于人们活动。欧洲很多城市中数量众多、分布广泛且充满活力的小广场就是最好的例证。

从方便人的使用到关注人的心理感受，城市广场在外部交通组织、空间尺度和空间的层次上都体现了以人为本的要求。

1）广场的外部交通组织

广场的外部交通组织的目的实际上是为了提高广场的可达性，以保证大多数的市民可以享受到城市广场所提供的服务。通常情况下，广场的可达性依赖于周边完善的交通设施，不论是轨道交通、地面公交，还是机动车，都需要进行合理的交通组织，在必要的情况下，建设综合的换乘枢纽也是提高交通可达性的重要保证。如上海人民广场就拥有地铁一号、二号线和即将开通的 M8 线，同时还拥有 26 个公交站点，52 条公交线路，此外，还有大量的旅游车辆和社会车辆停靠。可以说，人民广场几乎汇集了各个方向的交通，交通情况异常复杂。因此，对人民广场周边的交通组织首先要强调枢纽的作用。以理顺各种交通方式的换乘关系，并提高广场地区的可达性。规划方案在综合对比分析后，确定以武胜路枢纽站为推荐方案实施（图 5-20）[1]。

2）广场的空间尺度

广场的尺度反映了广场与周围建筑物的关系以及广场与人的活动之间的关系。卡米洛·西特曾指出，广场最小尺寸应等于它周边主要建筑的高度，而最大尺寸不应超过周边主要建筑高度的两倍。反观国内很多城市，比较热衷于大广场的建设，这种"大而无物"的建设由于脱离了人的使用需求而往往显得空旷无比。

研究表明。被观察目标的大小和人与目标之间的距离之比决定了人对目标的感受。以人作为被观察目标，识别人的面部表情的最大视距为 20～25m，识别人体活动的最大视距为 70～100m，识别群体和轮廓的最大视距为 150～200m。因此，广场上适合的人群聚合群组活动空间应该在 0.5hm² 左右（崔志华 等，2005）。当然，这一数据并非绝对，可以明确的是广场的规模应该偏小而不宜偏大。威尼斯的圣马可广场，就有着小巧宜人的尺度（图 5-21）。

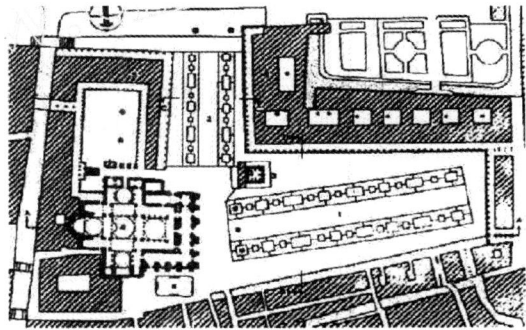

图 5-21　威尼斯的圣马可广场

需要指出，虽然广场的长宽比也是重要的尺度控制要素，但很难精确描述。经验表

①　人民广场枢纽站按推荐的武胜路枢纽站方案以南、北两块布置；公交枢纽站北块设置在地铁 1、2＃线之间的小三角地块，为下沉式广场，出入口设置在九江路上；公交枢纽站南块布置在武胜路地下空间。其中，武胜路现有的由西藏中路进入的线路布置在地下空间北侧，其余线路布置在南侧。枢纽南块出入口设置在武胜路上、西藏南路以及延安东路；公交枢纽站占地 30000m²，容纳规划调整后的所有始发线路。

明，一般矩形广场长宽比不应超过 3∶1（王建国，1998）。

3）广场的空间层次

就广场上人的活动来说，既有活动人群多样化的特点，又有人的活动方式多样化的特点（人在广场中的交往活动可分为公共性交往、社会性交往和私密性交往），因此在广场的设计中，应该强调既要有综合性的集中空间，又要有适合小集体和个人的分散性活动空间，以适合不同人体尺度的空间来满足不同人群的活动需要。而且，基于边界效应①的考虑，应该把座位尽可能多地布置在边缘空间。②

在广场设计中，要灵活运用美学规律，运用"秩序与变化、简洁与丰富、节奏与韵律、对比与协调、比例与尺度"这些空间造型手法，创造出形式美的广场，引起人们的精神共鸣。如广场路径设计要尽量使环境容易识别，环境色彩设计要注意人的色彩心理，广场建筑立面设计应考虑到如何运用一些构图原则，即"格式塔"原理，使立面成为统一的构图整体。此外，有不少新广场设计时注重了历史文脉的表现，在形式中注入传统文化的遗码，表现出与环境的对话，使人们产生崇古怀旧的思绪，这也可以算是意境美了（孙培芳等，2006）。

如美国波士顿的卡布雷广场曾按 1966 年的规划方案建成为单一的大而纯的硬质空间，使用效果很不理想。1985 年改建后，广场被划分为多个空间，用树木进行隔离，绿化覆盖了大部分地面，同时适当设置摊位，满足人们的生活需要（任倩岚等，2003）。波士顿的市政广场也面临着同样的问题（图 5-22）（孙凤岐，2003）。

图 5-22　波士顿空旷无人的市政广场

来源：孙凤岐.营造具有良好空间品质
人性化的城市广场［J］.建筑学报，2003（5）

3. 城市住区的交通安宁

总结有关住区微观交通环境规划设计的方法主要分为两类：一类是提高微观交通效率的措施，另一类是控制交通环境的主要措施就是"交通宁静"技术。

1）提高效率的措施

此类措施主要包括机非分流的措施。如在交叉口通过设置立交、展宽渠化、限制左转或左转绕行等措施分流机动车和非机动车，以提高效率；同时，对人行过街设施也采取如人行天桥（或地道）、平面过街（设安全岛）等方法解决行人的安全过街问题；此外，由于公交站点的布置方式对促进公交换乘有着重要作用，因此公交站点的布局也成为影响公交服务水平的重要因素。

2）控制交通环境的措施

虽然"交通宁静"技术给人们解决微观环境的交通控制提供了基础，但是在城市层面的使用仍需进一步对"交通宁静"技术按照措施严格的程度进行分级，以针对不同的情

---

① 人们很少把自己置于没有任何依托和隐蔽的众目睽睽的中心地带，无论是谈天、观看、静坐、站立、漫步、晒太阳……总是选择那些有依靠的边界空间，这种行为学现象叫作边界效应。

② 美国学者怀特曾以一个研究小组遍察了纽约市的广场，认为广场的可坐面积达到广场总面积之 6%～10% 时，才能基本满足人的行为需求。

况在城市范围内加以推广和应用。表 5-6 为根据"交通宁静"技术措施的严格程度和适用范围进行分级。

"交通宁静"技术的措施分级 表 5-6

措施类别	主要手段	适用范围
交叉口环岛	不规则进口道的交叉口；用低成本的交通控制措施代替交通信号；调头比例比较大；有多种通行权的地方	城市道路
全封闭流量控制措施	交通量问题相当严重其他方法都无效的地方	在支路、社区道路与高等级、高流量道路连接时
半封闭流量控制措施	交通量问题很严重，而其他非限制的手段没有明显效果的地方	在支路、社区道路与高等级、高流量道路连接时
强行转弯渠化岛措施	与直行交通量较大的主要道路相连的次要道路；左转或者最外侧车道直行不够安全的主要道路	支路与流量较大的干路
凸起的人行横道	行人过街位置不固定的地方以及车速比较高的区域	生活性支路
凸起的交叉口	行人活动频繁的交叉口；由于缺乏停车空间而不能采取其他交通宁静措施的地区	生活性支路
交通圈	在大型车的交通影响不大，但是车速、流量以及安全是很重要的问题的社区内部	社区道路或支路
道路中心岛	居民区的入口；有行人穿越的路幅较宽的街道	社区道路或支路
交叉口斜向分流措施	用于非当地交通量比较大而造成内部交通问题较突出的社区内部	社区道路
减速槛	低速行驶，噪声和废气不是主要考虑因素的区域	社区道路
减速板	低速行驶，但是需要为大车提供平滑一些铺面的区域	社区道路
路段反向曲线	车速问题比较重要，但是减速槛所带来的噪声以及相关的措施无法接受的地方	社区道路
交叉口颈缩	行人比较多的交叉口；由于噪声较大而使得垂直方向上的交通宁静措施不可行的区域	社区道路
道路中央颈缩	车速问题重要并且不缺乏路边停车(须占用部分路边停车空间)的区域	社区道路

注：表中沿箭头的方向表示相关措施的适用范围由城市道路向社区道路过渡，相应的控制措施也逐渐趋严。

　　需要指出，由于我国城市人口密度较大，在实施"交通安宁化"和"街区共享"措施的过程中，应该避免对主要交通性道路的通行效率造成影响。因此，除了可以在住区内部实施以外，对城市支路和非交通性的城市干路都可以考虑采取上述措施。

4. 交通枢纽空间整合

　　除了针对上述城市外部交通设施空间的场所设计以外，在城市的重要交通枢纽设施内部，其交通空间的塑造也可以给人们的生活添加丰富的内容。根据徐磊清在 1998 年和 1999 年针对上海徐家汇地铁站地下公共空间使用情况的调查，与地铁连通的地下街可以吸引相当的人流，并与轨道交通的发展互为支持[①]。由此可见，城市交通枢纽除具备不同交通方式的换乘功能以外，还兼有商业、地下停车和防灾功能。而在中国香港地区和日本等地，拥有住宅、办公等复合功能设施的交通枢纽更是给市民提供了丰富多彩的生活场所。

---

　　① 通过对上海徐家汇地铁站地下公共空间调查，与地铁站相连的地下街的使用率是比较高的，可以分担 40% 以上的人流，与那些单纯作为联系两边交通的地下街（分担 5%～10%）相比，它有很高的分流能力。

总体来看，在枢纽空间的设计中，首要的就是要解决好以下几个层面功能的整合：

1）外部节点空间整合

就整个枢纽节点空间来说，其外部空间整合包括站前广场换乘空间的整合以及地下轨道交通设施与上部建筑空间的一体化。尤其是就后者而言，更是建设枢纽综合体复合功能的关键（图 5-23）。

图 5-23 横滨站地下空间与建筑一体化设计

来源：日建设计. 地下空间利用［R］，2003

2）内部交通功能整合

由于交通枢纽一般都综合了多种交通方式，为避免多种交通方式的混杂，一般都需要对各种交通方式的换乘衔接进行重点规划，以提高交通设施运行效率；由于复合型开发的需要，交通枢纽必然有着机动车"行"和"停"的需求，因此，要对枢纽周边道路或内部的地下道路和停车场进行整体布局（图 5-24）；以枢纽为中心，结合枢纽周边用地及设施布局，形成具有一定规模的步行系统，以满足人车分流的需要，并保障行人安全（图 5-25）（日建设计，2003）。

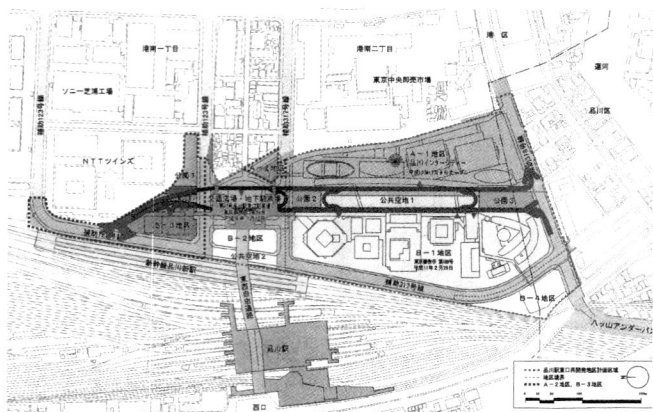

图 5-24 品川站地下道路和停车场示意图

来源：日建设计. 地下空间利用［R］，2003

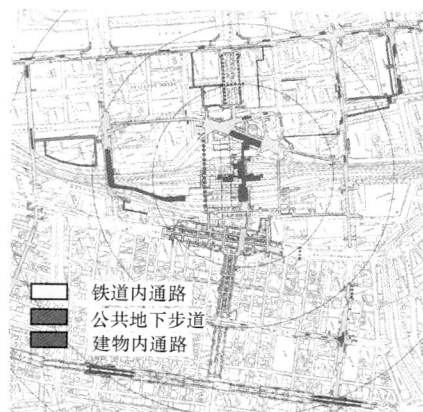

图 5-25 东京站周边地下步行系统

来源：日建设计. 地下空间利用［R］，2003

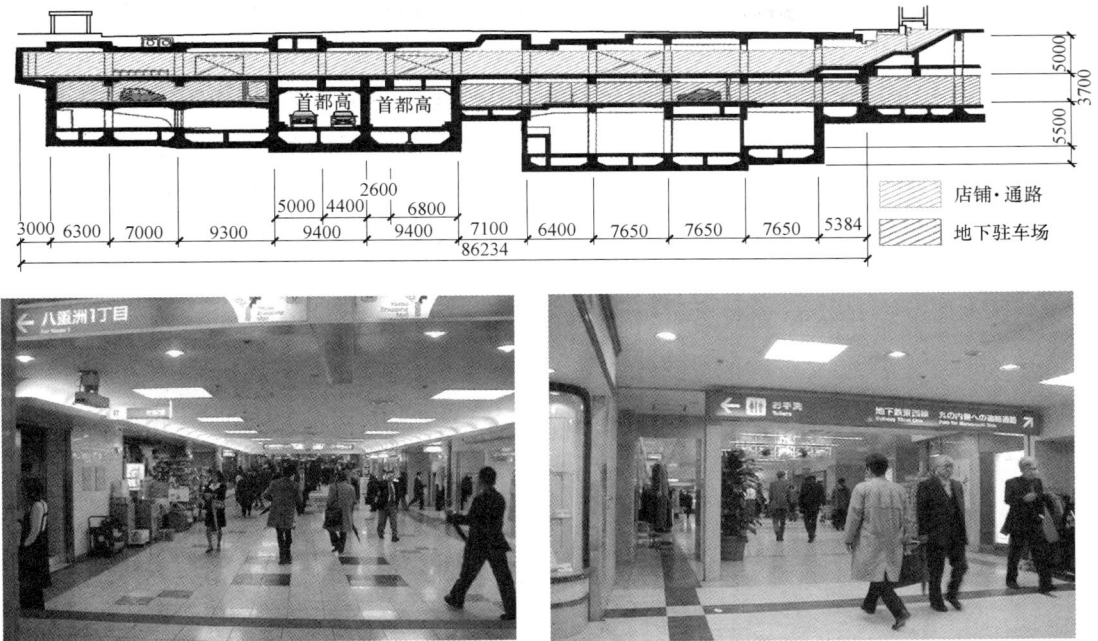

图 5-26　东京八重洲地下街示意

来源：日建设计. 地下空间利用［R］. 2003

3）地下商业街空间整合设计

作为复合功能的一部分，地下商业街的设计创造了丰富的城市空间，使人们在出行过程中享受交往、购物、休闲、娱乐的需求，并使出行成为一种令人愉快的享受。通常地下商业街的设计原则为：

（1）应以经济效益为根本。

（2）应该设置在人口流动量大的交通枢纽区域。

（3）通常考虑人行活动半径在 300～500m，应充分利用商务大楼地下室，地铁地下车站，并用地下公共交通进行必要联系（图 5-26）（上海市政工程设计研究院等，2004）。

5.5　基于"基本用地单元"的"交通环境区"

针对上述几个方面的不足，本书提出"交通环境区"的概念，其目的就在于明确交通环境控制手段与措施的适用范围。一般来说，"交通环境区"通指由城市道路所围合起来的具有一定规模的街区。在这个街区范围内，一般性的、短距离的生活性出行都可以得到满足；且步行和自行车的活动可以得到很好的保护，机动车虽可以进入，但是出于保护步行和自行车出行的原因其通行会受到一些条件限制，以创造良好的交通环境。而在此街区范围之外，必须以强调交通的效率为主，但是从保障安全的角度出发，对步行和自行车的过街方式仍需给以足够的关注。实际上，"交通环境区"的概念有些类似于"居住环境区"（徐循初，2007）。所不同的是，"居住环境区"① 较强调区内外交通的分离，以使内外交通互不干扰（图5-27、图5-28）。我国传统的居住区规划思想大多源于此。而"交通环境区"则不同，其更多地强调在满足交通效率的基础上对交通环境的改善，因此要对满足交通效率和环境需求的基本路网模式进行限定，在确定街区规模的基础上，对街区内外的交通环境提出相应的措施。

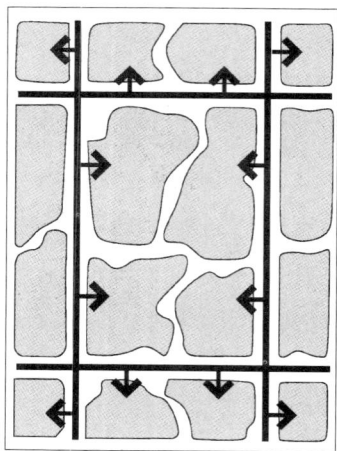

图 5-27　居住环境区的细胞概念

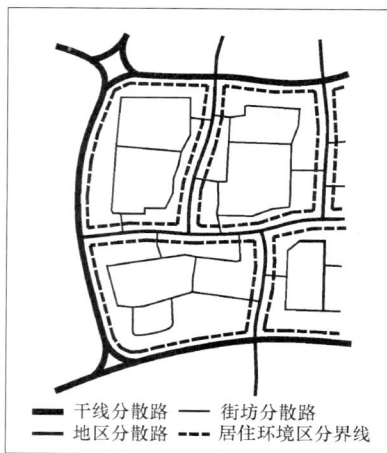

干线分散路　街坊分散路
地区分散路　居住环境区分界线

图 5-28　居住环境区的分散道路体系模式

5.5.1　"交通环境区"规模的确定

以道路功能分类来看，快速路和主干路上机动车流量通常最大，往往容易形成对城市用地的分隔，因此这类道路所围合的城市用地范围就可以初步形成"交通环境区"的范围。由于次干路和支路分隔的原因，"交通环境区"下面还可以进一步划分成街区，若干个街区就可以组成一个"交通环境区"。因此"交通环境区"规模的确定也取决于街区规模的大小。

1. 从保障道路运行效率的角度来界定

对城市道路网密度的控制实际上反映了对道路运行效率的关注，较大的路网密度可以提供更多的迂回空间以提高交通效率。《城市道路交通规划设计规范》GB 50220—95 对不同规模城市的不同区域、不同等级道路网密度作了规定，根据路网密度与道路间距的关

---

①　其基本原理为：城市类似于由分散道路网和居住环境区组成的细胞组织，即市区由细胞组成，而道路网是使生命的基本物质进行循环的系统，就如人体的血液循环系统一样，必须依靠功能合理的道路网，才能维持细胞的正常活动。以此为基础，提出了"居住环境区"和"各种功能的分散道路系统"的概念。

系，可以反算出相应的道路间距和街区用地面积（表 5-7）。

不同规模城市不同区域道路网密度与用地关系一览　　　　　　　　　　表 5-7

		干路网密度 （km/km²）	支路网密度 （km/km²）	道路网密度 （km/km²）	道路间距 （m）	建议道路间距 （m）	建议街坊用地 面积（hm²）
大城市	一般区域	2.3～3.1	6～8	8.3～11.1	180～241	200～250	4
	中心区	2.3～3.1	10～12	12.3～15.1	132～163	150	2～3
	核心区*	2.3～3.1	12～16	14.3～19.1	105～140	100	1～2
中等城市		2.2～2.6	6～8	8.2～10.6	189～244	200	4
小城市	＞5 万	3～4	3～5	6～9	222～333	250	4～5
	1～5 万	4～6	4～6	8～11	182～250	200	4
	＜1 万	5～6	6～8	11～14	143～182	150	2～3

注：特指大城市核心区容积率超过 8 的用地及区域。

以大城市一般区域为例，道路间距可按 200～250m 控制，则相应的路网所划分的街区用地可控制在 4～5hm² 左右。

2. 以人的尺度来界定

人们在住区和公共设施空间中的交通行为明显会比其他类型用地为多，因此人的尺度可以决定住区和公共设施的用地规模。

（1）以人的尺度限定居住小区的规模，必须建立在人的认知能力的基础上。根据生理学家的研究，人的视力能力在超过 130～140m 就无法分辨其他人的轮廓、衣服、年龄、性别等，因此在传统街区中，通常以 130～140m 作为街与街之间的距离；F·吉伯德指出文雅的城市空间范围不应大于 137m，C·亚历山大也指出人的认知邻里范围直径不超过 274m（即面积在 5hm² 左右）。所以，从居住者对所居住环境的控制能力和认知能力看，我国居住小区规模明显偏大。

（2）据调查，居民从家中走到小区周边任何一条到城市道路上的最适宜的步行时间应在 5min 以内，而人正常的步行速度如果以每小时 5km 计算的话，居民从小区内走到城市道路上的距离以不超过 400m 为宜。但由于居民在居住小区内的步行速度低于正常的步行速度，因此实际距离应低于这一数值（王及宏，2002）。

（3）对于住区内部所采用的停车方式，居民对停车场库的使用情况会受住宅与车库远近的影响。据陈燕萍（1998）对深圳市某小区居民的调查，当停车场库按组团级配置、车库服务半径为 150m 时，80％的使用者感到距离适当，停车入库率近 100％。而按小区级配置（辅以局部路面停车场），车库服务半径超过 300m 时，半数以上的使用者觉得"不方便"。由此可见，如果按最方便和节省的方式将停车场库设在小区中间部位时，小区的单边长度将不得超过 300m（王及宏，2002）。

以上从人的认知的角度、步行的合理距离以及居民停车方式等方面的研究揭示了适合人的尺度的理想住区规模应该在 5ha 左右。这一街区规模的控制尺度也适合于城市公共设施中心。只不过在城市中心区由于开发强度更大的原因，此规模还可进一步缩小，这实际上就是一个"基本用地单元"的范围。在以"基本用地单元"为基础的"交通环境区"总体结构下，根据街区与快速路、主干路的毗邻程度可以细分为核心区和外围区。其中，核心区主要为周边由次干路和支路所围合的区域，其他则为外围区，这种划分方式反映了对分区快慢交通的不同控制程度。此种小街区的划分模式和当前的发展趋势不谋而合。

5.5.2 "交通环境区"的交通方式组织

"交通环境区"效率的满足是实现交通环境控制的前提，这取决于多方式系统的整合。

1. 多方式系统整合

要发挥各交通方式系统的功能，必须避免在主要道路上承载过多的功能而形成干扰。如上海把城市道路划分为四级七类，同时确定了各级道路的主要服务对象，并提出了相应的道路使用和管理要求（表5-8）（陈小鸿，2004）。这为道路系统中各交通方式的合理组合提供了宝贵经验。

上海市区干道分类及使用性质　　　　　　　　　　　　　表5-8

	快速路	主干路		次干路		支路	
	I	II	III	IV	V	VI	VII
道路使用	汽车专用 或客车专用	机动车专用	汽车专用 客车专用	机动车专用或机非合用	客车专用	机非合用	非机动车与 行人优先 货车限制
道路分隔形式	封闭	中央分隔	中央分隔带或 划线分隔	快慢分隔	快慢分隔单向 设计时快慢 可不分	不分隔	不分隔
道路红线宽度 （m）	50～60	50～60	42～50	42	36～42	24	16
双向车道数 （双向）	≥6 允许偏置	6～8 可设 可变车道	4～8	4～6	4,允许是一组 单向道路	2～4	2～3
自行车道形式	无	与人行道共用	与人行道共用 局部可独立	机动车或独立	独立或与人 行道共用	机非合用 划线分隔	机非合用
公交线路	公交快线	主干线路及少 量区域线路		主干线路、区域 线路、公交线路			
公交站形式	不设站	港湾站	港湾站	港湾站	港湾站	路抛站	路抛站
路边停车	—	禁止	禁止	禁止	短时停车	允许	允许
出租车扬招		禁止		禁止	允许	允许	
信号灯交叉口 间距(m)	—	1000～1500	800	500	300	300	—
限速(km/h)	60～80	60	50	50	30～40	30	20
行人过街	—	少	低	较少	中等	多	
道路两侧开发		低	低	中	中-高	高	

一般情况下，很多城市的道路没有这么多分级，但是在道路设计中体现"交通方式分

流"的这一思想仍然需要继承。为避免在城市主干道上叠加多种交通方式，必须根据道路的服务功能，把机动车、自行车和步行方式按照主、次、支的功能在道路系统中分别进行布局。其中，由于自行车与机动车系统相互之间干扰较大，因此需要针对快速路→主干路→次干路→支路的道路等级体系，按机动车通行能力以逆序规划自行车道：

（1）自行车道按设置自行车道的主次顺序依次为支路→次干路→主干路。其前提是支路尽量连通，并减少迂回，否则主次顺序可变为次干路→支路→主干路；

（2）由于主干路往往自行车流量大，因此在有支路可以分流主干路上自行车流的情况下，可以把主干路上的自行车道从机动车道上剥离。

具体见表 5-9。

城市道路系统功能综合组织要求　　　　　　　　　表 5-9

	快速路	主干路	次干路	支路
两侧土地开发强度	低	中	中高	高
开口数量	禁止	少	多	多
公共交通	公交快线	公交干线	公交干线或支线	公交支线
其他机动车	主	主	次	支
自行车	—	支	主	次
步行	—	支	次	主

注：对快速路交叉口来说，通常需要采用立交形式，如采取平交方式则往往需限制左转。对于次干路和支路而言，如果两侧为公共建筑且联系密切，在条件满足时也可增加建设人行天桥或地道。

在对多种交通方式从功能上进行重新组合之后，可以进一步对公交站点、步行过街设施和用地的布局方式进行组织。

2. 公交枢纽站与用地的整合

这里以一个新建的次干路与次干路交叉口的公交站点与用地、步行过街设施一起进行综合组织为例。选择以上一章中所提出的"D 模式"为基础，通过在交叉口布置公交枢纽来评估这种方式对交叉口两侧土地的控制要求。

假定条件：两条城市干道，道路断面 4m(人)＋4m(非)＋11m(机)＋2m(绿)＋11m(机)＋4m(非)＋4m(人)，共 40m，其中，非机动车道和人行道可共面。此外，其外围为四条支路，断面为 3m(人)＋4m(非)＋14m(机)＋4m(非)＋3m(人)，共 28m。假定次干路两侧布置有较多的公共设施用地，公交线路较多，为便于换乘，在主要交叉口建设交通换乘枢纽就非常必要。由于交叉口还涉及展宽的问题，因此公交站点的布置就与交叉口进出口道的展宽联系在一起。

上海市工程建设规范《城市道路平面交叉口规划与设计规程（2001）》对次干路与次干路相交的交叉口展宽有如下要求：

（1）城市次干路新建平面交叉口进口道可展宽 5～10m，展宽长度 50～70m，展宽渐变段长度 15～30m。

（2）出口道为干路，相邻进口道有右转专用车道时，出口道必须设置展宽段。

（3）出口道设有公交停靠站时，按港湾停靠站要求设置展宽段；在设置展宽的出口道上设置公交停靠站时，应利用展宽段的延伸段设置港湾式公交停靠站。

（4）出口道的总长度由出口道展宽段和展宽渐变段组成。出口道展宽段长度由缘石转弯曲线的端点向下游方向计算，不设公交停靠站时，长度为60~80m；设置停靠站时，再加上公交停靠站所需长度，并须满足视距三角形的要求。

（5）新建交叉口，公交停靠站须布置在交叉口的下游。公交停靠站设置在交叉口下游时，离开（对向车流进口道）停车线距离：下游右侧展宽增加车道情况下，应设在展宽段向前至少15m处；在下游右侧不展宽但设停靠站时，停靠站在干路上距停车线不应小于50m，支路不应小于30m。

此外，公交站的基本尺寸如下图所示（图5-29）。

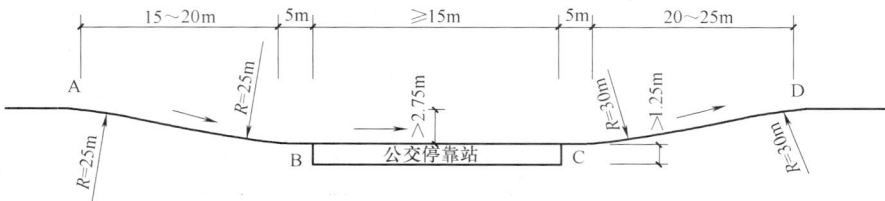

图5-29 公交站的基本尺寸

参照以上标准，可以对这一次干路-次干路交叉口进行展宽和公交站点的综合设计。假定进出口道各展宽一个车道（这里忽略交叉口各方向的流量），展宽段长度约75m，展宽渐变段约35m，共计约110m；按照3条公交线路计算，相应的公交站台长度达到约80m，而整个港湾站的总长将达130m，再加上港湾站与展宽段之间还需要至少15m的间隔，这样在新建交叉口出口道加上出口展宽段和公交港湾站至少需要达到215m的长度，在250m的路网间距下，这一长度已经达到或超过下一个次干路与支路交叉口的范围了。图5-30显示了D模式核心区次干路与支路路网组织的原始状态与主要路口展宽后的状态。

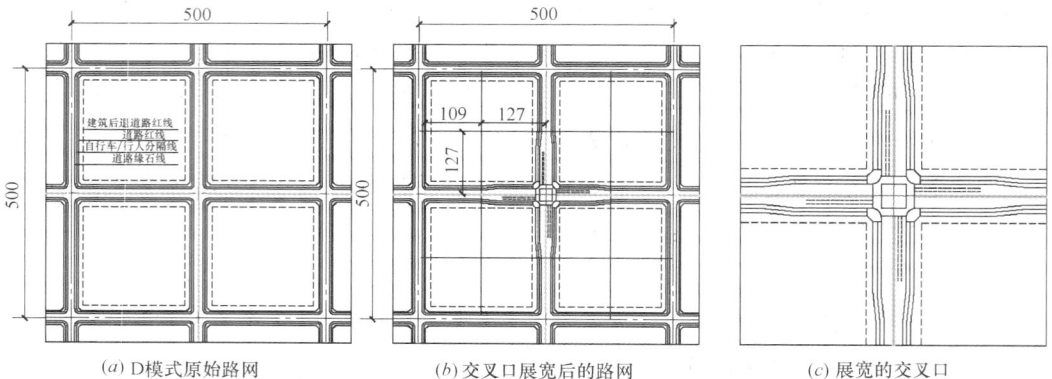

图5-30 D模式下"基本用地单元"核心区主要节点展宽示意

因此，这种布局模式在高路网密度下并不适用。而且，一般在中等规模城市次干路上远不止 3 条公交线路同时运营，在无法满足这种需求时，一些城市会直接采用路抛式停车或迫不得已采用非机动车道作公交停靠站。在停靠车辆过多时，就会给道路的正常行车秩序带来影响，而借用非机动车道的办法无疑挤占了非机动车的通行空间。最关键的是，即使在低路网密度下可以勉强放下公交站，但是公交站点之间的换乘间距也会达到 500m 以上，显然难以起到换乘枢纽的作用。这就需要换一种思路提出解决办法。

1）面向公交的交通组织方式

基本解决思路是在交叉口组织小街坊绕行，利用街坊空间组织公交换乘，根据主要道路公交线路布设情况可以灵活组织。主要可分为两类（图 5-31）：

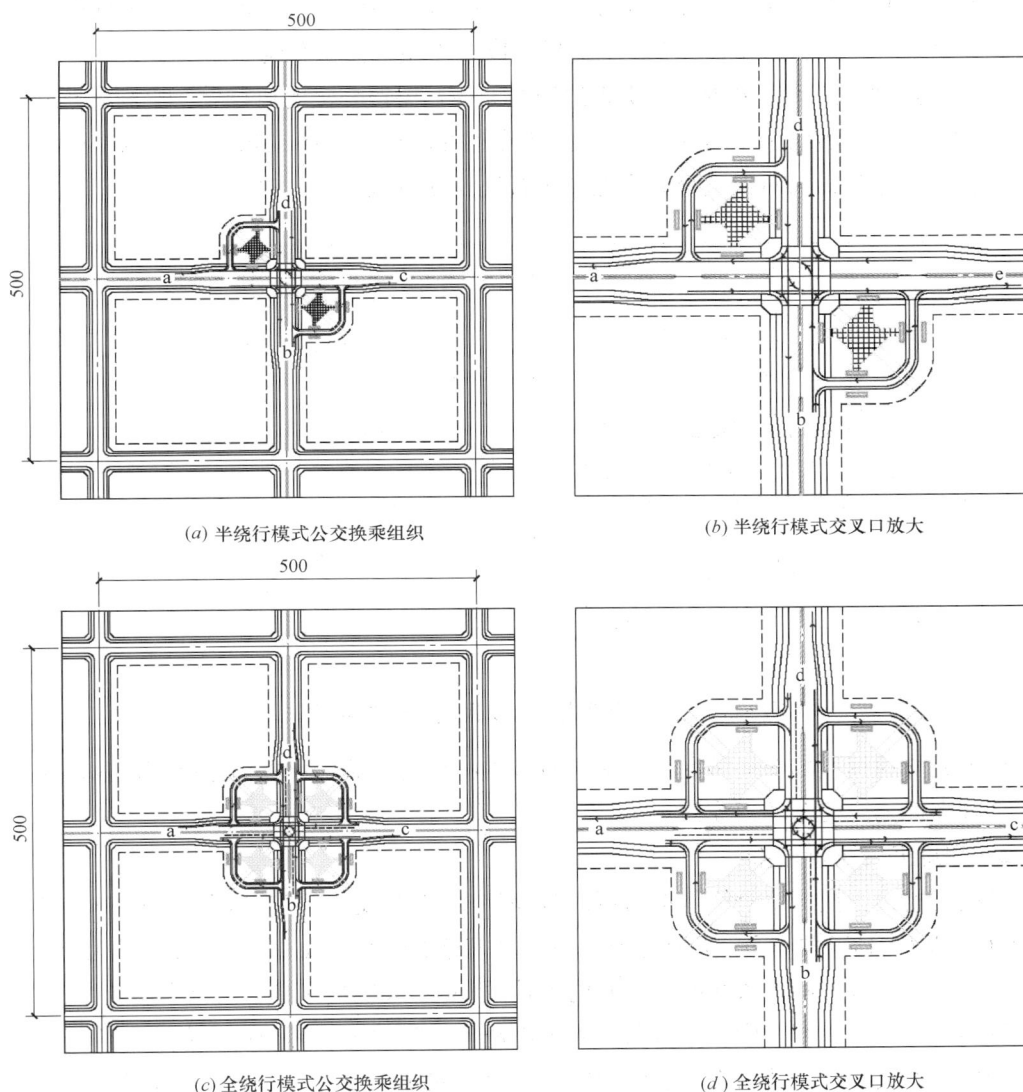

(a) 半绕行模式公交换乘组织　(b) 半绕行模式交叉口放大

(c) 全绕行模式公交换乘组织　(d) 全绕行模式交叉口放大

图 5-31　街坊绕行模式下的两种交通组织方式

半绕行模式：当只有一条主要道路上公交较密集时，可以在这条道路双向下游右侧利用路口的小街坊组织公交换乘。如图 5-32 所示，图中 a→c 方向为次要公交流线，b→d 方向为主要公交流线，因此在 b-c、a-d 象限交叉口组织换乘枢纽。通常，为减少交叉口换乘对通行能力的影响，小街坊离开主要交叉口至少应达到 50m。其中，b→c 方向的公交线可直接从街坊道路右转通过，b→d 方向的公交线可在进口道停车换乘，b→a 方向的公交线可经路口直接左转后换乘；a→b 方向的公交线直接在路口右转，a→c 方向的公交线可直行过路口后换乘，a→d 方向的公交线因不是主要流向，可在 b-c 象限内绕街坊换乘后再直行。这样可以保证主要公交流向的畅通。但是仅有 a→b、c→d 两方向上的公交换乘有些不便。

全绕行模式：主要针对两条道路上公交线路都很密集的情况。其中，a→b 方向的公交线直接在路口右转换乘，a→c 方向的公交线可直行过路口后换乘，a→d 方向的公交线可在 b-c 象限内绕街坊换乘后再直行。这样可以减少左转机动车流量。

当然，这种方式因主要围绕公交来组织交叉口，要使公交的运行效率更高，还必须把靠近街坊一侧的车道给公交专用，必然会对其他机动车的效率造成一定影响，如图 5-32 所示。但显然这种做法对促进公共交通的出行还是很有效的。

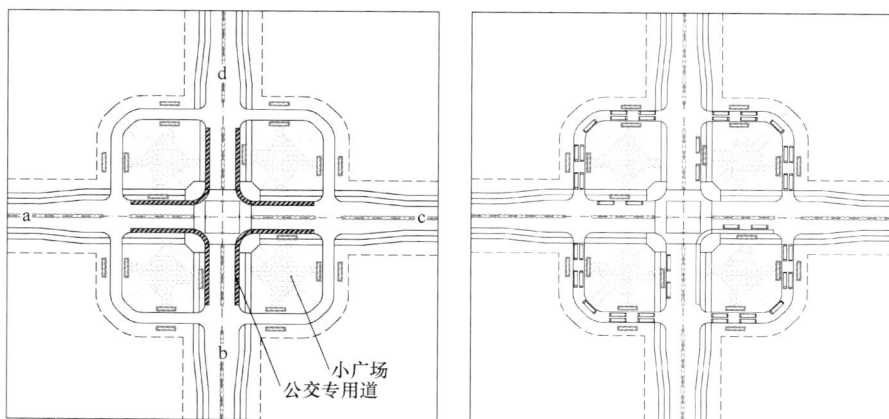

图 5-32　全绕行模式公交专用道及公交换乘布局

根据此交通枢纽的布局情况和所能同时容纳的公交车数，可以粗略推算出这两种模式下的"基本用地单元"的规模。

2）用地开发强度倒推

半绕行模式：按照每个绕行街坊可同时停靠 11 辆公交车计算，两个绕行街坊可停靠 22 辆车，以双向计算则可以认为每个绕行街坊可容纳 11 条线路。以 5min 的发车频率、每车上下 15 人计，则 11 条线路一小时内可输送 4000 人次的客流。几乎快达到第三章中所推算的模式一和模式三中心区普通"基本用地单元"中公交客流的 6 倍、2 倍。按照第三章所述的方法，在其他因素不变的情况下，模式三城市中心区"基本用地单元"的核心区毛容积率可达到 8.0，外围区可达到 4.0。

全绕行模式：按照与"半绕行模式"的双倍关系，相应的可容纳公交线路增加为 22 条，所能支撑的用地开发强度也成倍增长，即在核心区毛容积率可达到 16.0，外围区可达到 8.0。

显然，按上述方法粗略计算出来的土地开发强度已经达到了很高的水平，实际情况是不可能出现的。因为这是建立在公交出行分担率 30% 基础上的计算结果，实际上在公交这么发达的时候，公交分担率肯定会有明显上升，否则所增加的其他方式出行会对道路运行产生严重影响。如果核心区公交分担率可以上升到 70%、外围区上升到 50%，那么相应的毛容积率仍可控制在核心区 8.0，外围区 4.0 的程度。

当然，这个开发强度的探讨并不是十分准确，但同时也说明了一种趋势，即如果在道路、公交和用地之间加以优化和整合，那么达到这种水平并非完全不可能。同时也要考虑到以公交为主体的道路运行必然会对其他方式的出行造成很大影响，从这个方面来看，更需要相应的交通控制和管理手段对其他交通方式的组织进行引导，从而保证公交的优先性。

3. 对几种现状发展模式的改进

前一章中对几种现状的"基本用地单元"进行了讨论，也提出了改进的建议。但是如何在实施中进一步促进公交与用地开发的结合、以改善交通结构，相应的手段就非常重要（图 5-33）。

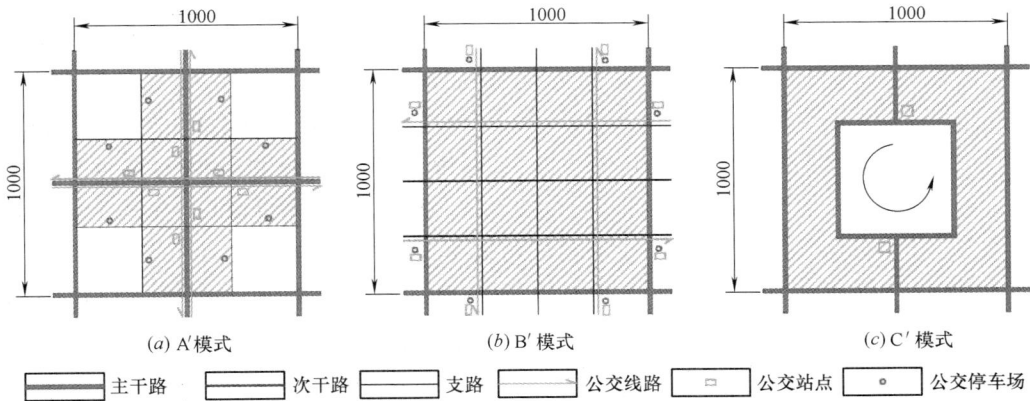

图 5-33　几种现状街区模式中的公交组织方式

（1）就模式 A′ 来说，由于两条主要道路交叉口已经被主要建筑占据，因此不可能再提供土地进行交通枢纽建设。较为可能的是通过外侧平行支路的建设在支路口附近预留用地，或者结合公共建筑的改造在底层设置枢纽站，这样也可以改善城市主要节点地区的公交换乘状况。

（2）对模式 B′ 来说，公共交通在老城区内上下客只能采用路抛制，但是可以考虑在老城区外围地区结合公共停车场设置 P+R 换乘。

（3）对模式 C′ 来说，在道路和用地都非常紧张的情况下，整合各类交通资源、结合大型建筑开发建设综合换乘枢纽就成为唯一的选择。

4. 步行过街设施组织

《城市道路交通规划设计规范》GB 50220—95 虽然对行人过街方式作了规定，但是在一些情况下，虽然一些道路两侧公共建筑的吸引力还不大、在短期内还难以吸引到大量人流，但是很难保证在将来的某个时间段达到或超过这个规定的量，在这种情况下，单纯依靠平面过街方式已经难以满足需要，而修建人行天桥或地道就势在必行。但是如果在用地开发之初对此没有前瞻性的预留，很可能会造成在后期建设人行天桥时面临无处可放的境地。或者直接找一个有空间的地方放下来，但是天桥的设置与主要的人流方向并不一致，这样实际上降低了其使用效果。而且，很多情况下，即使有空间可以满足设置要求，但是其设置依然无法和建筑区的某种关系。简单的来说，就像人在商场购物，购物完以后就出来到马路对面坐公交，如果人行天桥直接与公共建筑的二楼结合在一起，这样人们就可以不必从建筑中出来再上天桥，而可以直接从建筑走上天桥，这种方式明显增加了天桥和公共设施的吸引力。显然，我国很多城市在此方面做得很不够，这大概也是在大多数城市中心区缺乏连通的空中步行系统的原因。

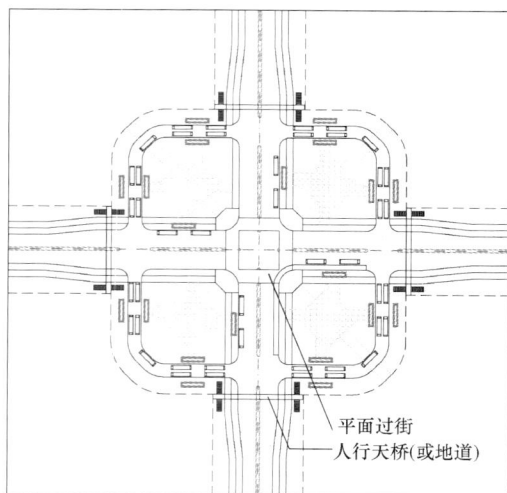

**图 5-34 "基本用地单元"主要节点
人行天桥（或地道）设置示意**

因此，要改变这种现状，就必须从土地开发的阶段进行控制。简单的来说，就是根据城市总体布局，在用地的开发建设前期，对位于城市中心的公共建筑或城市其他地区明显吸引力很大的公共建筑提出"预留人行天桥接口"的设计条件，这样就可以通过长期的控制和引导来改善城市中心区的步行交通环境。

图 5-34 中显示了在"基本用地单元"中主要节点人行天桥（或地道）的设置位置。虽然在短期内人流量不大时，可通过地面过街加以解决，但是这种模式为远期的发展预留了可能，为城市中心区步行环境的系统建设提供了基础。

5.5.3 "基本用地单元"的交通环境控制

如果说前面的讨论有助于从公交、用地的布局模式上保证"基本用地单元"的效率，从保证交通安全、促进人们交往的层面，我们可以根据"基本用地单元"的结构，采取分区域的交通环境控制措施。

1. "基本用地单元"的环境控制层次

"基本用地单元"可以划分成三个层次的交通环境区域：即不同"基本用地单元"之间、同一"基本用地单元"内部的外围区和核心区，这三个层次由于面对"快行交通""慢行交通"需求的不同而对交通环境提出了不同要求。其中，外围区是核心区与外部边界的过渡，因此其主要的慢行交通联系表现在四个层面：即跨越"基本用地单元"的慢行交通通廊、外围区内部慢行交通、外围区与核心区的慢行交通通廊、核心区内部慢行交通（图 5-35）。

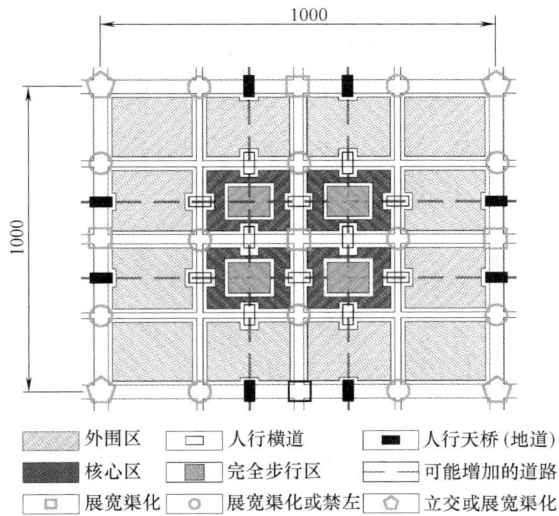

图 5-35 "基本用地单元"环境分区控制

1）跨越"基本用地单元"的慢行交通通廊

由于"基本用地单元"相当于被快速路、主干路分隔成为一个独立的"孤岛"，此"孤岛"周边主要道路均以满足机动车快速通过的"快行交通"为前提。因此，为保障周边道路的运行效率，对跨越"孤岛"周边道路的"慢行交通"应进行立体分离，以形成主要的慢行交通通廊，保障通行安全。

需要指出，虽然《城市道路交通规划设计规范》GB 50220—95 并未明确主干路的人行过街形式为人行天桥（或地道）[①]，但是对于在城市中心区的"交通环境区"而言，由于土地开发强度可能很大，由此会导致吸引的人流也较大，因此对慢行交通通廊的过街方式应有长远考虑，以避免在将来把人行横道改造成步行天桥（或地道）时缺乏用地条件。

---

① 《城市道路交通规划设计规范》GB 50220—95 指出，只有当横过交叉口的一个路口的步行人流量大于 5000 人次/h，且同时进入该路口的当量小汽车交通量大于 1200 辆/h 时才可考虑设置人行天桥或地道。

同时，由于城市中心区人流量大的特点，在中心区用地建设条件中应考虑预留步行天桥（或地道）的接口，使之与周边主要建筑物形成顺畅的空间连接，这样更有助于形成吸引人的步行空间。

2）外围区内部慢行交通

在外围区内部，由于用地通常紧邻主要道路，且很多经过此区域的支路往往也承担着重要交通功能，因此为了提高机动车交通效率，通常应对外围区内部及其周边的道路交叉口进行展宽渠化。同时，就内部的慢行交通而言，只宜在主要的慢行交通出入口设置"交通宁静"化措施以减缓车速。

3）外围区与核心区的慢行交通通廊

此慢行交通通廊由于跨越的是城市支路，因此通常可设置成人行横道，且在路中要设安全岛。但是在城市中心区，出于塑造整体交通环境的考虑，通过建筑物的整合可以在保留地面人行过街通道的前提下，增加人行天桥或地道，由此形成多层次的慢行交通通道。这实际上就是要求在城市中心区对远期人流量可能较大的建筑和用地要预留建设人行天桥的接口。

4）核心区内部慢行交通

在核心区，慢行交通已经成为交通的优先考虑对象，为了控制进入核心区的机动交通量，应对核心区内部与其周边道路的道路交叉口进行控制，即要避免对这些路口的展宽渠化以免引入过多的机动交通。同时，应采用多种"交通宁静"的手段来实现对机动车交通的限制、为慢行交通创造良好环境。需要指出，在城市中心地区，通常在此核心区域还会有完全的步行空间存在，此时对机动交通的控制更为严格，而仅仅只会在紧急情况下提供机动车通道。

与慢行交通相对应，对"基本用地单元"中各种类型的交叉口也应采取不同的处理措施。如：

（1）主干路—主干路：可根据具体情况采用立交或展宽渠化的措施。

（2）主干路—次干路：展宽渠化。

（3）次干路—次干路：展宽渠化。

（4）次干路（或主干路)—支路：根据情况采取展宽渠化或禁左措施。当支路承担了较多的交通功能时，可展宽渠化，而当支路交通对主干路或次干路交通造成很大影响时，宜采取禁左措施。

（5）支路—支路：可根据两侧用地情况，在一些主要分布在居民住宅区、商业区和小学学校附近以及菜市场附近的城市支路采取全封闭流量控制措施、半封闭流量控制措施、强行转弯渠化岛措施、凸起的人行横道、凸起的交叉口等"交通宁静"措施。

（6）社区道路：根据社区道路对环境的关注程度分别采取交通圈、道路中心岛、交叉口斜向分流措施、减速槛、减速板、路段反向曲线、交叉口颈缩、道路中央颈缩等措施。

2. 对几种模式的环境控制建议

根据前一章提出的六种城市交通系统与功能街区组织模式，参照"基本用地单元"的环境控制层次，可以提出一些针对性的建议，如图 5-36 所示。

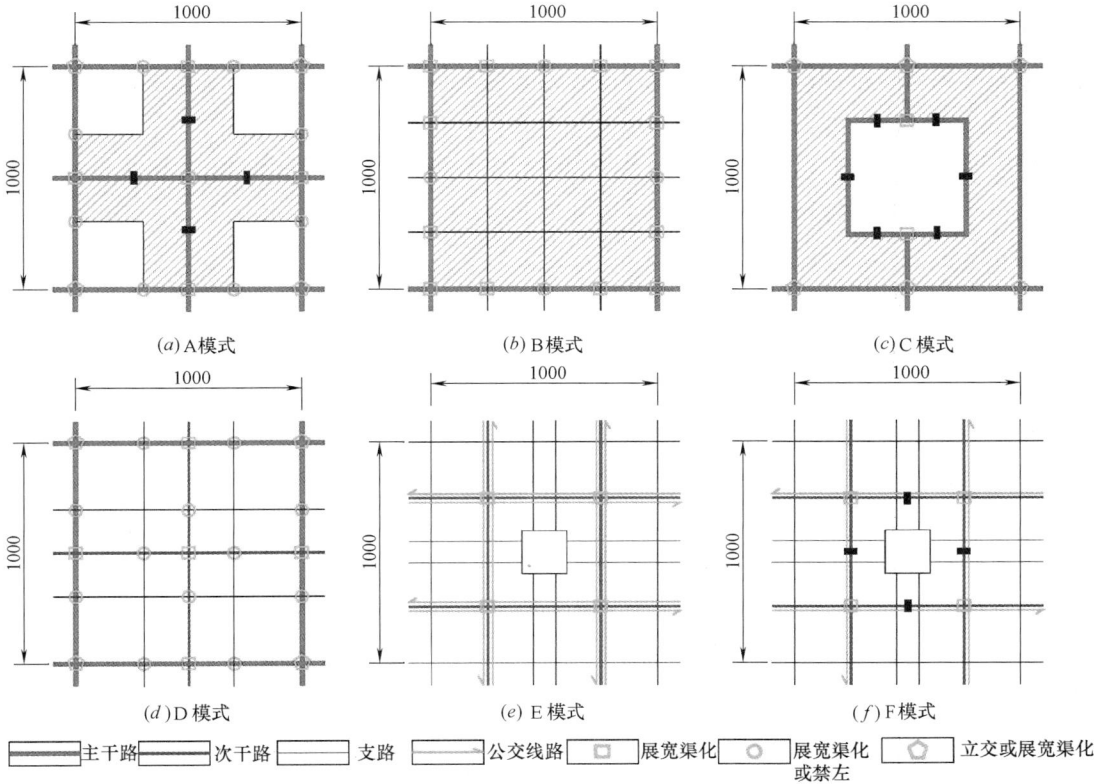

图 5-36　6 种街区用地模式中交通环境控制的方法

（1）模式 A：在其两侧支路未形成时，外围道路的效率是分流内部交通压力的重要手段，因此应尽可能加强外围交叉口的通行能力；对沿主要发展轴线的交叉口原则上不能设立交，其原因在于既没有用地条件，建成以后也会对原有周边的商业设施造成较大影响。因此对主要发展轴线沿线的主要交叉口而言，可行的方法仍然是展宽渠化；由于轴线上交通压力大，对一些支路与轴线的交叉口应采取禁左的措施；同时，在主要发展轴线上应选取适当的位置建设人行天桥，以降低人车干扰。

（2）模式 B：由于老城中心难以进入大量交通流，因此其外围的主要交叉口就需要提高通行能力以分流交通，其首选仍是展宽渠化；在内部主要道路组织单向交通时，在可能的情况下可考虑对组织单向交通的几条道路与外围道路的交叉口进行展宽，以增加通行能力，并辅以交通限速的措施；在老城区其他道路与外围地区交叉口应采用颈缩等措施以限制交通进入；在其他地段应广泛采用"交通宁静"措施，以降低车速。

（3）模式 C：鉴于道路的缺乏，应尽可能提高主要节点的通行能力；核心区周边的交通因核心区步行化而较为复杂，因此，行人跨越核心区应尽可能采用分离式的步行天桥或地道。

（4）模式 D：此模式与前面所介绍的"基本用地单元"的环境分区控制较类似，进出不再赘述。

（5）模式 E：核心区周边主要交叉口应尽量展宽渠化；核心区内部、两条发展轴线内部都是主要的环境控制区，应采取多种措施控制交通速度和流量；行人跨越两条发展轴线可根据情况采用平面或立体过街方式。

（6）模式 F：与 E 模式相比，因主要发展轴线为单向，车速更高，因此行人跨越发展轴线须采用人行天桥或地道。

5.6　小结

本章分析了微观交通设施与用地环境要素和相互影响，结合对相关理念和实践的分析，指出了我国当前城市微观交通环境上的不足。其原因既来源于对各类交通环境设计方法与措施认识上的不足，更根本的则来自于对城市用地开发与客运交通设施相关性认识的缺乏。由于长期以来在用地开发与公共交通设施布局上的脱节，既降低了公共交通的使用效率，又导致高容量的开发难以为继，更为重要的则是降低了交通环境质量，恶化了人们的出行环境。因此，本章研究了基于常规公交换乘枢纽的城市交通组织与用地开发强度之间的关系，通过公交线路的配置为支撑和限定城市用地开发强度提供基础，以此来保障城市微观用地交通效率；在此基础上，探讨了"基本用地单元"中的分区交通环境控制措施及适用范围，并针对六种基于"基本用地单元"的交通与土地使用模式提出了相应的交通环境控制措施。这些方法和措施为以人为本的交通设施与用地环境建设提供了保障。

第6章 规划的实施保障

前3章对城市交通结构与空间布局、交通系统与功能街区发展以及交通设施与用地环境等三方面的关系和发展模式进行了研究。以人为本的城市交通意味着规划理念从"以车为本"向"以人为本"的根本性转变,因此,对相关的城市和交通规划的编制方法也需要有新的认识。鉴于原有的发展模式来源于城市规划和交通规划自身的编制办法和程序,为使这些模式的研究能够真正指导实践,必须对相关城市规划和交通规划的制度和方法展开讨论,以促进两者的结合。

6.1 对当前规划方法的改进

交通是解决城市各项功能顺利运转的主要工具,也是帮助人们实现各项目的出行的主要手段,同时,更是城市场所空间的重要组成。因此,交通规划也是城市规划的重要内容。随着交通机动化的日益发展,人们在享受着机动化带来的便捷的同时,也在忍受着盲目的交通发展所带来的种种不便。在使用单纯技术手段难以解决现有交通问题的情况下,人们意识到交通问题的根源实际上在于土地使用的不合理,因此,交通问题的解决也主要应从城市规划的层面解决,通过土地的合理使用,从源头上减少或消除交通问题的根源。

从城市规划编制的两个阶段来看,前一阶段为总体规划(含战略规划)阶段,后一阶段为详细规划(包括控制性详细规划阶段、修建性详细规划)阶段,与之相对应,城市交通规划的编制方法主要有综合交通规划和交通影响分析。从保证城市交通发展"以人为本"的角度,这两个阶段的编制内容和方法应进一步衔接。

6.1.1 总体规划——综合交通规划阶段

总体阶段通常包括城市发展战略和总体规划两个阶段。在战略规划的指导下,城市总体规划通常需要统筹安排城市各项建设用地,合理配置城市各项基础设施,处理好远期发展与近期建设的关系,以指导城市合理发展。需要指出的是,在总体规划这一层次,交通规划通常是作为一个子项展开,且往往因缺乏交通调查,而使交通规划的说服力不强。而单独编制的交通专项规划却往往由于交通调查的时间过长、内容庞杂,其研究结论滞后而难以对总体规划起到很好的反馈。

陆建等（2003）根据对传统城市交通规划理论及典型工程实践中所反映出的规划目标、原则、内容、方法、手段和规划成果的分析，结合当前城市交通发展现状，认为传统的城市交通规划理论在新形势下已经暴露出了不足，突出地表现在规划目标单一、缺乏信息化反映、缺乏能源消耗、环境影响分析评价的规范化方法、评价指标单一、没有真正体现"以人为本"、缺少对规划实施保障的研究等六个方面。

（1）规划目标单一。传统城市交通规划的目标是解决城市交通问题、满足不断提高的交通需求，是面向交通需求的规划，其典型的表征是将城市道路建设作为城市交通规划的核心目标。在规划研究过程中注重交通设施的数量而对系统功能重视程度不够，对资源的优化利用以及城市生态环境保护没有考虑，对资源—环境—交通需求之间的关系研究不够。

（2）缺乏信息化反映。信息技术对城市交通规划的影响不仅表现在信息的采集，更重要的是对居民的出行目的、出行方式、出行距离与时耗以及路径选择等特征都会产生明显的影响，无论出行者在出行前，还是在出行途中，获得实时信息，都有助于选择最佳的出行路径和出行方式。"四阶段"交通需求预测方法是经典的交通需求预测方法，其建模思想和大部分定量分析模型是在20世纪50～60年代完成的，当时城市居民的出行是建立在社会尚未信息化基础上的。步入21世纪，信息技术迅速发展，信息技术的应用将会改变人们的生活方式和生活习惯，从而引起活动和出行特征的改变，国内经济发达城市在年轻和追求时尚的人群中已经开始出现这种趋势。

（3）缺乏能源消耗、环境影响分析评价的规范化方法。城市交通在为居民的出行活动提供必要条件的同时，也存在着负效应，最主要的就是对不可再生能源的消耗和对环境的污染。传统的城市交通规划中，交通系统能源消耗的水平如何、相应的改进措施是什么；交通污染物的排放量多少、对城市居民的生活有无影响、如何减少污染物的排放等一系列问题在规划过程中没有涉及、成果中没有体现，对能源消耗和环境影响的控制也没有真正被列入规划目标体系。近些年来，交通界已经开始注意这一问题，对能源消耗、环境影响分析评价开展了研究，并取得了一些相应的成果，但尚未满足应用于城市交通规划的规范化要求。

（4）评价指标单一。传统城市交通规划的评价指标体系由技术评价指标和经济评价指标组成。技术评价指标主要回答"交通系统满足交通需求程度如何？服务水平如何？"等类似的问题；经济评价指标主要回答"经济上的合理性如何？"等问题。由于缺乏能源消耗、环境影响评价的规范化评价方法，无法对规划方案的社会、环境影响进行评价。

（5）没有真正体现"以人为本"。城市交通所要解决主要问题是人的移动，而不是车辆的移动，这一点已经被很多交通工作者所接受，但在现实城市交通规划中，人们更注重机动车交通是不争的事实。如果从"以人为本"的观点出发，行人交通和自行车交通理应给予充分的重视。行人交通设施（特别是人行道）不应被作为机动车交通的"挖潜对象"，自行车也不是"给机动车带来干扰的落后交通方式"。规划中不应只体现汽车使用者的舒适和方便。

（6）缺少对规划实施保障的研究。任何一个交通规划的实施都离不开一定的保障，这种保障来自机构、政策法规、资金、管理、技术等多方面。目前的规划中对方案本身分析多，对规划的必要性分析多，对如何保障规划的实施研究少，对规划实施的外部环境分析少。

其根源在于现代城市交通规划的主要对象是立足于解决机动车交通带来的城市拥堵，因此其相应的交通对策也是以机动车的通行为主要目标。这种方式在城市机动化发展的初期会收到良好效果，但随着机动化的不断发展，单纯以治理拥堵、保持畅通为目标的规划方法只能使交通在短时间内得到疏解或者使交通的拥堵点转移，而"以车为本"的交通发展模式所导致的问题仍将存在。即使在城市交通发展战略层面强调公交的优先发展，但是在未充分考虑公交发展与城市空间和用地发展紧密结合的情况下，这种规划必然会导致用地布局、居民出行需求与交通设施供应的不匹配，对私人机动方式的鼓励，并使规划的实施最终背离战略规划的初衷。

在认识到城市总体规划与交通专项规划编制矛盾的基础上，国内有些城市就统一总体规划与交通专项规划进行了有益的尝试。2004 年 1 月，在联合国开发计划署的支持下，眉山市同时展开了城市总体规划和交通规划的编制，希望两个规划互相补充。事实证明，交通规划的研究促进了城市总体布局的优化。当然，由于眉山现状为一个小城市，所以交通调查相对较为简单一些，从而保证可以在短期内形成交通调查成果，并反馈到总体规划层面。如果是针对一个规模稍大的城市，上述规划方法就可能就完全不适合。但是如果能够抓住城市交通问题的重点，也可以在总体规划这一阶段体现公交主导发展的特点，但必须根据城市空间结构的不同特点采取不同规划策略。

如对组团结构而言，主要的交通问题通常会发生在组团之间。因此，对组团间交通结构、联系通道的分析将是重点，当然其基础也需借助于对总体规划中用地布局结构的分析。这种方法由于抓住了重点、简化了分析程序，可以更好地在宏观层面实现总体规划与交通规划的协调。同样，对团状结构来说，虽然没有明显的组团结构，但仍然可以根据用地功能分区和地形条件划分成若干功能组团，再结合组团结构的交通分析方法进行。

2007 年，在上海同济规划院所承担的"潜江市城市总体规划"实践中，也在总体规划过程中加入了适当的分析预测，并以此为依据提出了主要公共交通线路的布局，并在此基础上对总体规划的用地布局进行了适当调整，对公交导向的城市发展进行了有益的探索。

总体来看，在城市总体规划阶段应该鼓励面向公共交通的规划方法，通常需要在战略规划层面明确城市发展的方向、功能定位、规模和空间结构的基础上，根据选定的适合环保和生态要求的主导交通工具的运行速度和容量要求，进一步深化空间结构与交通工具发展的关系；同时通过紧凑、混合的土地利用，使主导交通工具与其周边土地使用布局相结合，这是城市规划和交通规划相互融合和支撑的基础。

当前，多规融合已经成为趋势，这其中重要的一环就是城市总体规划和交通发展战略规划的融合。尤其是在人们日益注重出行行为、特征及体验的今天，通过大数据研究大城市人口流动及空间结构特征，为城市交通设施配置寻找充分的依据，使城市总体空间结构布局与交通系统发展在空间上实现耦合、均衡配置，是当前发展阶段的新动向。在这一方面，武汉等一批特大城市作了有益的尝试，也取得了较好的效果。

6.1.2　详细规划——交通影响分析阶段

控制性详细规划是以总体规划或分区规划为依据，以土地使用控制为重点，详细规定建设用地性质、使用强度和空间环境，强化规划设计与管理、开发的衔接，作为城市规划管理的依据并指导修建性详细规划的编制。其中与交通系统和设施有关的编制内容主要体现在：确定规划的道路、广场和停车场的位置、范围，道路红线宽度和后退红线范围；规定各地块的控制指标（包括：建筑高度、建筑密度、容积率、绿地率、建筑间距、建筑后退红线距离、机动车出入口方位等）。实际上，最主要的就是要协调城市用地规模、用地开发强度和交通设施布局之间的关系，以保证城市用地的开发建设与交通设施协调发展。

目前，我国针对城市控制性详细规划的编制有较为完善的规定，特别是各个城市都制定了适合于自身要求的控制指标并指导各地有关规划的编制。但是，不可否认的是，由于对城市规模、用地开发强度和周边道路系统的关系并没有很深入的认识，这也导致了用地开发强度指标的确定缺乏很强的科学性。而且，由于很多历史形成的城市用地的"大街区""大院式"布局，也导致道路交通负荷过大，并造成城市道路的拥堵。这种现象在很多城市都存在。因此，研究城市用地规模、用地开发强度和交通设施布局之间的关系对缓解城市交通拥堵、提高交通系统运行效率有着直接的作用。这就为"交通影响分析"提供了舞台。

城市建设项目交通影响分析是衡量城市用地开发与交通协调发展的重要手段和建设决策的重要依据，其目的是在建设项目实施前，分析评价建设项目建成投入使用后对周围交通环境产生影响的程度和范围，以及制定相应的对策，使建设项目的交通设施配置与内外交通组织符合城市交通系统的规划和管理要求，并缓解建设项目产生的交通对周边道路交通系统的冲击。

应该承认，交通影响分析的全面展开对降低城市建设项目的开发建设对交通系统的冲击是相当重要的。但是由于交通影响分析大都针对单个项目展开，所以当在同一片区域中，不同的开发项目对周边区域道路网所产生的影响将会形成叠加，而这种叠加后产生的交通压力显然比单个项目所产生的交通压力要大得多。实际上，这也反映了区域整体开发强度对道路交通设施的影响和要求。因此，交通影响分析虽然是使城市项目开发对交通系统的影响控制在可接受程度内的主要手段，但更为重要的是，在规划层面就建立起交通设施与土地开发强度之间的耦合关系，使土地的开发强度控制在周边道路交通设施可以承受的范畴内，从而避免"合成谬误"的影响。只有这样，才能从源头上减少城市交通的拥堵，并达到提高交通效率的目的。

因此，必须把城市设计与交通设计在程序上相互结合。在城市设计的初期（即设计构思阶段），就要把设计地段周边可能提供的交通设施和组织方式考虑进去，从而对规划对象的土地使用性质和空间组合关系有一个基本限定，以保证设计地段的开发建设对周边交通设施的压力不致超出周边可能提供的交通设施所能承受的范畴，以此为基础，才可以对空间组合和交通组织进行更为详细的设计。

6.2　制度和政策保障

以人为本城市交通的形成主要依赖于土地使用与客运交通系统的协调发展，除了需要对规划方法进行变革以外，在当前的市场经济条件下，公共交通与土地使用的一体化和公交的优先发展并不能仅仅依靠单纯的设计手段来实现，而更需要通过相应的制度和政策来保障。

6.2.1　土地联合开发制度

通常，交通设施的建设往往会导致设施周边的土地增值。在缺乏相应机制制约的情况下，交通设施建设方难以享受到土地增值所带来的附带效应。对一般的道路设施建设而言，由道路建设所导致的土地增值可以从土地出让价格中直接获得，但是针对大型公共交通设施的建设而言，由于涉及与交通设施有关的城市公共功能和设施的开发，单纯的土地出让并不能保障公共利益的最大化，由此也形成了公交导向开发的制度障碍。在这种情况下，为打破这种障碍壁垒，城市交通设施与土地资源的联合开发策略具有重要的借鉴意义。

联合开发其实质是一项不动产开发。即将交通设施与不动产紧密结合起来，依靠交通设施所提供的市场活动和区位优势，推动地区发展。

联合开发选址相当重要，选址适当与否直接影响到开发的成败。从加拿大联合开发的经验来看，适宜联合开发的土地利用形式包括以下几种：①市中心商业集中地区；②大型活动中心；③市区或市郊高密度住宅区；④轨道交通换乘枢纽。这些地区的共性是人流都比较集中，通过联合开发可以增加这些地区的吸引力，提高这些地区的容积率，从而使开发单位成本降低，效益大大增加。政府通过与开发商之间的协调，由开发商承担部分公共设施（例如交通设施）的建设成本，由此也可以降低政府财政支出的压力（阮哲明，2004）。在现阶段，联合开发通常以轨道交通沿线的土地开发为主。

1. 联合开发的机制与实例

由于城市轨道交通可以通过以下机制影响周边房地产的价值：①改善周边物业的可达性；②改变土地利用性质；③提高土地开发强度；④促进社会经济繁荣与发展。因此，城市轨道交通对沿线房地产价值具有明显的提升作用[①]。

随着地铁带来的高强度开发，通过地铁沿线上盖物业引导人流、物流、财富流的集聚，从而带来大量的客流量，通过市场的集聚效应形成良好的，改善地铁的收益。以中国香港地区和深圳市的地铁沿线上盖物业开发为例。

中国香港轨道交通是全世界为数不多的产生盈利的地铁公司，其核心在于地铁的建设与地下商业开发紧密联系在一起，从而达到共赢，通过沿线的地产开发、物业开发支撑了地铁本身的营运。香港地区在地铁建设中把沿线地产开发捆绑在了一起。每开一条新建线路，中国香港地铁都首先向政府取得发展车站上层空间的使用权利，之后找来地产商共同开发车站及上盖空间，根据不同条件兴建大型住宅、写字楼或商场，出售物业所得利润，由地铁公司与发展商共享，而管理已落成的物业的收入，则成为中国香港地铁的主要收入来源。

九龙湾上盖物业九龙湾上盖物业开发者为港铁公司（图 6-1），是中国香港地区发展及管理地铁上盖的首个项目，其整体物业分为上盖开发物业和落地开发物业两部分。盖上物业德福花园及附设的大型商业设施德福广场，为由恒隆地产及合和实业于 1980 年合资承建的集住宅、商业、文化、交通换乘中心于一体的大型城市综合体。落地开发部分为位于车辆段综合办公区的港铁总部大楼。车辆段咽喉区敞开，没有进行物业开发。其周边用

图 6-1　九龙湾上盖物业

来源：谷歌地球

[①] 以中国香港地区为例，在建于 1975—1986 年的 3 条铁路线上，香港地铁公司开发了 18 处房地产，其中 10 处不动产由香港地铁公司自行管理，包括 28000 套公寓、3 个购物中心的 150500m² 零售店及 128500m² 写字楼。3 条城市地铁线的总建设成本为 250 亿港元，而 18 个房地产开发项目的收益为 40 亿港元，约占总建设成本的 16%。香港机场地铁线全长 34km，建设成本为 351 亿港元。5 个联合开发的房地产项目，总建筑面积 360 万 m²，总投资估计为 1500 亿～2000 亿港元，将给地铁公司带来 180 亿～200 亿港元的收益，超过机场地铁线建设成本的 50%。

地主要以工业、商业和住宅为主，地铁上盖物业应充分考虑周边的用地情况，并与之相协调。

深圳与香港地区距离较近，其地铁的建设发展也受到了香港地区的极大影响。深圳地铁商业分为站厅内零星商铺物业、站厅内中型商场物业、与站厅相连的地下商业街等三种业态。

深圳地铁站点及其上盖物业的模式主要总结为以下两种类型（袁晶矜等，2015）：

（1）整体建设式。将地铁站与上盖物业共同开发建设，地铁站与上盖物业是一个建筑整体，只是为地铁运行留出地下或半地下空间。

（2）通道相连式。这种结合方式适合在已经成熟的商业街区或者物业下修建地铁站，通过地下通道将地铁与物业完美结合。这种方式不仅可以节省地上空间，而且通过在通道中修建大型地下商业街或者地铁商场等形式可以提高地下空间的利用率，获取一定的商业价值。

罗湖站的上盖物业主要承担交通枢纽功能，是整体式开发的代表（图 6-2）。位于罗

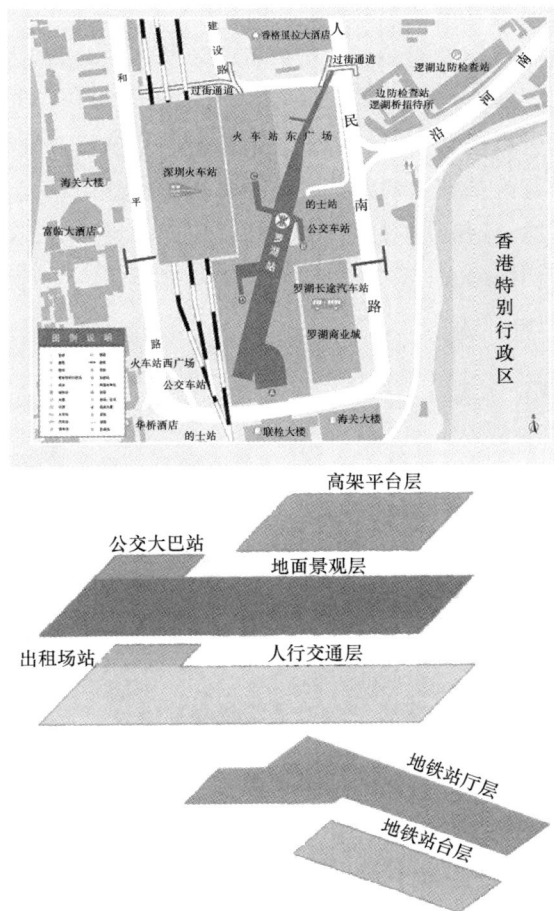

图 6-2　罗湖站平面及立体空间示意图

来源：吴少华. 深港两地地铁站商业设施规划设计比较研究［D］. 北京：清华大学，2013

湖口岸及火车站广场内，是深圳地铁一号线的起点站，靠近罗湖长途汽车客运站，也是深圳和香港地区的主要陆路连接通道之一。罗湖站综合交通枢纽分为五层，自上而下分别为：高架平台、地面广场、地下人行通道、地铁站厅和站台层。其周边用地主要为商业、商务办公及交通设施用地。

2. 土地开发增值效益的返还策略

国外许多城市政府还建立了比较完善的土地开发增值效益的返还制度。比如，日本这方面的制度主要包括：

（1）要求新城开发者负担工程费和用地费。

（2）请求设站负担。

（3）法人居民税及事业单位所得税等特定财源的运用。

（4）联络通道工程费分担金。

（5）地方的轨道交通建设基金。

而美国主要通过直接参与投资、征收增值税和效益评估收费等措施实现轨道交通带来的土地增值收益返还（郑捷奋，2004）。这种情况大多针对城市中心区的高密度发展地区，因交通设施的改善可以直接提高土地的价值，因此征收增值税和效益评估收费的理由非常充分；而对于城市以公交为基础向郊区扩张或在经济比较落后、人均收入水平比较低的地区，则可以采取包括增加土地利用密度、加快建设执照审批速度、降低交通贷款利率等在内的发展刺激策略。这种策略在经济上直接有利于落后地区，同时可以提高公交系统的乘车率和收入（陈雪明，1995）。[1]

3. 我国的实施策略

从我国城市轨道交通建设运营的现状来看：一方面，由于城市轨道交通的建设和运营费用都相当高，另一方面，城市政府考虑到社会效益的最大化，通常将票价定在相对较低的水平上，从而使轨道交通运营的盈利十分有限，营运收支难以平衡。因此，轨道交通对土地价值提升效益的返还机制有待建立。

基于有偿受益的原则，在我国可以有区别地采取如下措施：

（1）根据轨道交通沿线的企业（包括地产开发商）因轨道交通而受益的情况，向其征收一定的受益税。

（2）设立与城市交通出行有关的地铁建设专项基金的收费项目。

（3）在轨道交通建设中利用合作开发的方式进行集资，并与土地使用者有机结合，采用权益投资策略和刺激开发策略，以及征收收益税、不动产税（财产税）等措施。

---

[1] 其中，增加土地利用密度最直接和重要。市政府部门可以适当放宽车站附近地区的土地利用密度限制，反过来高密度发展也有利于提高乘车率。当然，作为交换条件，开发商也应当出钱支持公交发展，以增加土地利用密度。

（4）应当明确公共交通导向的土地利用目标和政策，鼓励轨道交通沿线土地的高密度开发。

（5）根据不同车站的具体情况，可以实施不同的联合开发策略。在市中心高密度地区，实施收费策略最为适当，这样既可以增加收入又可以抑制这类地区的超高密度发展；而在城市边缘地区，则可以适当采用一些发展刺激策略，以通过鼓励公交导向的高密度开发促进城市"分散化的集中"发展。

（6）可以考虑采用联合开发的策略，但是相应的土地管理法律法规、运行机制、管理体制等方面的配套措施必须完善。

除了上述面向轨道交通发展的土地联合开发制度以外，就前文所讨论的面向常规公交的用地发展来说，为保持用地与公交发展的集聚性，也需要采取一定的措施。根据常规公交枢纽的类型，可采取不同的策略。

（7）交通枢纽：主要指绕行街坊的枢纽布局模式。由于这种类型的公交枢纽与城市用地结合较紧密，类似于轨道交通枢纽的布局，因此对这种类型的开发可以采取与轨道交通枢纽相似的联合开发策略。

（8）普通换乘站点：此类换乘点虽然对客流量的吸引力没有交通枢纽大，但是在站点确定的情况下，应对周边用地开发提出相应的要求，如要求主要出入口应面向公交换乘站点，以鼓励面向常规公交的出行。

6.2.2　公交优先发展政策

出于节约资源、面向大众服务的目的，公共交通的发展受到越来越大的关注。2004年，建设部就专门发文强调要优先发展城市公共交通。2006 年 12 月，国家四部委联合发文《关于优先发展城市公共交通若干经济政策的意见》（建城 ［2006］288 号），提出了优先发展城市公共交通的若干经济政策。此后，各地陆续出台有关推进公交优先发展的相关政策建议。

总体而言，要鼓励城市公交的发展，需要重点考虑下列政策[①]：

1. 投资政策

公共交通是城市基础设施的重要组成部分。公交企业是代表政府承担一定的社会公益职能，尤其是面对低收入人群，公交是他们参与社会生活的必然选择。为满足乘客对公共交通的需求，公交企业在经营过程中出现亏损是难免的，尤其是在经营初期，这不能简单地归结为是投入多和经营不善造成的，但公交企业应不断改进经营状况。政府应当认识到公交发展会带来巨大的经济效益、社会效益和环境效益。因此，政府拿出一部分资金投入

---

① 上海同济城市规划设计研究院. 眉山市城市综合交通规划［R］. 2007.

公交设施的建设，是应该办到的。在优先增加公共交通设施投资的同时，也应对公交企业的经营进行监督。这样，公共交通的发展就容易步入良性循环。

2. 管理政策

随着经济的发展，私家车的发展是可以预见的。如果不采取有效措施，提高公共交通的竞争力，防止小汽车泛滥成灾，后果将不堪设想。交通管理政策主要包括公交路权和设施优先政策。

（1）公交路权优先。在道路使用上，公共交通应享有更多的权利，因为它代表了广大人民群众的利益。公交优先路权可以分为设施上和管理上两个部分。在设施上可以通过交通隔离手段建立公交专用道网络。在交通管理上可以给公交设置专门的通行信号，保障公交车优先通过交叉口。

（2）公交设施优先。在城市发展过程中，要优先公交基础设施的规划和建设，除布设公交专用道系统外，还要保证公交场站用地及其使用，如万人新建小区要设一个公交首末站。另外，要重视公共交通与其他客运交通方式的衔接，建立换乘便捷、规模合理的公交枢纽。

3. 票价政策

公交票价的制定，要有利于提高公交吸引力；既要充分考虑居民的承受能力，又要考虑企业合理的经营成本。有时两者之间会有矛盾，确定恰当的票价水平有许多困难。财政方面的目标是要求公交企业的票款收入能维持投资、运营和实现收支平衡，这样做的结果必将导致公交票价的提高，一方面社会可能难以接受，另一方面会起到鼓励使用私家车的作用。因此，建立一个高效的公交系统，首先必须建立合理的票价系统。

（1）车票种类：多种车票满足不同需求。国外成功经验表明，优秀的公交经营者往往根据不同乘客群体的需求、偏好以及支付能力，确定车票类型和提供相应的服务，以取得事半功倍的效果。包括：①向上班族及在校学生提供单线周票、月票或季票。这些乘客是对票价较敏感的群体。向他们提供单线周票、月票或季票，将明显降低这部分人的出行费用，也可以使原来因为价格原因而骑自行车或步行的人，转而乘坐公共交通工具。②向乘客提供公交储值卡实行无人售票，让市民真正享受乘公交的便利和信息化带来的好处。③向残疾人提供免费乘车卡，以保障出行需求。社会弱势群体，对于这类乘客要实施一定的权益保障措施。公交企业应会同其他部门定期向他们发放免费乘车证。

（2）计价方式：按里程计价与按次计价结合。单一票价意味着短途的出行价格和换乘成本相对较高，而长途的出行价格相对较低。因此，对于跨区和郊区线路可以按照行程计价。这样，一方面可以吸引短途乘客，另一方面也体现了公共交通使用上的公平，即谁使用谁付账（USER PAY）。对于区内线路，统一采用单一票价。

4. 补贴政策

要建立规范的公共财政补贴制度。城市公共交通票价的确定，既要考虑企业经营成本，也要考虑居民的承受能力，充分利用价格优势，吸引客流，最大限度的提高城市公共交通的利用率，促进城市公共交通的优先发展。城市公共交通方式之间，如公共汽车和出租汽车之间也要建立合理的比价关系，提高系统的运行效率。城市建设行政主管部门应配合财政、价格部门建立规范的企业成本费用评价制度和政策性亏损评估制度，对企业的成本和费用进行评价，核定企业的合理成本。因价格限制因素造成的政策性亏损，政府应给予补贴。如上海在 2007 年就考虑到公交优惠出行方案的受益面还比较有限，考虑实施公交"普惠制"，加大财政投入，全面降低市民出行成本。

6.3　本章小结

城市客运交通与土地使用模式的协调发展离不开城市规划和交通规划方法的协调。本章通过对城市规划和交通规划在两个层次规划方法特点的评述，提出了在规划过程中整合相关程序和内容的方法。同时指出，在交通枢纽地区建立土地联合开发制度、从政策上确保公交的优先发展是促进城市公交与土地使用模式协调发展的重要保障。

第7章 结论和展望

7.1 主要结论

本书旨在为我国以人为本的城市客运交通与土地利用模式的建设提供理论和实践指导，在大量前人研究的基础上，从两个方面提出了具有一定意义的观点和方法：

（1）以城市客运交通与土地利用模式的相关理论为基础，对比分析了我国一些城市在交通结构与空间布局发展、交通系统与功能街区建设、交通设施与用地环境控制等三个层面实践中所存在的问题，提出了以公交为基础、基于"基本用地单元"的城市交通与用地发展模式；从宏观的空间结构、中观的街区布局和微观用地环境等三个层次分析了以"基本用地单元"为基础的不同类型发展模式的组成和结构，并对现状几种模式的改善提出了建议；从不同层面促进了城市的机动性与可达性、效率与公平、交通环境与安全，为以人为本的城市交通建设提供了基础。

（2）为保障以人为本城市交通的实施，本书对我国当前城市规划与交通规划编制的技术和方法进行了相应的检讨，并提出了相应的改善建议。

7.1.1 进一步明确了以人为本城市交通的内涵

本书结合对城市交通相关概念的讨论，建立了城市交通以人为本的内涵，即：

（1）城市交通应体现对机动性与效率的关注，通过建设快速、低成本的绿色交通，在可以容忍的时间范围内使人们能够尽可能地延伸自己可以到达的空间范围，并获取更多的生存和发展机会。

（2）在城市的不同区域应体现分区域的交通可达性，以使每个区域都可公平地享有发展的权利。

（3）在微观交通环境上应强调交通的安全、便捷和舒适性，以增加交通环境的活力。

7.1.2 城市交通结构与空间布局发展

（1）面向快速机动化发展的过程中，必须强调人本导向的城市交通发展战略，即以绿色交通方式为主体，以公交导向的城市空间布局模式为基础，进一步强化面向公交发展、紧凑混合的土地使用模式，优化出行结构；发展多方式协调、绿色环保的交通工具，以较小的资源、环境代价应对城镇化、机动化发展的需求。这是我国城市交通发展的必由之路。

（2）公共交通与空间布局模式的协调发展是城市交通"以人为本"的重要基础。要提高公共交通的分担率，仅仅强调公共交通的覆盖率并不够，必须加强城市空间和形态的"相对集聚"，以形成可以支撑公共交通发展的客流基础，这一点对不同规模、空间结构、经济发展水平和地形条件的城市来说都具有相同的意义。

（3）城市空间结构类型与城市交通发展模式均具有过程性和阶段性等特征。测试发现小汽车主导模式在单中心圈层城市、线性带形城市、非线性带形城市等三类城市中都是不适用的，且各类城市对于个体机动交通的承受值有差异，即各类城市的绿色交通发展模式也是有区别的，这也意味着必须提前防范小汽车过度增长，通过政策调控引导城市走向公共交通主导型道路。

（4）多中心组团式的发展模式应加强对组团中心的集聚化发展，同时通过公交与组团中心的耦合以形成主要的客流集散点来支撑公共交通发展；在多中心组团式结构向外扩展的过程中，要培育一个新的增长点，离不开公共交通发展的引导和对新组团中心用地发展的集聚化控制；在广大中小城市，要强调面向常规公交站点的布局，即通过加大公交覆盖，促进自行车或步行＋公交方式的出行；单中心结构的大城市必须培育区级的中心以支撑公交的发展。

7.1.3　城市交通系统与功能街区建设

（1）城市功能街区与交通系统的协调发展对提高城市功能街区的可达性、促进城市交通的效率与公平有着重要作用。不同交通方式系统的整合依赖于一定的道路等级与密度，并可根据机动车道、自行车道、人行道在城市道路等级体系中的不同作用进行组合。尤其是"公交道路"的提出，可以有效保障以高效、公平的交通支撑城市的空间扩展。

（2）街区出行方式选择受到多种要素的影响，如用地模式、交通设施配置、交通管理组织以及周边房产价格等。结合商住混合型、商务主导型、居住主导型、工业主导型等四类街区特点，构建了出行环境模型，并提出各自有针对性的改善策略。主要体现在 4 个方面：①用地构成优化方面，提出了控制周边居住用地的住房供应结构、用地混合度调整等措施；②道路系统结构优化方面，提出了发展立体停车、设立非机动车专用道、P＋R 模式建设等措施；③公共交通优化方面，提出了发展支路小公交、设置简易公交站点、设立高峰期公交专用道、设立轨道交通站点或公交枢纽站点等措施；④交通管理组织优化方面，提出了组织单向交通、实施拥堵收费、停车收费、组织停车空间共享、建设开放式住区等措施。

（3）街区用地的开发强度、混合使用对交通效率产生影响，而交通设施系统的布局和运行在对自身运行效率与公平性造成影响的同时也会对城市街区的可达性产生影响。城市街区可达性的提升离不开较高的道路网密度以及公共交通线路、枢纽布局的支撑。

（4）效率并不是解决城市交通问题的唯一办法。更多的时候，出于保护传统格局、历史风貌和购物、休闲、旅游等环境的目的，需要对这些重点地区的通过性交通加以限制；在一些道路较窄且密集的城市街区应该采取特殊的形式（如组织公交单向运行）以进一步强化公交的发展，提升这些街区的交通可达性。

7.1.4　城市交通设施与用地环境控制

（1）个体的出行与城市交通设施、微观用地环境之间有着重要的相互影响。交通设施环境设计要满足个体交通行为的需求，需要从保持交通运行的安全、便捷、舒适和塑造使出行者精神愉悦的交通场所空间入手，这也是微观交通设施与用地环境以人为本的基础。

（2）本书在提出基于安全的交通组织与供应、舒适的交通设施设计、愉悦的交通空间设计等人本导向的交通环境设计对策基础上，进一步研究了基于常规公交换乘枢纽的城市交通组织与用地开发强度之间的关系，通过公交线路的配置为支撑和限定城市用地开发强度提供基础，以此来保障城市微观用地交通效率。

（3）本书探讨了"基本用地单元"中的分区交通环境控制措施，在对多方式系统进行整合的基础上，依托常规公交发展的枢纽与用地组合模式，合理组织公交枢纽布局，根据交通枢纽所能容纳的公交线路并结合相关的限定条件，对公交枢纽周边的用地开发强度提出了控制要求；并就6种基于"基本用地单元"的交通与土地使用模式提出了相应的交通环境控制措施及其适用范围。这些方法和措施为以人为本的交通设施与用地环境建设提供了保障。

（4）交通系统给人的舒适感，除了体现在交通工具给人的舒适感觉以外，也包括针对机动车、自行车、行人、残障者的设计，尤其是交通信息指引系统的设计，更是体现了人性化的关怀。为此，应该强调差异化的道路设计、全天候的行人交通系统设计、人行过街设施设计、无障碍设施设计和交通信息系统的指引，以满足不同类型出行者的使用要求。

（5）在城市交通设施环境的设计中，既要考虑交通功能，也要考虑公众的生活需要，注重对交通设施空间景观特色与城市环境意象的创造。主要通过针对不同等级的道路、城市广场、城市住区以及交通枢纽等主要城市场所空间的人性化尺度塑造，在降低机动车交通对步行交通影响的基础上，建立起场所空间与人的交流尺度、城市道路空间的美学属性等的密切关系。

7.1.5　对规划方法的思考

（1）由于交通与城市规划的紧密联系，要实现城市交通的以人为本，在交通发展观念上的转变必然带来对城市规划方法的反思。具体而言，在城市总体规划阶段应该鼓励面向公共交通的规划方法，通常需要在战略规划层面明确城市发展的方向、功能定位、规模和空间结构的基础上，根据选定的适合环保和生态要求的主导交通工具的运行速度和容量要求，进一步深化空间结构与交通工具发展的关系；同时通过紧凑、混合的土地利用，使主导交通工具与其周边土地使用布局相结合，这是城市规划与交通规划相互融合和支撑的基础。

（2）城市建设项目交通影响分析是衡量城市用地开发与交通协调发展的重要手段和建设决策的重要依据，但是由于不同的开发项目对周边区域道路网所产生的影响会形成叠加，这也反映了区域整体开发强度对道路交通设施的影响和要求。科学地研究城市用地的规模、土地开发强度与路网设施之间的关系是城市交通运行通畅的重要保障。因此，在城市设计的初期，就要把设计地段周边可能提供的交通设施和组织方式考虑进去，从而对规划对象的土地使用性质和空间组合关系有一个基本限定，以保证设计地段的开发建设对周边交通设施的压力不致超出周边可能提供的交通设施所能承受的范畴。

7.1.6　规划的实施保障

以人为本城市交通的形成主要依赖于土地使用与客运交通系统的协调发展，在当前的市场经济条件下，公共交通与土地使用的一体化和公交的优先发展并不能仅仅依靠单纯的设计手段来实现，在交通枢纽地区建立土地联合开发制度、从政策上确保公交的优先发展是促进城市公交与土地利用模式协调发展的重要保障。

7.2　进一步的研究方向

（1）本书的研究是建立在对国内一些城市、城市中心区、主要城市节点的交通与土地使用特征对比分析基础上的，由于资料获取难度的原因，对很多特征的描述很难通过更多量化的数据来表达，这也使本书的相关结论缺乏更多的数据支撑。尤其在出行大数据已逐渐在一些特大城市的交通及空间分析中发挥越来越重要作用的今天，本书的一些研究还存在很多可以深化、量化的空间。

（2）对以人为本的城市交通规划体系而言，本书虽然提出了相关的规划建设框架，但是，由于我国城市的复杂性和多样性，不同类型的城市在不同层面对交通系统的以人为本建设的目标会有所偏重。比如中小城市和大城市相比，在交通模式上就会有很大的差别，对公交发展的态度也会有所差别。因此，对待同一个目标，其各自的实现手段会有不同。这就需要根据不同城市的特点，就相应的规划对策及其实现标准进行深入的讨论，在此基础上，形成面向不同规模、类型和空间结构城市的以人为本交通评价指标体系，以城市空间结构与交通系统的协调发展为契机，推动绿色交通在人们的出行中占据主导地位。

（3）以人为本交通的最终实现仍需要通过交通与土地使用的一体化来落实。由于城市规模、土地开发性质和开发强度的不同，其所对应的交通特征也有所不同。在具体的操作和实施过程中，通常可以结合大型公共建筑、居住区、交通枢纽及场站、交通设施等项目的规划设计，进行必要的交通影响评价，以保障项目建设与周边道路交通设施相协调。但是，从实施效果来看，在土地开发片面追求高容积率的情况下，往往由于"合成谬误"的存在，使土地开发与交通系统之间的协调并未达到预期的效果，甚至日益恶化。因此，从构筑交通与土地使用的协调关系入手，需要在土地使用性质、开发强度与道路交通设施之间建立起良好的耦合关系模型。其基本设想是以某一具体城市为对象，在细化通勤圈尺度的基础上建立起反映通勤圈土地使用性质、开发强度与道路交通设施之间的分析模型。此模型不同于城市整体的交通模型，而是反映城市次级通勤圈的交通与用地一体化模型，具有相对稳定的特征。

在这一模型中，任何一处土地更新和开发，将对其周边道路设施产生影响并得到直观的反映。这种方法既可以避免因单个项目交通影响分析的局限性而导致的"合成谬误"，又可以在地块周边交通设施难以得到实质性改善的前提下对不同区位和性质的土地开发强度提出相应的限制条件，这样就降低了未来土地开发完成以后可能出现的交通拥堵问题的严重程度，同时也使控制性详细规划过程中对城市用地开发强度的确定依据更具科学性。从一定意义上来说，这种方法可以确保城市不同地区交通机动性与可达性维持在一个相对合理的水平，因此也可以保障城市整体和不同区域人们的出行需求，实际上也体现了一定的"职住平衡"发展理念。

建立这一模型，需要借助当前应用已相当广泛的出行大数据分析城市整体的出行特征，识别和划定通勤圈尺度，深入分析通勤圈内部的空间构成要素及其构成关系。此基于通勤圈的交通和土地使用一体化模型，既可为城市土地开发提供分析基础，也将为以人为本的城市交通建设提供更为科学的依据。

参考文献

[1] Mikecaln. 关于城市交通发展模式的讨论 [J]. 城市交通，2005，3（4）：77-78.

[2] 宝鼎置业. 未来五年北京土地供应计划 [IEB/OL]. 2018-03-30. http：//news. fang. com/open/28115750. html.

[3] 北京交通发展研究院. 2017 年北京交通发展年报 [R]. 2017.

[4] 边经卫. 中国大城市空间发展与轨道交通互动关系研究 [D]. 上海：同济大学，2005.

[5] 蔡军. 城市路网结构体系研究 [D]. 上海：同济大学，2005.

[6] 陈宽民，王玉萍. 城市道路交通事故分布特点及预防对策 [J]. 交通运输工程学报，2003，3（1）.

[7] 陈声洪. 上海城市交通分析预测 [R]. 上海城市综合交通规划研究所，1998.

[8] 陈小鸿. 上海城市道路分级体系研究 [J]. 城市规划学刊，2004（1）.

[9] 陈星光，周晶，朱振涛. 城市交通出行方式选择的演化博弈分析 [J]. 管理工程学报，2009（2），140～142.

[10] 陈雪明. 城市交通的联合开发策略——试谈美国经验在中国的应用 [J]. 城市规划，1995（4）.

[11] 陈雪明. 洛杉矶城市空间结构的历史沿革及其政策影响 [J]. 国外城市规划，2004（1）：35-41.

[12] 陈雪明. 提高城市公共汽车行驶速度的两个主要方法 [J]. 城市交通，2002（1）.

[13] 陈燕萍，宋彦，张毅等. 城市土地利用特征对居民出行方式的影响——以深圳市为例 [J]. 城市交通，2011（5）：80-85.

[14] 陈燕萍. 对居住区交通问题的思考 [J]. 城乡建设，1998（6）：23-36.

[15] 慈玉生，贾志杰等. 大城市支路网合理密度及管理对策 [J]. 交通信息与安全，2012（2）：50-53.

[16] 崔志华，易娜. 城市广场的人性化设计初探 [J]. 林业科技开发，2005（1）.

[17] 代小琳，姜葳，赵阳有. 有调查报告显示：北京居民生活满意度下降了 6％ [EB/OL]. 中国经济网，2007-01-30. http：//www. ce. cn/xwzx/gnsz/gdxw/200701/30/t20070130_10253735. shtml.

[18] 戴晓晖. 新城市主义的区域发展模式 [J]. 城市规划学刊，2000（5）.

[19] 葛昱，李伟，张秀媛. 城市中心区内停车价格对出行行为的影响分析 [J]. 数学的实践与认识，2010，40（3）：43-47.

[20] 顾保南，周春燕，周建军，等. 车站周围建筑分布对居民出行时间的影响 [J]. 同济大学学报（自然科学版），2005（4）.

[21] 郭大忠，冯晓. 城市规划中合理路网密度的探讨 [J]. 重庆交通学院学报（社科版），2002（3）：52-54.

[22] 郭亮，黄博，王冠. 基于绿色出行的城市街区影响机理及布局模式研究 [J]. 规划师，2017

(10)：115-122.

[23]　郭亮. 城市规划交通学 ［M］. 南京：东南大学出版社，2010.

[24]　国家统计局. 中国 2017 年国民经济和社会发展统计公报 ［R/OL］. 2018-02-28. http：//www. tjcn. org/tjgb/00zg/35328_2. html.

[25]　国家统计局. 中国城市化率已达 40.5％ ［EB/OL］. 2004-10-30. http：//news. xinhuanet. com/newscenter/2004-10/30/content/2004-10/30/content_2157326. htm.

[26]　过秀成. 城市集约土地利用与交通系统关系模式研究 ［D］. 南京：东南大学，2000.

[27]　韩笋生，秦波. 借鉴"紧凑城市"理念，实现我国城市的可持续发展 ［J］. 国外城市规划，2004（6）.

[28]　何丹，谭会慧. "规划更美好的伦敦"——新一轮伦敦规划的评述及启示 ［J］. 国际城市规划，2010，25（4）：79-84.

[29]　何深静，刘玉亭. 邻里作为一种规划思想：其内涵及现实意义 ［J］. 国外城市规划，2005（3）：64-68.

[30]　何玉宏，周辉. 城市交通领域的人本主义 ［J］. 现代城市研究，2004（9）.

[31]　贺慧，陈艺，林小武. 基于开放数据的商业街道公共空间品质影响因素识别及评价研究——以武汉市楚河汉街和中山大道为例 ［J］. 城市建筑，2018（6）：26-34.

[32]　洪亮平. 城市设计历程 ［M］. 北京：中国建筑工业出版社，2002.

[33]　黄博. 基于绿色出行的城市街区多要素影响机理——以湖北武汉为例 ［D］. 武汉：华中科技大学，2016.

[34]　黄建中. 我国特大城市用地发展和客运交通模式 ［M］. 北京：中国建筑工业出版社，2006.

[35]　黄树森，宋瑞，陶媛. 大城市居民出行方式选择行为及影响因素研究——以北京市为例 ［J］. 交通标准化，2008（9）：124-126.

[36]　黄伟，周江评，谢茵. 政府、市场和民众偏好：洛杉矶公共交通发展的经验和启示 ［J］. 国际城市规划，2012，27（6）：103-108.

[37]　黄烨勃，孙一民. 环境元素与纪念场所的融合及其实例分析（英文）［J］. 华南理工大学学报（自然科学版），2006（7）：104-108，114.

[38]　姜蕾. 城市街道活力的定量评估与塑造策略 ［D］. 大连：大连理工大学，2013.

[39]　蒋谦. 国外公交导向开发研究的启示 ［J］. 城市规划，2002（8）.

[40]　金宝辉. 交通出行行为分析 ［D］. 重庆：西南交通大学，2004.

[41]　金经元. 人——城市规划的中心主题 ［J］. 城市规划，1993（3）.

[42]　李朝阳，张永良，叶会哨. 面向"人本位"的城市道路交通规划建设探讨 ［J］. 规划师，2002（11）.

[43]　李春燕，陈金川，郭继孚，等. 小汽车限行对居民出行特征的影响分析——以北京市居民小汽车、公交、出租车选择行为为例 ［J］. 交通运输系统工程与信息，2008（6）：73-77.

[44]　李道勇，运迎霞，董艳霞. 轨道交通导向的大都市区空间整合与新城发展——新加坡相关建设经验与启示 ［J］. 城市发展研究，2013，20（6）：148-151.

[45]　李道增. 环境行为学概论 ［M］. 北京：清华大学出版社，1999.

[46] 李海峰. 城市形态、交通模式和居民出行方式研究 [D]. 南京：东南大学，2006.

[47] 李涵. 新型城市公共交通系统对居民出行行为的影响 [J]. 城市建设理论研究（电子版），2012（23）.

[48] 李恒鑫. 基于紧凑城市理念步行原则的街区尺度与道路模式研究 [D]. 南京大学，2014.

[49] 李金路，张丽平. 城市中"以人为本"的交通 [J]. 中国园林，2003（2）.

[50] 李林波，吴兵. 交通方式选择中心理因素影响分析 [J]. 山东交通学院学报，2003（3）：27-31.

[51] 李青，何莉. 上海市中心城步行交通规划研究 [J]. 城市发展研究，2008（S1）：85-88.

[52] 李涛，陈天. 土地利用与城市协调发展——近代美国"TOD"理论与实践的研究 [J]. 南方建筑，2005（5）.

[53] 李晔，张红军. 美国交通发展政策评析与借鉴 [J]. 国外城市规划，2005（3）：46～49.

[54] 廖昌启. 以低碳出行为导向的出行特征与住区规划策略研究 [D]. 哈尔滨：哈尔滨工业大学，2010.

[55] 廖小琴. 马克思人的本质与人的现代发展 [J]. 求索，2004（3）.

[56] 刘黎. 走进无交通标识的荷兰小城人与车"协商"谁先通过 [EB/OL]. 2007-3-1. http：//auto. 163. com/07/0302/09/38IOBBN90008161H. html.

[57] 刘贤腾. 上海市街区特征与居民出行关系研究 [D]. 上海：同济大学，2003.

[58] 刘小明. 建立"新北京交通体系"——市际与市域、市域与市区一体化交通体系 [R]. 2004.

[59] 柳权. 道路交通环境的城市设计观 [J]. 城市规划，1999（3）：23-26.

[60] 龙瀛，周垠. 街道活力的量化评价及影响因素分析——以成都为例 [J]. 新建筑，2016（1）：52-57.

[61] 卢柯，潘海啸. 城市步行交通的发展——英国、德国和美国城市步行环境的改善对策 [J]. 国外城市规划，2001（6）.

[62] 陆建. 城市交通系统可持续发展规划理论与方法 [D]. 南京：东南大学，2003.

[63] 路楠. 论道路交通设施人性化设计理论的构建 [J]. 道路交通与安全，2006（1）.

[64] 马静，柴彦威，刘志林. 基于居民出行行为的北京市交通碳排放影响机理 [J]. 地理学报，2011（8）：1023～1032.

[65] 马强. 走向"精明增长"：从小汽车城市走向公共交通城市 [D]. 上海：同济大学，2004（3）.

[66] 马清裕，张文尝. 北京市居住郊区化分布特征及其影响因素 [J]. 地理研究，2006，25（1）：121-130.

[67] 毛海舻. 中国城市居民出行特征研究 [D]. 北京工业大学，2005.

[68] 牛慧恩. 交通与美国城市发展 [J]. 国外城市规划，2002（5）.

[69] 潘海啸，刘贤腾，John Zacharias，等. 街区设计特征与绿色交通的选择——以上海市康健、卢湾、中原、八佰伴四个街区为例 [J]. 城市规划汇刊，2003（6）：42-48，96.

[70] 潘海啸，任春洋，杨眺晕. 上海轨道交通对站点地区土地使用影响的实证研究 [J]. 城市规

划学刊，2007（4）.

[71] 潘海啸，任春洋. 轨道交通与城市公共活动中心体系的空间耦合关系——以上海市为例 [J]. 城市规划学刊，2005（4）.

[72] 潘海啸，汤諹，吴锦瑜，等. 中国"低碳城市"的空间规划策略 [J]. 城市规划学刊，2008（6）：57-64.

[73] 潘海啸. 对当前我国城市交通规划方法论的几点思考 [J]. 城市规划学刊，2004（4）.

[74] 潘海啸. 轨道交通站点地区的可达性优化 [C]//构筑现代化城市交通体系研讨会，2003.

[75] 潘海啸. 面向低碳的城市空间结构——城市交通与土地使用的新模式 [J]. 城市发展研究，2010（1）：40-45.

[76] 潘海啸. 中国城市机动性20年发展的回顾 [J]. 国外城市规划，2005（3）：41-45.

[77] 潘海啸编译. 城市交通空间创新设计——建筑行动起来 [M]. 北京：中国建筑工业出版社，2004.

[78] 秦焕美，关宏志，殷焕焕. 停车收费价格对居民出行方式选择行为的影响研究 [J]. 土木工程学报，2008（8）：93～98.

[79] 任晋锋，吕斌. 土地使用对交通出行的影响 [J]. 城市规划学刊，2011（5）：63-72.

[80] 任倩岚，蒋烨. 环境心理学在城市广场空间环境人性化设计中的应用 [J]. 长沙铁道学院学报（社会科学版），2003（9）.

[81] 阮哲明. 加拿大联合开发的理论与实践 [J]. 国外城市规划，2004（3）.

[82] 上海市城市公共交通结构调整及建设策略 [R]. 上海市建设和管理委员会，2002（11）.

[83] 上海市市政工程管理处，同济大学交通学院. 上海市中心城非机动车交通研究 [R]. 2006.

[84] 上海市政工程设计研究院，日建设计. 上海市五角场城市副中心地下空间利用规划初步方案 [Z]，2004（1）.

[85] 上海同济城市规划设计研究院. 眉山市城市综合交通规划 [R]. 2007.

[86] 沈畅. 以人为本的"tram-trains"城市轨道交通——德国卡尔斯鲁厄尔的轨道交通模式 [J]. 理想空间，2006（17）.

[87] 沈建国. 人的需要·人的活动·社会发展 [J]. 徐州师范大学学报（哲学社会科学版），1992（3）.

[88] 石磊，王岐东，付明亮. 应用居民出行状况估算北京市机动车污染排放量 [J]. 北京工商大学学报（自然科学版），2009（2）：12-15.

[89] 宋传平. 自行车交通的改善措施 [J]. 交通与运输，2004（4）.

[90] 宋海燕，赵文学. 城市无障碍环境设计 [J]. 山西建筑，2006（4）.

[91] 孙斌栋，潘鑫. 城市空间结构对交通出行影响研究的进展——单中心与多中心的论争 [J]. 城市问题，2008（1）：19-22.

[92] 孙凤岐. 营造具有良好空间品质人性化的城市广场 [J]. 建筑学报，2003（5）.

[93] 孙培芳，方绪明. 广场设计中的环境心理学研究 [J]. 山西建筑，2006（9）.

[94] 孙施文. 现代城市规划理论 [M]. 北京：中国建筑工业出版社，2007.

[95] 唐雄山. 论人性的个体性、群体性及类性 [J]. 佛山科学技术学院学报（社会科学版），1998

(4)：41-47.

[96] 王波，张福勇. 广州市停车管理战略与对策措施 [EB/OL]. 2012-10-23. http：//www.tran-bbs.com/application/Parking/application_19595_3.shtml.

[97] 王光荣. 城市居民低碳出行研究. 城市观察 [J]，2011（2）：174-178.

[98] 王缉宪. 国外城市土地利用与交通一体化规划的方法与实践 [J]. 国外城市规划，2001（1）.

[99] 王及宏. 居住小区道路空间可居性研究 [D]. 成都：西南交通大学，2002（6）.

[100] 王辑宪. 易达规划：问题、理论、实践 [J]. 城市交通，2004（7）.

[101] 王建国. 现代城市广场的规划设计 [J]. 规划师，1998（1）.

[102] 王建文. 以人为本——科学发展观的价值诉求 [J]. 当代思潮，2004（5）.

[103] 王石川. 中国交通事故死亡率全球第一 [EB/OL]. http：//www.doc88.com/p-8816244730503.html.

[104] 王玮. 低碳城市街区交通与用地功能整合研究 [D]. 武汉：华中科技大学，2010.

[105] 王炜，陈学武，陆建. 城市交通系统可持续发展理论体系研究 [M]. 北京：科学出版社，2003.

[106] 王雪松. 城市扩展与交通系统规划研究 [D]. 上海：同济大学，2003.

[107] 王媛媛，陆化普. 新加坡的交通政策及其启示 [J]. 综合运输，2005（3）.

[108] 王召森. 规划道路网密度指标调整之思考 [J]. 城市交通，2004（3）：46-48.

[109] 王智勇. 论以人为本中"人"的三重内涵 [J]. 哈尔滨市委党校学报，2005（9）.

[110] 王祝根，昆廷·史蒂文森，何疏悦. 基于协同规划的步行城市建设策略——以墨尔本为例 [J]. 城市发展研究，2018，25（1）.

[111] 王佐. 国外公共空间环境整治理论与方法研究 [J]. 新建筑，2001（3）.

[112] 文国玮. 城市交通与道路系统规划 [M]. 北京：清华大学出版社，2007：88-91.

[113] 邬万江，张希武. 解决城市交通问题的措施——伦敦 [J]. 交通与运输，2006（2）.

[114] 鲜于建川，隽志才. 家庭成员活动—出行选择行为的相互影响 [J]. 系统管理学报，2012（2）：252-257.

[115] 信丽平，姚亦峰. 西方人本主义规划思想发展简述 [J]. 城市问题，2006（7）.

[116] 徐磊清，余泳. 地下公共空间中的行为研究：一个案例调查 [J]. 新建筑，2000（4）.

[117] 徐士炜，戴炜. 广州市行人过街交通现状及对策研究 [C]. 第九届海峡两岸都市交通学术研讨会论文集，2001（8）.

[118] 徐循初主编. 城市道路与交通规划（下）[M]. 北京：中国建筑工业出版社，2007.

[119] 徐循初. 城市交通设计问题总结和经验借鉴 [J]. 城市交通，2006（3）.

[120] 徐渊静，杨淑芬. 都市交通的通用化设计 [EB/OL]. http：//www.cit.org.tw/discuss/r15.htm.

[121] 晏克非. 伦敦市内公交 [J]. 交通与运输，2002（6）.

[122] 阳文琦. 绿色出行理念下湖北省域大中城市交通发展模式优化 [D]. 武汉：华中科技大学，2017.

[123] 杨晨，陆建，王炜，等. 基于个体出行方式选择的自行车交通影响因素研究 [J]. 交通运输

系统工程与信息，2007，8（4）：131-136.

[124] 杨琳，仲德良. 城市环境中的"街具"设计 ［J］. 新建筑，2002（3）.

[125] 杨佩昆. 重议城市干道网密度——对修改《城市道路交通规划设计规范》的建议 ［J］. 城市交通，2003（1）：52-54.

[126] 杨涛. 我国城市道路网体系基本问题与若干建议 ［J］. 城市交通，2004（3）：3-6.

[127] 杨晓光. 城市道路交通设计指南 ［M］. 北京：人民交通出版社，2003.

[128] 叶嘉安. 以人为本的人行系统城市设计 ［J］. 城市规划，2005（6）：58-63.

[129] 叶建宏. 城市大型综合居住社区整体交通品质设计研究 ［D］. 上海：同济大学，2005.

[130] 佚名. "绿色公路"解决城市交通拥堵 ［EB/OL］. http：//popul. jgcq. com/focus/2008-06/213324142. html.

[131] 佚名. 2014公报解读：新型城镇化——经济社会发展的强大引擎 ［EB/OL］. 2015-03-09. http：//www. stats. gov. cn/tjsj/sjjd/201503/t20150309_691333. html.

[132] 佚名. 2015年北京人口分布数据分析 ［EB/OL］. 2018-08-01. http：//www. chinabgao. com/freereport/66606. html.

[133] 佚名. 北京城市交通综合调查：公交车吸引力远逊小汽车 ［EB/OL］. http：//www. bjtrc. org. cn/show，asp？id＝78&intType＝3.

[134] 佚名. 北京市机动车数量即将突破300万辆 ［N］. 北京日报，2007-05-25.

[135] 佚名. 财政部报告称中国贫富分化加剧 ［EB/OL］. http：//www. china. org. cn/chinese/jingji/347322. htm.

[136] 佚名. 高德地图发布《2018 Q2中国主要城市交通分析报告》 ［EB/OL］. 2018-07-20. http：//tech. cnr. cn/techgd/20180720/t20180720_524307341. shtml.

[137] 佚名. 瑞典斯德哥尔摩城市交通系统和城市用地布局的规划理念 ［EB/OL］. http：//www. doc88. com/p-010966529899. html.

[138] 佚名. 我国客车制造业——底盘系统舒适化趋势 ［EB/OL］. 运输经理世界，2004（8）：30.

[139] 袁晶矜，王建明，付强. 深圳市轨道交通沿线土地开发模式探讨 ［J］. 城市公共交通，2015（6）：25-27.

[140] 张飞飞，刘蓓蓓，毕军等. 城市居民交通方式选择及其影响因素分析——以南京市为例 ［J］. 四川环境，2012（3）：132-137.

[141] 张明，丁成日，Cervero R. 土地使用与交通的整合：新城市主义与理性增长 ［J］. 城市发展研究，2005，12（4）：46-52.

[142] 张文尝，王成金，马清裕. 中国城市居民出行的时空特征及影响因素研究 ［J］. 地理科学，2007（6）：737-742.

[143] 张志刚. 道路因素、交通环境与交通事故分析 ［J］. 公路交通科技，2000（12）.

[144] 赵敏，张卫国，俞立中. 上海市居民出行方式与城市交通CO_2排放及减排对策 ［J］. 环境科学研究，2009（6）：747-752.

[145] 赵延锋. 城市土地利用空间格局评价及其城市居民的影响 ［C］//中国城市交通规划2006年

年会暨第 22 次学术研讨会，2006：617-621.

[146] 郑捷奋，刘洪玉. 新加坡城市交通与土地的综合发展模式 [J]. 铁道运输与经济，2003（11）.

[147] 郑捷奋. 城市轨道交通与周边房地产价值关系研究 [D]. 北京：清华大学，2004.

[148] 郑思齐，霍燚. 低碳城市空间结构：从私家车出行角度的研究 [J]. 世界经济文汇，2010（6）：50-64.

[149] 中国城市规划设计研究院交通所. 北京市公共电、汽车线网系统规划研究 [R]. 2003.

[150] 周凯，张琦. 城市发展了，公路多了，老百姓却没地方走了：自行车为何上不了世纪大道 [N/OL]. 中国青年报，2007-9-24. http://zqb.cyol.com/content/2007-09/24/content_1905621.htm.

[151] 周素红，闫小培. 广州城市空间结构与交通需求分析 [J]. 地现学报，2005a（1）.

[152] 周素红，杨利军. 城市开发强度影响下的城市交通 [J]. 城市规划学刊，2005b（2）：75-80，49.

[153] 朱丽芳. 人车共存道路——迈向人性化的道路规划设计 [J]. 规划师，2002（11）.

[154] 卓健. 从步行城市到汽车城市——马克·韦尔《城市与汽车》评介 [J]. 国外城市规划，2005a，20（5）：70-74.

[155] 卓健. 机动性和中国城市 [J]. 国外城市规划，2005b，20（3）：1-3.

[156] 邹南昌. 加强无障碍设施建设与管理，为残疾人等弱势群体提供走出家门、参与社会生活的安全通道 [J]. 城市交通，2003（1）.

[157] Cervero R. 平衡的交通和可持续发展的城镇化——通过制度、需求管理及土地使用措施增强机动性和可达性 [J]. 戴彦欣译. 国外城市规划，2005（3）：15-27.

[158] Duany A，Zyberk P. 传统街坊开发标准 [J]. 叶齐茂译. 国外城市规划，2004（3）：83-84.

[159] Orfeuil J-P. 1960—2000 年法国的城市机动性、城市规划与城市发展 [J]. 卓健译. 国外城市规划，2005（3）：4-14.

[160] 别克林，彼得莱克. 城市街区 [M]. 张路峰译. 北京：中国建筑工业出版社，2011.

[161] 盖尔. 交往与空间 [M]. 何人可译. 北京：中国建筑工业出版社，2002.

[162] 林奇. 林城市形态 [M]. 庆怡等译. 北京：华夏出版社，2001.

[163] 芦原义信. 街道的美学 [M]. 尹培桐译. 天津：百花文艺出版社，2006.

[164] 芒福德. 城市发展史：起源、演变和前景 [M]. 倪文彦，宋俊岭译. 北京：中国建筑工业出版社，1989.

[165] 芒福汀. 绿色尺度 [M]. 陈贞，高文艳译. 北京：中国建筑工业出版社，2004.

[166] 日本土木学会编. 道路景观设计 [M]. 章俊华，陆伟，雷芸译. 北京：中国建筑工业出版社，2003.

[167] 萨夫迪. 后汽车时代的城市 [M]. 吴越译. 北京：人民文学出版社，2001.

[168] 汤姆逊. 城市布局与交通规划 [M]. 倪文彦，陶吴馨译. 北京：中国建筑工业出版社，1982.

[169] 田中直人，岩田三千子. 标识环境通用设计 [M]. 王宝钢，郭晓明译. 北京：中国建筑工业出版社，2004.

[170] 雅各布斯. 美国大城市的死与生 [M]. 金衡山译. 南京：译林出版社，2006.

[171] Barrett. G. The transport dimension [M]//Jenks M，et al. (ed.). The Compact City：A Sustainable Urban Form，1996：172.

[172] Bicycle Culture by Design：The Arrogance of Space-Paris，Calgary，Tokyo. http：//www. copenhagenize. com/2014/09/the-arrogance-of-space-paris-calgary. html.

[173] Boarnet M，Crane R. The influence of land use on travel behavior：specification and estimation strategies. Transportation Research Part A：Policy and Practice. 2001；35（9）：823-845.

[174] Book Review [J]. Journal of the American Planning Association，1998，64（1）.

[175] Breheny M. Urban compaction：feasible and acceptable? Cities. 1997；14（4）：209-217.

[176] Brinkerhoff P，Quade and Douglas Inc. Influence of Land-Use Mix and Neighborhood Design on Transit Demand [R]. Prepared for Transit Cooperative Research Program，Transportation Research Board，1996.

[177] Brown L. Building a sustainable development [M]. NewYork：Panosb Puplication Ltd，1987.

[178] Brownstone D，Golob T F. The impact of residential density on vehicle usage and energy consumption [J]. Journal of Urban Economics，2009，65（1）：91-98.

[179] Calthorpe P. The Next American Metropolis：Ecology，Community，and the American Dream [M]. NewYork：Princeton Architectural Press，1993.

[180] Cervero R，et al. Transport-Supportive Development in the United States：Experiences and Prospects. Berkeley，California，Institute of Urban and Regional Development，1993.

[181] Cervero R. Built environments and mode choice：toward a normative framework. Transportation Research Part D：Transport and Environment. 2002；7（4）：265-284.

[182] Cervero R. Paradigm Shift：from Automobility to Accessibility Planning [J]. Urban futures：Issues for Australian Cities，1997，22：9-20.

[183] Cervero R. Traditional neighborhoods and commuting in the San Francisco Bay area. Transportation. 1996；23（4）：373-394.

[184] Chapman L. Transport and climate change：a review. Journal of Transport Geography，2007，15（5）：354-367.

[185] City of Melbourne. Streets for People-A pedestrian Strategy for the Central Activities District of Melbourne [R]. 1985.

[186] Commission of the European Communities. Green Paper on the Urban Environment. http：//eur-lex. europa. eu/legal-content/EN/TXT/PDF/? uri=CELEX：51990DC0218&-rid=4.

[187] Crawford J. Carfree cities topology [EB/OL] http：//www. carfree. com/topology，html.

[188] Creutzig F，He D. Climate change mitigation and co-benefits of feasible transport demand pol-

icies in Beijing. Transportation Research Part D: Transport and Environment. 2009; 14 (2): 120-131.

[189] Dantzig G, Saaty T. Compact City: A Plan for a Liveable Urban Environment. Freeman and Company, Francisco. 1973; 244-244.

[190] Dantzig GB. The ORSA New Orleans Address on Compact City. Management Science, 1973; 19 (10): 1151-61.

[191] Department of Trade and Industry. Our Energy Future: Creating a Low Carbon Economy. https://www. gov. uk/ovemment/publications/our-energy-future-creating-a-low-carbon-economy.

[192] Dunphy R T, Fisher K. Transportation, Congestion, and Dencity: New insights [J]. Transportation Research Record Journal of the Transportation Research Board, 1996, 1552 (1552): 89-96.

[193] Edward L. Glaeser, Bryce A. Ward. The causes and consequences of land use regulation: Evidence from Greater Boston [J]. Joumal of Urban Economics, 2008, 65 (3).

[194] Frank L, Pivo G. Impacts of mixed use and density on utilization of three modes oftraveh single-occupant vehicle, transit, and walking. Transportation Research Record 1446, 1994: 44-52.

[195] Fulford C. The Compact City and the market: the case ofresidentialdevelopment [M]//Jenks K, Burton E, Williams K. (eds.). The Compact City: A Sustainable Urban Form? New York: Routledge, 1996.

[196] Hankey S, Marshall J D. Impact of urban form on future US passenger-vehicle greenhouse gas emissions. Energy Policy, 2009, 7 (5): 1-8.

[197] Hensher D A. Climate change, enhanced greenhouse gas emissions and passenger transport-What can we do to make a difference? Transportation Research Part D: Transport and Environment. 2008; 13 (2): 95-111.

[198] Hickman R, Ashiru O, Banister D. Transport and climate change: Simulating the options for carbon reduction in London. Transport Policy. 2010, 17 (2): 110-125.

[199] Holden E, Norland I T. Three Challenges for the Compact City as a Sustainable Urban Form: Household Consumption of Energy and Transport in Eight Residential Areas in the Greater Oslo Region [J]. Urban Studies, 2005, 42 (12): 2145-2166.

[200] IEA. World Energy Outlook. International Energy Agency. IEA Paris. 2006.

[201] Katz P. The New Urbanism [M]. New York: McGraw-Hill, 1994.

[202] Kenworthy J, Laube F, Newman P et al. Indicators of Transport Efficiency in 37 Global Cities [R]. Report for the World Bank, Institute for Sci-ence and Technology Policy, Murdoch niversity, Perth, February 1997.

[203] Lefbvre B. Long-term energy consumptions of urban transportation: A prospective simulation of "transport - land uses" policies in Bangalore. Energy Policy. 2009; 37 (3): 940-953.

[204] Litman T. Efficient vehicles versus efficient transportation. Comparing transportation energy

conservation strategies [J]. Transport Policy, 2008, 12 (2): 121-129.

[205] Newman, P. The Environmental Impact of Cities [J]. Environment & Urbanization, 2006, 18 (2): 275-295.

[206] Norman J, Maclean H L, Kennedy C A. Comparing High and Low Residential Density: Life-Cycle Analysis of Energy Use and Greenhouse Gas Emissions [J]. Journal of Urban Planning & Development, 2006, 132 (1): 10-21.

[207] Pushkarev B, Zupan J. Public Transportation and Land Use Policy [M]. Bloomington: Indiana University Press, 1977.

[208] Ross W. Personal Mobility or Community Accessibility: a Planning Choice with Social, Environmental and Economic Consequences [D]. Institute of Sustainable Technology and Policy, Murdoch University, Perth, Australia. 1999.

[209] Sharpe R. Energy efficiency and equity of various urban land use patterns [J]. Urban Ecology, 1982, 7 (1): 1-18.

后　记

　　本书的初稿完成于十年以前，当时国内城市交通发展正如火如荼，各地交通设施建设都在紧密进行，但当时大多数城市总体还是处于一个个体非机动化向个体机动化转变的时期，小汽车在逐步进入家庭，使未来的城市交通结构面临重要挑战。

　　正是在这种快速机动化背景下，徐循初先生虽然一直受邀为很多城市的交通规划出谋划策，但始终坚持一条不变的真理——即城市交通以解决人的出行需求为目的！要真正为人的出行服务！在徐先生的耳濡目染下，我选择了这一题目，希望通过系统研究，来丰富和完善先生这一理念。在和先生作深入交流以后，先生的很多想法深刻地影响着我，并促使我在此方面做更多的探索。在此过程中，我将先生所主持过的一系列项目案例作为本书的研究对象展开、深化和对比，并获得了一些有益的结论。初稿完成后，因为回校继续工作，一直杂事颇多，难以静下心来对初稿进行再加工，便一直拖延至今。十年后，当前很多城市正在经历着城市交通品质提升的重要发展阶段，对城市绿色交通发展理念更为关注，本书的出版算是恰逢其时。书稿的完成，也算是对先生的期望有所交代。

　　在徐先生身边近三年半的时间里，无时无刻不感受到先生的崇高和伟大。先生有着敏锐的洞察力，对碰到的很多交通问题总能一语中的；先生睿智而风趣，较为复杂的问题可以用生动形象的语言表达而使人印象深刻，记忆力超强的特点使先生在课堂上对每个城市的交通问题如数家珍，而青年时期练就的良好身体素质也使我们年轻人在勘查现场时都跟不上先生的步伐……即使在病床上，先生也要坚持学习和工作，也可以和我们谈笑风生，显示了先生作为老一辈学者严谨而洒脱的精神境界。先生的精神将永远激励着我不断探索和前行！

　　在本书初稿完成的过程中，得到了同济大学潘海啸老师的悉心指点，为我顺利完成学业打下了基础！在后期的修订过程中，华中科技大学建筑与城市规则学院的李佳敏、王舒、彭雨晴、罗佳等同学为论文的修改提供了相当多的帮助！在此一并致谢！尤为重要的，我要感谢我的爱人老师贺慧女士以及和我有着严重相似度的女儿，正是她们的陪伴让本书得以顺利出版！

　　谨以此书纪念徐循初先生和虽已逝去但对我期待有加的父亲！

郭亮

2018 年 9 月 9 日于华中科技大学